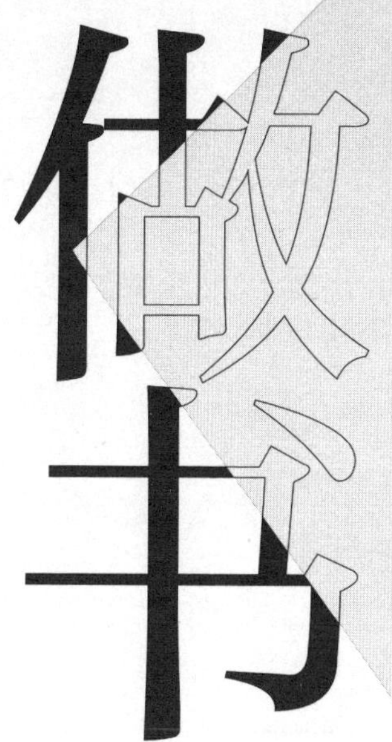

编辑那些事

徐海 刘颋 主编

图书在版编目 (CIP) 数据

做书：编辑那些事 / 徐海，刘颋主编. -- 南京：
江苏凤凰文艺出版社，2025. 1. -- ISBN 978-7-5594
-9349-1（2025.3 重印）
Ⅰ. I267
中国国家版本馆 CIP 数据核字第 2024PR6888 号

做书：编辑那些事

徐 海 刘 颋 主编

出 版 人 张在健
图书策划 李 黎
责任编辑 孙建兵
特约编辑 李晓晨
责任印制 杨 丹
出版发行 江苏凤凰文艺出版社
南京市中央路 165 号，邮编：210009
网 址 http://www.jswenyi.com
印 刷 苏州市越洋印刷有限公司
开 本 880 毫米 ×1230 毫米 1/32
印 张 14.875
字 数 260 千字
版 次 2025 年 1 月第 1 版
印 次 2025 年 3 月第 2 次印刷
书 号 ISBN 978-7-5594-9349-1
定 价 88.00 元

序

认识这个时代的理想编辑

李敬泽

前一阵子，有个朋友跟我说，孩子大了，快毕业了，以后干什么呀，让我帮着出个主意。我很认真、很严肃地思考了，然后说："让咱们孩子当编辑吧。"那家伙一脸的不可置信，盯着我问："真的吗？你可要负责任啊。"我当然负责任。为了证明我的负责任，我跟他说，我当了28年全职编辑，后面这些年，我的工作依然有一部分是编辑，而这一部分恰好是我最喜欢的那一部分。直到现在，直到今天，如果我还能选择，我还要做一个编辑。

编辑是劳动者，是脑力劳动，也是体力劳动。我20岁当编辑，报到第一天学的就是如何打包，把若干册杂志用牛皮纸打成一包，连打几十包，越打越熟练，大汗淋漓，心都凉了。劳动者被歌颂，每当人们满怀深情地歌颂编辑，也会有抒情惯性、路径依赖，通常是如何改稿子、改错别字，如何点灯熬油不睡觉，含辛茹苦。我听了很感动，但我忍不住要挣扎一下，唱一点“反调”。我当编辑时也改稿子，过去在《人民文学》、现在编一本学术刊物《中国现代文学研究丛刊》。无论是文学文本还是学术文本，我都不能忍受使用文字的不慎重、不准确，经常一页一页改得满篇花。在尊重作者风格的前提下，确保文字有质量有水平，这确实是编辑的职责，这份职责对我来说已经近乎本能，碰上“茴”字就要研究“回”的N种写法。但我并不认为这是编辑的主要职责，而且，这也恰恰是编辑工作中最令人厌烦的那一部分，你常常会因此“丧”得怀疑人生。所幸，在这个时代，软件和AI（人工智能）很可能会帮助我们解决这个问题。所以，我们或许可以放下这份对编辑的“孔乙已”式的刻板印象，谈一谈编辑工作中令人兴奋、充满生产意义的方面。

但是，我还必须提一下另一个刻板印象。多少年来，自从我当编辑以来，我就知道编辑有一个荣誉称号，叫甘做嫁衣的人。当然，如果你把我直接比作绣娘或者裁缝，我很高兴，绣花和裁衣都是一种令人尊敬的技艺或创造，但是，现在咱们谈的是婚嫁，那么婚礼上也有婚庆公司主持人，为什么他就不是编辑？因为他是可见的，而编辑应该“不可见”。作为编辑，我喜欢这份“事了拂衣去”的低调，编辑应该克制自己的虚荣。但这绝不意味着，在某种文化的等级秩序里，编辑是次要的、从属的，是打杂的，是没有主体性的。我忘了从哪儿看来的，叶圣陶先生就反对为人作嫁这个说法，叶先生是中国现代编辑事业的一位重要的先驱者，他当然深知，在现代文化生产和传播机制中，编辑和作者一样，是创造和生产的主体，就像他知道，《新青年》的编辑可不只是为人作嫁。

现在，让我们想象一下这个时代的理想编辑。他应该博古通今，在自身的专业领域里，他对过去了如指掌，有广博的知识和深刻的理解。他还应该洞察未来，面临着生活之大变、文化之大变、媒介之大变，我们的文学和文化向何处去，他心中有数。这种洞察来自敏锐的现实感——作者有时是缺乏现实感的，作者有时是刘备，没头苍蝇，一往无前，反正我要干！但一个理想编辑必须有现实感，有“隆中对”，他要深知这个时代的人们在读什么和想读什么，这个时代生活和技术的变化正在如何塑造我们这个行业这份事业，而这个行业这份事业又如何在变化中成为主动的而不是被动的力量。

所以，他还必须有一种特殊才能，风起于青之末，起于蝴蝶振翅，理想的编辑要在叶底的风、蝴蝶飞中看得见未来的大风，为了等风来乘风起，他要找得见那片青萍那只蝴蝶，在众多写作者中一眼看出和鉴别真正的才华，才华有光，理想的编辑不仅能看到光，哪怕是微光，而且还能判断光，他知道什么样的才华在此时是有意义的，能够有力地展开，光芒四射，照亮未来。

这还不够，与此同时，他还必须是一个强有力的行动者，把他的直觉和判断诉诸行动。他得是个社交狂魔，他能够和这个世界保持热烈和直接的关系，他要耐心敏捷地处理各种各样烦琐、困难的事务，他甚至得自己去面对镜头，直接面对读者，让自己成为一个媒体。

这个时代的理想编辑，几乎是一个全能的人。马克思教导我们，人的伟大理想是成为全面发展的人。在这个时代，很多人离“全面发展”还有遥远的距离。还做不到一个人能够把他的生命、把他工作的意义从一粒麦种一直贯彻到成为餐桌上的面包。实际上一部分人只管种地，一部分人只管生产面粉，另一部分人只管烤面包。但在这个时代，一个理想的编辑是一个从麦种一直管到面包的人，是一个全面发展的人。在这样的实践过程中，理想的编辑完整地领会着文化的意义、生命的意义，他们是一个时代文化的创造、生产和传播的重要动力来源。

——我的那位朋友被我说服了，他的孩子已经申请入职一家出版机构。祝这孩子一切顺利，希望我没有忽悠他、没有害了他。

所有这些话，来自一个根本信念和根本依据。凤凰出版传媒集团与《文艺报》合办《凤凰书评》专刊，设有一个交流编辑经验的专栏，汇集成书，就是这一册《做书：

编辑那些事》。凤凰集团在南京，金陵城里，曾经有过伟大的编辑。比如1592年，也就是万历二十年，中国的印刷文明正在经历早期的第一个大众化、商业化浪潮，那时南京有一家出版社叫世德堂，他们接到了一部来历不明的稿子，他们把这部稿子编辑、出版、发行，这部稿子的名字叫《西游记》。世德堂的那些编辑，他们知道自己在做什么吗？我想象，他们其实是知道的——他们在这部当时那么不起眼、那么不靠谱的一部书中看见了光芒，他们甚至知道，他们所做的事情必将在生活和媒介的巨变中，产生持久的、塑造未来的力量。我愿意想象，那群1592年的编辑，他们看到了《西游记》在20世纪初期变成了这个民族的正典，看到这部书在后印刷文明时代依然保持着澎湃的活力，他们看见它在1986年被拍成了家喻户晓的电视连续剧，看见它在20世纪90年代初一个名叫周星驰的喜剧演员的电影里成为后现代情感和话语的标志性景观，他们想到了有一款叫《黑神话：悟空》的游戏出现在2024年。他们为什么想不到？他们想得到的。

——伟大的编辑，有一种担荷过去而面向未来的绝对的直觉和信念。在中国，这种直觉和信念始自孔子。编辑们如果有个庙，这个庙里的主神就是孔子，他述而不作，他编辑了《诗经》、编辑了《易经》。所谓“易”，是变易，也是不易，在变易中守护不易，在不易中顺应变易，孔子作为编辑的思想一直指引着后人、指引着我们。

此时此刻，我当然知道，无论是出版社还是期刊的编辑，我们都很艰难，变易、不易、不容易啊，和世德堂的编辑不同的是，我认为我们正在面对着印刷文明的黄昏，夕阳无限好，只是近黄昏。但是，我们的征程并不是从印刷开始的，孔子那时还没纸呢，一代一代人，我们都在取经路上，竹木的经、印制的经、数字的经，我们这一代，就是要从上一个黄昏走向下一个黎明。

取经路上，作者和编辑结伴而行，他们谁是“唐僧”？谁是“孙悟空”？这是个有意思的问题。就我个人来讲，作为作者时，我是悟空，而我的编辑们，你们是唐僧。千万不要认为唐僧不重要，唐僧太重要了，唐僧知道方向所在，唐僧以巨大的信念推动着我们向前，关键唐僧还有大本事，那就是，在我们的作者——孙悟空们，他们任性、懈怠、没自信、患拖延症时，唐僧会念起紧箍咒。

——漫漫取经路，从过去到未来，《做书：编辑那些事》是唐僧的唠叨，是路上的记忆、梦想、信念，是足迹和汗水。

作者系中国作家协会党组成员、副主席、书记处书记

2024 年 12 月 10 日

目录

做　书

003　一本双效图书诞生的奥秘　陈　叶
010　做透一本书——我与《嘉卉》　周远政
022　从一本书到一套书　汪修荣
030　主题出版策划的抓手、方向与切口　戴亦梁
038　约稿信、催稿信、编稿信——我给名家做责编　胡长青
046　出版就像滚“雪球”，越滚越大　朱胜龙
056　一本畅销书引发的舆情　党　华
062　我和《辞海》那些事　彭卫国

编辑与编辑

073　一代出版家巢峰远行了　陈　昕
080　勇于担当的蔡玉洗总编辑
——兼谈凤凰文艺社创建初期的人与事　张昌华
086　编辑快速成长四要诀　吴　江
095　老编带新徒，出版传薪火　唐爱萍
103　书籍装帧大家宁成春　任　超
107　编辑的四个素质　卢培钊

编辑与作者

115 从《战上海》到《火种》 王为松
121 出版的一万零一种可能——《寻绣记》出版记 龚爱萍
128 怎么找到最合适的作者? 高克勤
133 约稿的幸与不幸 钟永宁
140 善待作者，做成好书 何军民
146 我与我的作者们（故事六则） 袁亚春
165 书稿策划原来也不那么难 王利波
175 我与马原的出版故事 邹 亮
181 匡院士之光照耀我的编辑生涯 傅 梅
187 我与李国文先生的忘年交 汪修荣
195 带我“低头便见水中天”的作家 袁 楠
202 作者要逼，但不能逼疯——我的一次约稿经历 张冬妮
208 大江深处月明时 林 彬
216 固执又重旧情的钟叔河先生 汪修荣
223 优秀戏曲变成书 党 华
231 与作者“不欢而散” 况正兵
240 飞翔，风马牛不相及 袁 楠

理想、选择与坚守

249 一场遗憾的坚守 肖风华
254 将学术引向大众的最初探索
——20年前，中华书局的一次新生 徐 俊
262 作者与出版人的奇妙关系 刘佩英
268 风物长宜放眼量——凤凰出版社更名前后 姜小青
276 好书突围、立足之道——理想、品牌与坚韧 黄立新
285 编辑工作的乐趣 梁晋华
293 破碎的奖杯，温暖的记忆 陶振伟

298 学术交往、泽润心灵
——优秀作者永远是出版社的源头活水 李 岩
307 那年，获准出版《金瓶梅》 宫晓卫
320 “熬”了17年！对《法国通史》以及“大国通史丛书”的坚守 王保顶

伴书成长

327 当阅读从爱好变成工作 曾 偲
333 “转行”做编辑 陈文瑛
338 与作者共成长 府建明
350 八年只编一部书——关于出版大工程的五个关键词 胡久良
356 我在美国做出版 戎文敏
362 行之弥远——傅雷作品出版小史 张 洪
368 我在凤凰这些年 张延安
376 第一次做责任编辑 吕 健
381 十年约稿缘 《一曲满庭芳》 周敬芝
389 从报社记者到图书编辑——入职凤凰十年记 强 薇
395 坚守的圣店——南昌青苑书店小记 徐 海

399 附录：组稿月记 徐 海

做　　书

陈　叶
周远政
汪修荣
戴亦梁
胡长青
朱胜龙
党　华
彭卫国

一本双效图书诞生的奥秘

陈　叶

2022年底，中共中央宣传部第十六届精神文明建设“五个一工程”奖公布，译林出版社《我心归处是敦煌：樊锦诗自述》获此殊荣。三年来，这本书入选中宣部主题出版重点出版物和国家出版基金资助项目，荣获2019年度“中国好书”、中国出版协会30本好书、全国文化遗产十佳图书等数十个好书大奖。在获得瞩目的社会效益的同时，该书累计销量45万册，并实现了全渠道、多平台、立体式的多维度开发，成为一个现象级的双效典范产品，充分诠释了好书所能展现出来的生命力量。

好书的生命力量，来源于作者和传主的灵魂相契。这本书传主樊锦诗先生是德高望重的莫高窟守护人，作者顾春芳是风华正茂的北京大学学者。2014年，两位老师在敦煌相识相知。顾教授被樊先生坚守大漠、甘于奉献的精神所深深感动，樊先生被顾教授的才气和灵气所深深吸引。向来谦逊低调的樊先生，之前婉拒了许多为她立传的提议，却在顾教授提出做访谈的请求时，毫不犹豫地敞开了心扉。

在获颁“中国好书”荣誉时，樊先生深情地说：“我在敦煌待了 57 年了，见证了莫高窟的巨变，见证了一代又一代莫高窟人无怨无悔的奉献，我觉得自己有义务把莫高窟人的精神告诉世人，留给后代，为敦煌留史，这就是我做这本自传的初心。”顾教授充分领会了樊先生的这份初心，这本书无论是在框架设计还是在主题立意上，都超越了一般意义上的人物自传，它是一部新中国考古和文保事业的探索史、一曲波澜壮阔的敦煌乐章。顾教授用克制而精到的笔触，还原了一个真实而纯粹的樊锦诗：质朴、纯真、坚毅、高贵。因此，顾教授的写作获得了樊先生无条件的支持，樊先生主动要求将原先的访谈录变成她的唯一自传。当我们在一起为书名苦思冥想而不得时，顾教授脱口而出：“心归何处？就叫《我心归处是敦煌》吧！”樊先生赞许地望着她说：“还是你懂我！”作者和传主之间的心意相通、惺惺相惜，成就了这部独一无二的佳作。

好书的生命力量，来源于编者和作者的精诚合作。早在 2016 年，我们同北京大学叶朗先生主持的美学与美育研究中心洽谈项目合作，闲聊间无意得知中心正在进行中国人文学者访谈项目。顾教授对樊先生做了深度访谈，积累了 20 万字访谈稿。我们对此很感兴趣，便和顾教授商议以访谈录的形式出版此书。没想到在接下来两年间，樊先生和顾教授家中先后有至亲离世，虽然书稿已有雏形，但她们都无暇顾及，这件事只能暂时搁置，但我们始终保持密切关注。2019 年初，顾教授打来电话，告知樊先生有意把这本访谈录变成她唯一的自传。听闻此讯，我立刻带领编辑团队赶赴北京和两位作者见面商议具体出版计划。译林社在名人自传出版领域有着非常丰富的经验和积淀，我们临行前紧急做了充分的选题方案和营销计划，还带去了很多参考样书。这一次见面，讨论非常充分也十分高效，编辑团队和作者当场达成共识，这本书不仅是樊先生个人的传记，也照应着敦煌研究院的发展史，是守望莫高窟的一份历史见证。因此，要把她个人的命运和时代的背景结合起来，和一代代莫高窟人在大漠戈壁的艰苦条件下筚路蓝缕的保护、研究和弘扬的事业结合起来。这个基调的确定，为后面的一系列出版和营销工作都奠定了坚实的基础。

2019 年 6 月，第一个喜讯传来，《我心归处是敦煌》被列入中宣部主题出版重点出版物。此时樊先生正和顾教授一起窝在北大的一个宾馆里，以考古学人的严谨态度逐字逐句地校稿。因为这是向 70 周年国庆献礼之作，必须在当年“十一”前出版，等到作者正式交稿时，留给我们编校这部 30 万字书稿的时间只有短短一个多月。我和陆晨希安排了一张精确到小时的出版计划表，夜以继日轮番校稿。同时，樊先生带领敦煌研究院的专家团队和顾教授也一起争分夺秒地同步审稿。在这期间，还发生了一些跟樊先生本人和敦煌研究院相关的新的重大事件，我们一边编校，一边跟进新闻，对文字内容做了同步更新。那段时间，我们几乎每天都要和两位作者通一两个小时的电话讨论书稿细节，编稿到了废寝忘食、不舍昼夜的地步。

虽然时间极为紧张，我们也没有放弃对装帧细节的追求。顾教授请资深摄影师孙志军老师专门为樊先生拍摄了封面照，又请书法界泰斗沈鹏先生为内封题写了书名。敦煌研究院赵声良书记亲自为腰封挑选了莫高窟第 103 窟图《化城喻品》，青绿山水图完美地映衬出樊先生清雅的气质。在上百幅飞天图中，我们为封底精选了敦煌学大师史苇湘先生亲摹的莫高窟盛唐第 320 窟“双飞天”之一，在哑光金的背景衬托下，飘逸灵动，余韵袅袅。敦煌研究院为我们提供了大量珍贵的历史照片和莫高窟美图，使得插图和文字相得益彰，尽显敦煌之美。

这段和作者并肩战斗的经历，成为我和陆晨希编辑生涯中最难忘的篇章，也让我们和两位作者的心紧紧地联系在了一起，老中青三代人结下了十分深厚的革命友谊。

好书的生命力量，来源于宣传营销的深度推广。《我心归处是敦煌》是一部意蕴深厚的作品。围绕这一产品的特性，针对不同的受众人群，译林社营销团队和编辑团队紧密配合，确立了两种宣传路径。面向主流媒体，我们强调弘扬正能量，宣传以樊锦诗为代表的莫高窟人甘于奉献、勇于担当的崇高品质；面向大众市场，我们深挖人物本身的志业与爱情，宣扬光辉灿烂的敦煌文化。在营销的第一阶段，我们紧密围绕国庆、樊先生获得的各项大奖等，做好不同的宣传文案，并且用新书发布会引爆热点。

从 2019 年 9 月底到 10 月初，紧随着这本书的上市铺货，一个个喜讯接踵而至：樊先生被授予“文物保护杰出贡献者”国家荣誉称号，被评为“最美奋斗者”，还赴香港和巴黎领取“吕志和奖”和“汪德迈中国学奖”……10 月 21 日，我们在樊先生的母校北大举办了一场隆重而朴素的新书发布会，各大主流媒体进行了及时、深度报道，网络平台亦同步发力，这本书迅速冲上了京东和当当网新书畅销榜前三名，订单纷至沓来。

至 12 月底，各大年度好书榜单的助力使得营销工作进入第二阶段：渠道下沉，营销细化，走进校园。我们发起了向全国老师赠书的活动，老师们在课堂上的自发传播在孩子们的心中播下美好的种子，次年 4 月该书入选教育部《中小学生阅读指导目录》。2020 年高考之后，“留守女孩”钟芳蓉以樊锦诗为偶像报考北大考古文博学院的新闻成为热点，我们以代为传书和转赠签名书的方式帮助钟芳蓉和樊先生、顾教授建立联系，以正面引导使其传为一段美谈，也间接推动这本书进入了更多家长的视野。

好书的生命力量，来源于创新模式的多维度开发。我们充分调动全社各部门的资源力量，从立项之初就周密计划，以“敦煌 × 樊锦诗”的 IP 模式来进行多维度打造，多版本纸质书、电子书、有声书、视频课等联动，实现全渠道、多平台、立体式开发。译林社数字出版中心联合“喜马拉雅”平台，与纸质书同步打造了《我心归处是敦煌》有声书，邀请到艺术家田洪涛老师深情演播，两位作者亲自录制发刊词，收听人数近 200 万，入选了喜马拉雅有声书畅销榜及年度推荐榜单。我们还邀请樊先生亲自出镜录制了“敦煌八讲”视频课，以可视可听的形式更广泛地传播敦煌文化。译林社对外合作部充分发挥“走出去”的渠道优势，制订了详细的版权输出方案，积极推动本书参加各大国际书展。目前，本书版权已输出至土耳其、印度、印度尼西亚、埃及、俄罗斯和越南等国家。其中，繁体版获 2020 年度输出版优秀图书奖，印地文版入选“丝路书香工程重点翻译资助项目”，俄文版、土耳其文版入选“经典中国国际出版工程”。

为了让莫高精神和敦煌之美走进更多小读者的视野，2020 年我们适时推出了《我心归处是敦煌》青少版。青少版并非简单地简化，而是全新量身定制。青少版不仅在市场表现上迅速成为“小译林”系列的“领头羊”，还入选“2022年向全国青少年推荐百种优秀出版物”、第30届全国图书交易博览会少儿阅读节“献礼百年——红色主题儿童图书展”百种图书书目等。

如今，译林社仍在进行敦煌主题图书的垂直化、梯队化拓展，2022年10月，在《我心归处是敦煌》出版三周年之际，顾春芳教授以莫高窟为背景创作的少儿奇幻小说《敦煌灵犬》与小读者们见面。此外，她还陆续将新作《契诃夫的玫瑰》《寻香红楼梦》《中国电影的美学精神》等产品交给了我们。从一本书到一个产品矩阵，从一位作者到诸多专家联盟，好书的生命力量生生不息，薪火相传。

樊锦诗先生用“数字敦煌”的科技创新理念使千年莫高窟得到了永生，一本好书的生命力量，也能够在这些源源不断的创新融合实践中获得永恒。

作者系译林出版社副总编辑

做透一本书

——我与《嘉卉》

周远政

"功德无量"的底层逻辑

在做《嘉卉——百年中国植物科学画》这本书的过程中和成书后，我听到最多的一个评价是：功德无量。乍一听，这个词像是给编纂团队授予的一面锦旗、一朵大红花。但其实它的底层逻辑，用佘（江涛）总后来为《嘉卉》写的书评中的一段话最为切中肯綮："植物科学画画师是一个冷门而且寂寞的职业，他们为中国植物学默默无闻地献身，本书是一个比较彻底的对中国几代植物科学画画师一生事业和心血的历史性交代。中国的科学和出版要不断地进步，需要高贵的、长久的、安静的默默无闻。"

从来没有什么雄心，但初心是有的。缘起于偶然的机缘——初见时的怦然心动，相知后的敬由心生。这些画美得特别，这些人让我感动。于是，2017年做《芳华修远·第19届国际植物学大会植物艺术画展画集》时，我便萌生出一个念头：专门为中国老一代的植物科学画画师做一本书。支撑初心的是一种坚定的相信——他们值得。还好，直到今天，这种相信从未有过一分一秒、一丝一毫的动摇。

俗话说，自己选择的路，跪着也要走完。于我，《嘉卉》更像个坑。回头看看2017年底的自己，像个意气风发的农妇，扛着小锄头，开始刨坑，然后一猛子扎到了坑里。2018年，2019年，坑越挖越深，深到差点爬不出来，顺便还拐带了一些人进去。到2019年七八月，整个人的意志力已经到了崩溃的边缘。有一天，我用笔在本子上画了一条曲线，沉默地看了好一会儿。就是那种极简的登山路线图，虽然一路向上，但是曲折起伏。两年间，有无数次我都以为一切马上就将结束，但是现实很快又给我一段坑坑洼洼的下坡路。那是一段艰难的时光。签字付印时，我和副主编刘启新老师，他的夫人、编委惠红老师，还有几位组版员，在雅昌南京中心，熬了两个大通宵，打完最后一场硬仗——做全书的三个索引：绘者名索引、中文名索引、拉丁名索引。

之后是另一个赛道的事：卖书。篇幅有限，就说说做书吧。徐总给的题目是：做透一本书。做书就像装修，是没有尽头的，“做透”当然是相对而言的（余总也说是“比较彻底”）。命题作业对我这样不勤于总结的编辑是件头疼的好事，强迫自己从繁杂的日常工作中抽离出来，回望、梳理、沉淀。就从这本书编辑工作的技术层面，说一说是如何尽力而为的吧。

三个维度的架构

画，自然是这本书的核心。但这门艺术的特殊性在于它具有明确的科学属性，不可能脱离开科学谈这门艺术，这也决定了《嘉卉》无法以单线进行架构。它的主体包含三个维度：画作、分类系统、百年历史。三个维度相互交织，并延展出其他的枝丫，最后长成一棵枝繁叶茂的大树。我想，那个坑之所以越挖越深，其实就是因为这棵树的根越扎越深。

这样复杂的架构带来巨大的工作量，但最终触达读者时的结果，是让人安慰的。“这是怎样的一本书呢？它的维度、侧面非常丰富，全看读者的背景和兴趣点在哪。不同人会有不同的喜爱方式，很难想象翻开这本书的人会不喜欢它。我就见到一位评委，既不会画画也不懂植物，拿起这本书就不愿意放下，他非常喜欢。”（刘华杰）

交代完这个背景，接下来才是正题。

把画做透

01 寻画。是的，我们想做一场盛宴，但是却没有食材。第一步工作，是找画。大部分的中国植物科学画是以《中国植物志》为代表的科学著作的插图，原画保存在全国各地的科研机构中。少部分是个人创作，保存在个人手中；也有部分由出版社保存，但散佚严重。老画师们已随《中国植物志》的出版渐次退休，大都年事已高，联络不便。2018年，我与主编（之一）马平老师跑了北京、昆明、南京、香港、广州几地，其余地方，如新疆、青海、贵州、四川、辽宁、广西、青海、浙江、湖北、湖南……则通过电话、电邮、网络辗转联系。人找人，人托人，就这样，前后看了数万幅的画作，基本上摸清了家底，并初步甄选出几千幅画作作为进一步筛选的基础。在此过程中，被人当成骗子、奸商，被人拉黑电话的情况屡屡发生。好在体现赓续薪火、继往开来的新生代画家作品的征集，倒还顺利。直到2019年7月，找画还没有最终结束。虽已筋疲力尽，但“再争取一下，已经做到这个份儿上了，就不要留遗憾吧”的执念，让我们相互打气，坚持到了最后。拿到扫描文件之后，对照画作，逐一录入画作上所标示的中文名、拉丁名，是一项繁复巨量的工作，我们社里多位编辑都参与其中。我至今保存着几张偷拍下的他们的工作照。其中一幅作品的征集记忆尤为深刻。我在找寻武汉水生生物所画师资料时，从一篇文章中得知该所的老画师邬华根先生生前留下了一幅唯一的彩色淡水藻科学画《微观世界》。

耗尽人脉联系上文章作者，继而又联系上邬先生的女儿邬红娟教授，经过十几轮电话沟通，她信任了我们，将原作寄到南京扫描，之后还与另一位淡水藻专家胡征宇研究员为这幅画作上所绘的53种淡水藻进行了物种鉴定和对位标注。这幅精微、罕见的画作，背后是一位画了一辈子显微画的老画师让人动容的故事。

02 选画。我还记得，对植物分类学一窍不通的自己最开始建立的一张选画工作表单，采用的是恩格勒系统（种子植物），把找到的画作按照科属排进去。随着专家团队的壮大，恩格勒系统被最新的APG Ⅳ（被子植物分类）系统取代，而历史上曾归类植物学但现已不在此分类中的真菌也被列入，从真菌、藻类、苔藓植物、蕨类与石松类植物到裸子植物、被子植物，各个大类都由专家提供了最新的权威分类，选画工作才真正步入正轨。这是一本被寄予了期待的书，但显然，无论是领导还是我，都没能预料到其编纂的难度。之后，《江苏植物志》（第二版）的主编刘启新老师受主编张寿洲老师之邀加入主编团队。他是经验丰富的专家，对全书的体例提出了许多修改意见，比如将最开始放在前面的“中国古代植物图像简史”调整为附文。2018年的北京BIBF（北京国际图书博览会），带着排版还不规范的样书（书名甚至都还叫作《嘉卉：中国植物艺术之旅》），我们召开了第一次发布会。会后的编委专家会上，曾孝濂老师对样书所收录的近一半画作提出了反对意见，认为质量不高，不能代表中国植物科学画的最高水平。马平老师则从史料价值的角度反对了曾老师的反对。这次让我们几个年轻人噤若寒蝉的争锋，结果是折中与妥协，我们又用了近半年的时间继续找画、选画。在 2019 年 5 月的编委会上，刘老师又提出要把全书的物种属性控制在 500 个左右，我们又一次痛苦地删减、调整。因为每一次画作的调整，就牵涉所关联的物种介绍、画评、画注的工作量的增加，以及一些文字作者前面工作的白费。最后，最大程度兼顾分类（物种多样性）、画家（最大程度地收录尽可能多的老一辈画家）的画作甄选尘埃落定。的确，从历史的角度，艺术做了部分的让步。但向历史致敬的初衷，让我们觉得这样做，是应该与值得的。

03 解画。科学画绝不止于美而已，它们是物种的肖像画，需要精确地表达物种的关键信息，一笔也不能乱来。每一笔之后，都有分类学家们严谨的文字描述作为依据。其绘画的章法、程式，都与其科学内涵密切相关。所以，为每幅画的物种标注分类信息、撰写物种简介、详细注释出画作中每个局部的名称，以及对代表画作背后的精妙之处、科学故事予以解读，是我们想要充分呈现这些画作的科普价值所做的工程巨大的努力。在此基础上，两位科学画画师，主编马平老师、副主编杨建昆老师和我，协力撰写了专门的一个章节——“解读植物科学画”，整体上对这门起源于西方的艺术的简要历史、内涵做了介绍。这门兼具科学性与艺术性的特殊艺术门类，从植物志时代走向公众博物时代，我们认为，这样的普及工作，具有惠及公众以及年轻一代自然艺术画家的价值。无论是分类系统的构架、某种程度的专业化，还是从策划编辑的角度，我都希望让植物分类学家所做的具有重要价值的基础学科的工作，为更多人所了解。无论是物种介绍还是画评的撰写，短短几百字甚或几十个字，都是不易的，也是存留遗憾与不足的。我还记得马、杨二位老师最开始写画评写到抓耳挠腮、言穷词尽的狼狈模样。精进与提升，只能留给未来。

把人做透

01 寻人。寻画即寻人。生物史学家胡宗刚先生提供的《中国植物志》绘图人员名单是最为重要的名录。已经记不清也无法统计到底托过多少人，打过多少通电话，微信联系过多少轮了。而通过人找人，从各植物所，到医卫系统、林业系统、海洋所、水生所……曾经献身于中国植物科学画事业的 100 多位画师渐次从《芳华修远》的一张大合影中走出，有了确切的姓名、来历。书中的画师小传，许多来源于他们的档案，从文字上看，几乎可以说得上是至为单薄。但，这是我们目前所能做的。他们中有的已经离世，但是仍有人记得他们的音容笑貌，他们的画作还留存于世。他们所在单位的年轻一辈甚至已经完全不知道他们曾经的存在，但是尘封的档案告诉了我们他们也曾将韶华与热爱付之于这个寂寞的职业。当年的植物科学画画坛也曾生机勃勃、人才济济，浇灌过他们的热情与梦想。中国科学院植物研究所八旬高龄的张泰利老师和我前后六个小时的通话录音还在我的手机中，这是书中那段重要历史的一手资料。她讲述了当年全国科学画培训班的点点滴滴，以及当时正当盛年的王文采院士在植物园为他们实地讲解植物学的往事。已年近九旬的医科院陈月明老师不仅帮助我们征集了医卫系统的多位画师的画作与简历，还带着当年《中国本草彩色图鉴》丛书编委团队的大合影，在盛夏烈日中去早已退休的人民卫生出版社的编辑家中，和他逐一核对照片上的人名。陈老师后来得知《嘉卉》得奖，在家高兴得又哭又笑，像个孩子一样。对她而言，这是来自国家的、对她和她的科学画师同仁们，虽迟但到的一次隆重的嘉奖。在这个漫长的寻觅的长旅中，我一次次地跟随着他们，逆时光而行，轻轻擦拭掉一颗颗小星辰的尘埃。

02 典范。当我们看过数以万计的全国各地的科学画之后，有时候凭直觉，便能判断画作者来自哪个所或者哪个地区。中国植物科学画虽然没有明确的流派，但是有着鲜明的地区风格，这根源于他们所在的机构整体绘图风格的影响。这是一个有意思的课题。而其中，对那些引领性的杰出代表，我们则选取其代表作品，加以相对深入的介绍。任何领域，没有领头人，难成大气候。这些杰出画家的艺术风格与成就，代表了中国植物科学画的最高水平，对于后来者，是一份有价值的学习指南与借鉴。

03 另类。“科学家的科学画”，书中原本没有这个附录章节，这些画作最初是置于正文主体部分的。曾老师从艺术水平的角度，对其中部分作品提出了反对意见。最终，便成为现在的体例模样。这是我作为策划编辑的一个坚持。无论艺术水平的高低，这种通识素养，在我看来，有其难得的人文价值。尤其是其中多位科学家的作品，具有相当高的艺术水准，他们本身的人文素养也颇为深厚，这对于他们从事科学研究时的价值观，不无影响。臧穆先生，便是其中一位。这告诉我们，科学有类，人文无界。

把历史做透

“中国植物科学画史略”这个章节的内容，除了正文及致谢中所标注的撰文作者，基本是由我完成的（署名穆字）。寻常而言，编辑不应该做作者的事情。但是我们碰到的实际情况是，除了20世纪90年代，蒋祖德、冯晋庸先生撰写过一篇《中国植物科学画简史》（为《中国植物学史》其中一章，1994），此后并无专门的深入研究。当前的科学史研究领域，这门小众、冷门的艺术更乏人问津。好吧，只好自己来，以期抛砖引玉。以蒋、冯二位先生的文章打底，我把从清末民初西学东渐时期的博物学思潮起，到2017年止，与中国植物科学画有关的、所能找到的所有文献进行了一次爬梳。这更像是一次文献学的工作。好在我这个两古不才生硕士论文做的是清代桐城派巨擘姚鼐所编纂的《古文辞类纂》研究，多少打下了一点文献研究的基础。现在单位还有满满一柜子从孔夫子网上淘回来的各种文献。有些植物志、专志类的绝版书不便宜，财力有限，只能买一两册分册，观其绘图大概，点到为止。有些实在精美且文献价值很高的，比如秦仁昌先生编著、冯澄如先生所绘的《中国蕨类植物图谱》，咬咬牙就都把全套淘了回来。其中有一小节介绍科学挂图的，当时几乎把孔网上所有相关挂图都淘了回来。民国科学挂图大师戈湘岚先生的作品，曾就职于上海教育出版社、后东赴日本学习绘画并归国担任上海刘海粟美术馆副馆长的马楚华女士的科学挂图……都是这样一点一滴钩沉出来的。技法类，除中国生物科学画奠基人冯澄如先生在20世纪

50年代所著的第一本科学画技法类著作《生物绘图法》之外，还钩沉出刘林翰先生的《生物科学绘画》、陈荣道先生的《怎样画植物》、钱存源先生的《艺用花卉形态图谱》。他们的专业经验，是一笔可馈后人的财富。随着资料的累积，沙漠植物志图、黄土高原植物志图、农林害虫图鉴、土农药图志、树木志、种子图鉴、藏药图志、中草药图鉴、地衣图志、藻类图志、杜鹃花图志、兰科植物图志……分门别类，逐渐呈现出中国植物科学画的整体概貌。这部分内容，在当时出版进度“压力山大”的时候，叫苦不迭的设计师曾建议我拿掉，另作一书出版。还好没有这样做，否则，书名中的“百年”二字，就该拿掉了。有编辑得知此事，曾语重心长地教育我：“你怎么能被设计师牵着鼻子走，牺牲这么重要的内容呢！”回头看看，这的确是值得记取的一次有惊无险的教训。

结 语

最后，其实还应该浓墨重彩地谈谈赵清老师的装帧设计，毕竟这本书斩获了多个含金量很高的图书设计奖。但是，设计我是外行，赵清老师在他的《瀚书十七》中已经对设计理念有精彩阐释，我就不赘言了。不过，作为责编，关于一本书的装帧设计，常会听到不同的声音，特别是这样的声音多得此起彼伏。比如画家们对于内页采用轻型纸而导致的画作偏色的遗憾之感，部分读者对于顶口毛边所带来的纷飞纸屑的困惑。如何两全，我还在学习。

关于《嘉卉》，几千字是无法讲完说清的。我时常还是会翻阅这本书，看看长如电影谢幕时的名单，心里就像过电影似的闪回一幅幅画面。未来可能还会有新的故事。好在，书在，人也还在，一切都有可能。

作者系江苏凤凰科技出版社副编审

从一本书到一套书

汪修荣

在一个人的编辑生涯中，总是机会与挑战并存。如何抓住机会，对编辑来说是一门必修课，也是对编辑综合素质的考验。善于抓住机会，往往可以产生事半功倍的效益。余光中的《左手的掌纹》当初对我来说就是这样的一次机会。

《左手的掌纹》的出版，多少有些偶然。

2002 年的一天，我接到南京老作家冯亦同先生的电话（顺便说一句，就在我写这篇文章的时候，传来了冯先生不幸病逝的消息，非常遗憾），他向我转达了一个信息：余光中希望在江苏文艺出版社出版一本散文集，希望我能“玉成此事”。当时我作为副总编辑负责社里的选题与统筹，这样主动送上门来的大家对我来说多少有点像天上掉馅饼，自然十分欢迎。余先生选择江苏文艺出版社出版他的作品，理由十分简单，就因为他生于斯，长于斯，古都南京曾给他留下了许多美好的回忆。50 年前，青年学子余光中离开大陆，如今这位“金陵子弟江湖客”希望在故乡出版一部作品作为纪念。这样，仅仅因为南京这座城市的关系，我便有幸成了余光中的责编，从此因书结缘，开始了与他近20年的合作与交往。

像余光中这样的大家，对很多出版社来说可遇而不可求，我立刻意识到这是一次天赐良机，必须紧紧抓住。能否抓住抓好，不仅事关这本书的成败，更事关今后能否与余先生长期合作。对于编辑来说，遇到一个优秀作者、一个优质选题，最重要的不是仅仅做好这本书，而是要深耕、挖潜、拓展、创新，做深做透，把一个选题做成一系列选题，把一棵树培育成一片森林。

为了做好余先生这样的重量级作家的作品，我决定自己担任这本书的责编。余先生最初的设想是出版一本《余光中最新散文选》，鉴于此前他在大陆出版的散文集版本较多，随意出版一本并没有太大意义。我认真考察了当时在散文出版细分市场已经极具影响的百花文艺出版社和浙江文艺出版社，以及其他社有影响的散文系列，仔细分析了其人选、特点、编排方式，甚至封面、定价等，经过认真调研思考，我决定另辟蹊径，精选余先生各个时期的散文代表作，按内容分辑编排，每辑精选其最具代表性的作品，把最具影响的作品放在最前面，并且给每辑取一个富有诗意的名字，显得内容丰富又条理清晰。为了使选本既保持品质，又具新意，一方面，我希望把最具影响的名篇力作选进来；另一方面，酌选一些从未在大陆发表和出版的新作作为新鲜血液。此外，在形式上也适当做一些变化，在每辑插入一张作家生活照，丰富文本内涵。我把这个编辑设想告诉了余先生，他完全赞同。

为了编好这本书，我们商定请余先生的朋友冯亦同老师担任编选者，冯老师欣然应允。根据我的策划设想，书稿很快编好了，既囊括了余光中先生多年来创作的散文名篇，又遴选了他近年来未在大陆出版的部分新作。我感觉作者和编选者虽然都是著名作家，但由于他们并不完全了解市场和读者需求，选文难免带有自己的兴趣和偏好，有鉴于此，我根据自己对作品的理解以及对市场的判断，将全部文章重新排列组合，并进行了大幅度的增删。此后，我将拟定的选目寄给余先生审定，他收到后十分满意，只在个别篇目上做了微调。余先生最初“钦定”的书名是《余光中最新散文精编》，我认为这个书名与他以往的集子并没有本质区别，难以在浩如烟海的市场中脱颖而出。我坦率地谈了我对书名的看法以及对市场的理解，希望余先生另取一个新颖别致的书名。他并未不悦，而是欣然接受了我的建议，凭着诗人的才思和灵感，很快拟好了一个书名：《左手的掌纹》。看到这个书名我眼睛一亮，大家也都拍案叫绝。

余先生取这个书名并非心血来潮，其实是有出典和用意的。他后来曾对此解释说：“我在台湾的第一本散文集叫《左手的缪斯》，写的是文艺灵感的女神，我自己也说过我是右手写诗，左手写散文，所以我现在是把我的左手——散文部分亮出来给读者看，书名也就叫作《左手的掌纹》了。”作为余光中的恩师，梁实秋也曾盛赞他“右手写诗，左手写散文，成就之高，一时无两”。所以用《左手的掌纹》做书名不仅十分贴切，且极具匠心。事实证明这个书名对这本书的成功发行起到了十分重要的作用，可谓一炮打响。

为了纪念这次出版，我特意请余先生撰写一篇自序，余先生欣然同意，不久就寄来一篇洋洋万言长文，字是用圆珠笔写的，笔力雄健，情真意切。他在自序中写道：“十多年来我的书在大陆各省出版，但是在江苏，这还是第一次，尤其还是在接生我的南京，更是倍加快慰。”末尾用一句诗来表达他对故乡的深情：“请君试问长江水，乡情与之谁短长？”

2003年5月，适逢南京大学和东南大学百年校庆，作为杰出校友，余先生应邀回母校参加庆典。我请余光中夫妇、冯亦同老师和张昌华先生在鼓楼大钟亭小饮。那是我第一次与余先生和夫人范我存女士零距离接触。所谓百闻不如一见，我认为编辑与作者最好的交流方式仍然是面对面的交流。这次见面虽然时间不长，却为后来我与余先生近 20 年的合作做好了情感上的铺垫，奠定了信任的基础。

恰当的时间对一本书的成功出版有时也有着至关重要的影响，《左手的掌纹》也是选择了一个恰当的出版时机。2003 年秋天，我偶然从冯亦同先生口中获悉常州大学城奠基，余先生将作为特邀嘉宾出席。余先生与常州渊源颇深，母亲和夫人都是常州人，常州更是他的母乡。我觉得这是一个极佳的出版时机，如果能抢在常州大学城奠基前出版，正好可以让新书借势。机不可失，我立刻协调各个部门各个环节，按照时间节点争分夺秒，最后《左手的掌纹》终于抢在常州大学城庆典前如期出版。在常州这个特别的地方，在一个特别的时间点，《左手的掌纹》的影响一下子扩大到全国。事实证明，这个时间点的选择对这本书后来的成功发行起到了极为重要的作用。

值得一提的是，余先生这本新书装帧典雅，不失大家之气，出版后受到读者和业内一致好评，先后获得 2003 年第二届华语传媒文学大奖年度散文家奖、全国文艺图书优秀畅销书奖等多个奖项。其封面、装帧及编排方式等还引起很多模仿，至今已加印四五十次，成为大陆最畅销的余光中散文选本。

对我来说，《左手的掌纹》的成功出版，并不是一个选题的结束，而是意味着一系列选题的开始。作为编辑，碰到一个好作者、一个好选题就要设法做深做透，不仅要深挖作者自身潜力，还要善于举一反三，触类旁通，在内涵与外延上下功夫。这里所谓内涵主要指深挖作者潜力，从同一个作者身上开发更多选题，比如余光中，其后我又与他合作策划了两本诗集《等你，在雨中》和《风筝怨》。本来还有一系列其他选题，包括《余光中全集》等，可惜因为余先生突然仙逝成了永久的遗憾。所谓外延，就是从这本书这个选题联想到同类书和其他作家的选题。鉴于《左手的掌纹》在市场上取得的良好社会效益与经济效益，我敏感地意识到当时图书市场出现的一些新变化，长篇小说市场逐渐式微，随着生活节奏加快，阅读越来越碎片化，名家散文可谓适逢其时。综合各种因素，我决定以《左手的掌纹》作为第一本书，在此基础上，策划一套名家散文。这就是后来的“大家散文文存”。为了策划好这套“大家散文文存”，我做了详细认真的策划与规划。第一，以现代以来在文学史上真正具有影响的名家散文为主。第二，不仅作者名气要大，而且其散文质量一定要好，特别是其散文要能契合今天的市场需求，能得到读者接受认可。第三，少数未被读者熟知、大众知名度不是特别高，但质量确实很好的作家作品，也酌情收入。第四，选文及编排必须严格按照《左手的掌纹》的体例，确保质量。第五，严格控制总印张，以降低成本提高利润。

第六，书名统一拟定，既要契合作者和内容，又要有吸引力。第七，考虑到丛书规模较大，从第三本开始，所有封面都从中国古代经典山水画中精选画作作为封面，力求典雅。

良好的开端是成功的一半。做书也一样，尤其丛书套书。基于这一思考，我决定丛书的前二辑十本书，由我本人担任责任编辑。第一辑确定的是余光中《左手的掌纹》、董桥《旧时月色》、季羡林《清塘荷韵》、张中行《负暄絮语》、黄裳《白门秋柳》。第二辑有苏雪林《浮生十记》、俞平伯《中年》、汪曾祺《人间草木》、柯灵《沧桑忆语》、陈从周《园林清议》。为了确保质量，虽然每本书都有选编者，但最终所有文章都由我根据对作者和市场的理解重新调整增删。除了对图书内容严格把关，对书名我也特别重视。考虑到作者都是大家名家，我决定从作者原有文章中酌选有新意的文章名作为书名。如汪曾祺的《人间草木》就特别适合作为其散文集书名，事后证明这对销售产生了很好的效果。

顺便提一下，为了宣传好这套书，扩大影响，便于销售，我几乎为责编的每一本书都撰写过书评。在我看来，责编永远是图书的第一营销人、宣传人和责任人，图书就像他的孩子，只有他才最了解自己责编的书。我先后为这套书至少写过近20篇书评，仅为余光中一人就前后写过五六篇之多。

《左手的掌纹》的成功给我极大启发，随后我在此基础上策划的“大家散文文存”，历时数年，从一本书，发展成了一套书，总规模达到近50种，部分图书畅销20年，成为文艺社有史以来销售时间最长的一套长销书。此后我又借鉴“大家散文文存”的成功经验，陆续策划了以迟子建、池莉、毕淑敏等当代著名女作家为代表的散文丛书“百合文丛”以及“港台暨海外华人作家散文丛书”“茅盾文学奖获奖者散文丛书”“鲁迅文学奖获奖者散文丛书”等多套散文丛书，都取得了良好的社会效益与经济效益。从《左手的掌纹》开始，从一本书生发开来，策划成一套书，并最终开发成一个具有集聚效益和品牌优势的散文版块，这也是我当初并没有想到的。从某种意义上，也可以说是余光中先生和他的《左手的掌纹》带来的意外收获与惊喜。

作者系江苏凤凰文艺出版社原总编辑

主题出版策划的抓手、方向与切口

戴亦梁

谁也不能否认，新时代的出版事业中，主题出版是绝对的核心。主题出版也因为所涉选题政治属性强、优质作者稀缺、竞争同行多、产品在诸多同类中难以出彩等众多原因，在国有出版企业中成为最内卷的领域。

主题出版似乎是一个有新时代底色的新概念，但实际发挥主题出版功能的出版实践却早已有之。在20世纪70年代末改革开放刚刚开启之时，邓小平等党和国家领导人就提出要写作和出版一批有新内容、新思想、新语言的有分量的论文和书籍。我想，20世纪30年代面世的艾思奇的《大众哲学》和1978年胡福明的《实践是检验真理的唯一标准》应该就是他们心目中的典范。

1998年我刚进江苏人民出版社工作时，正值中华人民共和国成立50周年前夕，全社都在为这一重大节点紧锣密鼓地策划和出版图书，我也参与了《中国经济·重大决策始末》的编辑工作。接下来，原国家新闻出版总署在2003年开始实施主题出版工程，在这之后的近十年间，我陆续参与了一些服务于党和政府中心工作的政治类读物的编辑工作，但主观上对主题出版的概念是懵懂、无意识的，整个出版行业对主题出版的强调也远远没有达到今天的程度，主题出版似乎只是人民出版社及其政治理论编辑部门的职责。

通过这么多年的出版实践，我也渐渐感觉到做主题出版的紧迫感，逐渐增强了主动性、主体性，慢慢形成了主题出版从策划、约稿到审稿、编校、营销的一定流程和做法。当然这里面最重要的，也是最让编辑抓耳挠腮的，是选题策划，今天我想从三个方面谈谈自己关于主题出版策划的一点心得。

抓手：“手中有粮，心中不慌”

作为承担着主题出版职责的出版人，每年到了申报中宣部主题出版重点出版物的时候，可能就是最慌张的时候。种粮食的庄稼人都知道，“手中有粮，心中不慌”。做主题出版的出版人怎样才能做到心中不慌呢？我做出版20多年，做主题出版十多年下来的一个感觉就是：主题出版其实是一个大帽子、大框子，它需要有专业的内容来充实。有了一定的专业学术出版的基础，主题出版才能有一定的根基，编辑才不会有做主题出版“两眼一抹黑”的无力和慌张。

江苏人民出版社的内容生产主要分四个板块：主题出版、学术出版、大众出版、教育出版。我所负责的政治出版中心涉及这四种中的前三种。从我社机构调整设立政治出版中心时的定位来说，其核心功能是主题出版，但是学术出版、大众出版这两块，政治出版中心有多年延续下来的成熟的出版板块、图书品种和作者队伍、编辑队伍。比如学术出版这块，我们做了多年的哲学、政治学等学术板块，已经形成“马克思主义研究丛书”“纯粹哲学丛书”“现代国家成长研究丛书”“政治现象学丛书”“学衡尔雅文库”等系列。围绕这些丛书，我们有一支凝聚力强、学术研究和写作水准上乘、研究课题前沿、沟通顺畅的中青年作者队伍，其作品在学术圈已经凭借其一定的口碑和影响力吸引了一群忠实的读者以及潜在的作者，编辑队伍虽然存在一定断层，但年轻编辑也凭借其谦虚好学的态度和专业背景，在向老编辑潜心苦学，有望快速形成接力态势。

但是，学术出版并不等于主题出版，前者只是为后者提供了可供转化的资源，而要想让学术出版资源成为主题出版的富矿，还需要编辑在其中发挥选题策划的主动性。比如习近平新时代中国特色社会主义思想，内容十分丰富，几乎涉及国家治理和人民生活的所有方面，不找准特定的点来做，容易泛泛而谈、不深入；另外，现在做这方面研究的专家学者特别多，如果只盯着那几个热词很容易重复。这决定了我们只能从这个思想宝库中深挖某些特定的点来做。

那如何找这个点呢？我们经过深入思考，决定在我们既有作者中寻找在这方面研究比较深入的选题，并且是同我们的出版定位和专业板块相一致相协调，能共享作者、营销渠道和读者资源，起到相得益彰效果的选题。比如著名经济学家洪银兴教授，他是我们合作30多年的老作者，一直在做发展经济学研究，这些年来对区域经济、中国特色社会主义政治经济学、习近平经济思想也一直在持续研究，我们曾出版过许多他的著作。于是，我们决定找他从经济学维度来研究阐释中国式现代化。他的《中国式现代化论纲》在二十大胜利闭幕后即在我社出版，在学界和社会上均取得良好社会反响，中文繁体版随即推出，英文、土耳其文、日文、韩文版版权也顺利在北京国际图书博览会上签约，这一切似乎都是水到渠成。

方向："抬头望天，低头走路"

老百姓常说一句话："抬头望天，低头走路。"抬头望天是说，走路先要看好方向，方向错了，离目的地只会越来越远；低头走路是说，方向选好后，就要脚踏实地地赶路，要不然也是永远到不了目的地的。这一朴实的道理，同样适用于主题出版。

主题出版中的“抬头望天”，就是紧密跟踪党的创新理论，研判党和国家重大战略决策部署、重大事件、重要问题等，找准当前一个阶段党和国家在政治、经济、社会、文化、生态等方面的主题。“抬头望天”之后，更重要的是“低头走路”。大方向确定后，通往主题出版的光辉终点的，并不一定是宽阔平坦的阳关大道，跋涉的路途中仍会有无数的分岔小路、沟沟坎坎，甚至有断头路、冤枉路，出版人必须埋下头来心无旁骛、踏踏实实并且拼尽智慧和胆识赶路。

前面提到主题出版肯定会出现一个内卷的状况，随之也会出现大量的主题重复、内容空洞的出版物。这对我们来说是最大的难题，我觉得针对这个问题可以着重注意几点：

一是尽量结合现实问题和实践，也就是热点、焦点、难点来策划选题。这次以县处级以上领导干部为重点，在全党深入开展的学习贯彻习近平新时代中国特色社会主义思想主题教育，其总要求是“学思想、强党性、重实践、建新功”。深化对习近平新时代中国特色社会主义思想的研究阐释，得与现实问题和实践紧密结合。比如，全面从严治党的选题，要落在如何解决大党独有难题上；对中国式现代化选题，可以结合总书记所强调的，推进中国式现代化需要统筹兼顾、系统谋划、整体推进，正确处理好顶层设计与实践探索、战略与策略、守正与创新等一系列重大关系的论述来进行策划。同时，要避免空洞抽象的说教，让党的创新理论与我们的创新实践相结合。既可以让创新理论到实践中去检验、验证和指导实践，也可以从实践中去总结、发展和提高理论。理论与实践相结合的主题读物往往更受大众欢迎，也更能说服人、打动人、影响人。

二是力戒低水平重复的选题，注重原创性、学理性。要让党的创新理论牢牢扎根于马克思主义经典作家科学的唯物史观和方法论，要打通党的创新理论与马克思主义经典原理的血脉，要把我们党的创新理论中的马克思主义的看家本领也即马克思主义的世界观方法论说清楚说透彻，以理服人。

三是策划选题时多做些精准性的准备工作，比如研判目标读者，其实这也是在为后面的写作和宣传营销做准备。当策划选题考虑谁来写时，就要考虑到选题受众和作者受众的一致性。比如，洪银兴教授是经济学学者，同时也是智库专家和政府治理的深入参与者，那么其著作受众主要在学界和党政部门。其著作推出后，就要注意通过研讨会、学界书评、党政部门讲座、权威书单推荐等方式，扩大其在包括学界和理论界、党政部门、主流媒体等几个圈子里的影响力，如果能得到这几个圈子的一致肯定——而且这几个圈子是相互影响、相互赋能的，那么这本书的地位和影响就基本可以确立了。基于前述的一致肯定，还可迅速跟进对中心组学习、主题学习、全民阅读、党员学习包等的针对性营销。

切口："大处着眼，小处着手"

主题出版的主题性，决定了它必须"大处着眼"。十八大以来，我们在上级主管部门领导下出版的党的创新理论方面的选题，基本上是由上级部门牵头，设计好丛书框架、要求、体例等，然后在全省层面组织高校科研机构和理论宣传部门的专家学者组成作者团队，短时间内就能高效率地创作、出版一套大型丛书。我社关于社会主义核心价值观、新发展理念、"四个自信"等方面的丛书，基本上都是在全国范围内率先推出，而且，别人出版的基本上是单本，我们一做就是丛书。这样做的好处是：及时、高效、规模大、影响也大；但缺点是：团队作战容易导致书稿质量良莠不齐，追求规模容易导致研究不深不透，丛书对结构体例要求的齐一性容易导致书稿缺乏特色和原创性。这两年我们也渐渐发现，相关选题主题出版的出版社变多了，同时，近年来主题出版多元化、复合型、竞争激烈的形势又警醒我们，主题出版追求大而全的规模型发展的时代已经过去，再沿用老的方法，就很难做出让人眼前一亮的精品主题图书。相反，主题出版精品化的趋势凸显出“小处着手”的显著优势。从《向北方》《我心归处是敦煌》等优秀主题读物来看，精品主题读物不怕切口小，再小的切口都可以映照出宏阔和高远的主题。

但是，“小处着手”并不是片面追求小，而是追求“小处”的巧妙和独特。这里面既有眼光的独到，也有写作方法上的技高一筹。比如江苏人民出版社出版的著名报告文学作家章剑华创作的系列报告文学作品《大江之上》《世纪江村》等，都是善于从独特的角度，比如新中国不同时期建设的武汉长江大桥、南京长江大桥、江阴长江大桥，大变局中的“中国农村之窗口”江苏吴江开弦弓村（即费孝通《江村经济》中的江村）等，采用历史与现实、宏观与微观、纪实与文学相结合的表现手法，来为国家立心、为民族立魂、为时代立传、为人民画像。而作为江苏省文联主席、报告文学学会会长，章剑华又总是善于从江苏的历史与现实中找到具有全国意义的题材，从具有深刻逻辑的中国故事中展现既有深厚历史积淀又引领时代风气之先的江苏气派。

作者系江苏人民出版社副总编辑

约稿信、催稿信、编稿信

——我给名家做责编

胡长青

有人说：所谓大学者，非谓有大楼之谓也，有大师之谓也。其实出版也是这个道理，出版的品牌和影响力不在于大楼，而在于积累了多少名家名作，这是出版价值所在、灵魂所在。

一、与漫画大师蔡志忠的合作

2012年6月2日，全国图书交易博览会在宁夏银川举办，在会议结束的前一天6月4日，突然接到北京朋友的电话，著名漫画家蔡志忠正在北京与他商谈电子书出版合作事宜，明日回杭州，只有一晚的时间可以见面，我当即决定提前结束银川之行，赶赴北京。我与时任文艺室主任的王路当天傍晚赶到北京华侨大厦，一边晚餐一边谈论，从晚上7点一直到11点半，我们与蔡志忠先生相谈甚欢，当晚基本商定了出版齐鲁传统文化的优秀代表“四书系列”，即《论语·儒者的诤言》《孟子·历史的哲思》《大学·博大的学问》《中庸·和谐的人生》。在送走蔡志忠后，北京朋友很吃惊地说没想到你们第一次见面有这么多的共同话题，他第一次只谈了半个小时。

几天后，我给蔡先生写了邮件，就出版的具体细节进行了进一步商讨，他没有回复。我担心事情有变，28日又写邮件表达希望合作之意：

> 六月二十一日曾有邮件给先生，想必已经收悉。昼夜悬望先生指教，如饥似渴，相关工作亦不便启动。今国际孔子文化节时期已近，出版宣传推广计日以待，未得先生明示，无所措手足。
>
> 齐鲁乃圣人之乡邦，先生为儒学之健将，山东人民出版社属国内名社，创维博易（注：数字出版合作方）亦是数字出版之生力军，四者相联，必有所成就。区区之心，瞻仰之情，先生幸察焉。
>
> 八月秋高，金风送爽，泉水清冽，正是济南四时之佳季，伏祈先生携桥坛（注：蔡是亚洲桥牌冠军）之威，操画龙之术，御风光降，逍遥乎泰山之巅，徜徉乎孔庙之堂，弦歌鼓舞，与圣贤心会神游。是予所望焉。

蔡先生终于回复，基本同意所有条款，热情洋溢地说："让我们大家一起，共同来为鲁文化尽心尽力吧！"

并盛情邀请我们到杭州西溪他的住所做客，饮酒畅谈，可以“住在我们三十二张榻榻米的超大客房”，我感谢蔡先生胜意，憧憬“黄酒浮香，泛舟溪流，临风把盏，对花小酌，兼以星月并辉，夜色生凉，真人间胜境也。心有戚戚，不胜向往之至”“榭台欢饮，夕晖熏风，良辰美景，春色如许，此乐何极”。大约 7 月份，我们到杭州西溪湿地参观了蔡志忠工作室的两栋别墅，还有《非诚勿扰》的拍摄景点，在别墅后面的水榭上喝酒喝咖啡，面对着一泓沉碧似的池塘，谈古论今，规划合作，令人感觉出版工作是如此的雅致，竟有魏晋名士的几分高蹈与风流。

随后，我社推出的“四书系列”分为：白金版、黄金版、黑白版，白金版由蔡先生在宣纸扉页上亲手绘制漫画并签名，限量 100 套；黄金版则是扉页用宣纸彩印一幅精选的蔡先生漫画作品，限量 1000 套；其他为黑白版。出版后，大受欢迎，在 2013 年 9 月泉城路签售时，读者排起长队，一直到泉城路的街道上，书店人员说好久没见到这样的场景了。

自此以后，我们开始了至今八年多的交往合作，从出版“四书系列”到彩版全系列，多达 87 种图书，最近又收到彩色漫画“五经”书稿，我社也成为出版蔡志忠作品最多的出版社，出版的品种远远超过了当年的三联书店。

每每想到千千万万个少年儿童读着我社彩色漫画版中

华优秀传统文化读物，想到蔡先生礼数周全的接待交往，一次竟拿出20世纪80年代的国酒品鉴，心里既感到幸福又感到幸运。

二、与文史大家袁行霈的合作

袁行霈是著名古典文学专家、全国政协常委、民盟中央副主席、国务院学位委员会委员、国家古籍整理出版规划小组成员暨学术委员会副主任、中央文史研究馆馆长，2018年4月当选美国人文与科学院外籍院士。他在学术界有着广泛的影响，主编的《中国文学史》作为权威的高校教材，惠及一批批学子，出版他的著作是很多出版社的梦想。2016年8月，在一位北京朋友的引荐下，我登门拜访袁先生，表达了要为他出版文集的意愿。我知道袁先生虽是江苏武进人，却出生于济南，算是半个山东老乡，就从先生自号半齐谈起，近两个小时的交谈，极为融洽，与先生合影留念，且获签名赠书，先生初步答应可以考虑。回来后，我马上发邮件并附上合约书：

半齐先生教席左右：

八月二十五日趋府拜谒，叨扰颇久。先生蔼然长者、纯然儒者，受教良多！

先生纵横讲坛，执教辟雍，绛帐宏开，桃李满园；高文典册，誉满学林。承蒙俯允，足见先生故园情怀，益属敝社荣光，幸何如之！

袁先生很快回复：

拙号“半齐”多年未用，几无人知晓。大札以此称呼，倍感亲切。前曾赴新城参加王渔洋研讨会，途经济南，得诗一首，录呈求教：

赴济南车中（1978年10月）

穿河越野复行行，渐近乡关日色暝。

映眼华山浑似染，原来山比梦中青。

【注】余原籍江苏武进，生于济南大明湖畔，幼时一度居北京，复还济南读小学，视济南如故乡。华山在济南东郊，古称华不注者也。

此后邮件往复，确定书目、改换书名、增删篇章等，逐项讨论。2020年春节居家办公期间，我带领团队小组，其中有三个入职一年多的新编辑，开始十卷本文集的艰苦编校工作，要求凡是引文务必依照所据版本逐一审核，整整用了五个月的时间，我把近400万字仔细编校了一遍，写成了十份图书质量审查表，以中华书局版《陶渊明集笺注》的工作量最大，图书质量审查表将近35页544处。

每一书稿编校完毕，即发送袁先生确认，直至没有疑问才定稿。

袁先生对封面、版式、用纸等都有个性要求，“我十分关心《文集》之版式，包括开本、字号、行距、纸张，等等。希望印得大方一些，以便收藏”。文集的装帧我打算以青色为主，7 月 15 日发邮件给袁先生：

春澍（袁先生字）先生崇鉴：

暑气已盛，上庠事繁。前接玉音，奉命承教。今将大作封面呈览，以供甄选。

窃以为青蓝喻之于学问，有古可稽。荀子曰：“青，取之于蓝，而青于蓝。”言学问渊源与境界所止。青者最为上乘，故白石老人为其高弟王迟园（雪涛）题句曰“蓝已青矣”。

先生学界泰斗，执天下之牛耳，故拟以青色为设计总基调，双青、深青、鸦青为具象。不知妥切否？

袁先生很认同此色，回函：

惠书拜悉，封面妙绝，其典雅、沉着、大方、简洁，已臻至境矣。吾兄所言甚是，学问境界，青者最为上乘。老杜所谓“岱宗夫如何，齐鲁青未了”，拙句“原来山比梦中青”，皆以青字为上。封面以青色为基调，寓有深意，读者必有能神会者。

封面经过十几次调色，并选好字体和名章，最终达到设计初衷，特地制作了精装毛边本，增加了一个更可玩赏的形式。样书很快印制出来，做最后印前的试验，确认无误后，再正式印刷。袁先生很期待，认为“一切遵照来函所示，必能成为当代善本中之最善者”，见到样书，袁先生随即发函，告诉我他的感受：“昨天收到文集样书，从编校、版式到设计、装帧，无不精美绝伦，可谓毫发无遗憾矣。天下竟有如此典雅、如此精致、如此大方、如此令人爱不释手的书吗？有之，则是贵社的出版物了。专此向吾兄及贵社的编辑们致谢！至于后续事宜，容另函禀告。现正忙着逐篇翻阅，尚未发现一个错字。”

可以想见老先生当时满意的情态，作为一个出版者，这是最大的奖赏和鼓励，而回顾与袁先生三年多的交往，想起他亲自陪我去北京大学国学院欣赏名人信札、和刻本（日本刊本），每次到京一定亲自宴请，从“长青先生”的客气称呼到“长青兄”和“长青”的直呼其名的亲切，真是莫大的满足与快乐！

回首70年历程，无论是在百废待兴、万象更新的新中国初期，还是在波澜壮阔、日新月异的改革开放时期，都有不少闪光的名字和名作矗立在齐鲁书林，著名学者梁漱溟、高亨、汝信、安作璋、朱德发、安乐哲等，著名作家郭澄清、冯德英、李存葆、唐浩明、贾平凹、张炜等，都是一代代出版人用真诚和汗水累积而起的名家名作长廊，是可以回忆与骄傲的资本，这是出版的底蕴、出版的传统、出版的榜样，更是出版的力量！

作者系山东人民出版社社长

出版就像滚“雪球”，越滚越大

朱胜龙

选题好比“雪球”，开发没有穷尽。只要找准挖掘点，捕捉引爆点，深耕不止，探寻不息，往往会有新的发现。2013 年我退休后，一个机缘巧合，使我进入了为优秀出版人树碑立传，讲述出版人精彩故事的选题策划领域，也许是无意中挖到了选题的“富矿”，我策划的出版人系列图书项目的“雪球”越做越大，越做越做不完，越做越有做头，越做影响越大。“出版人系列”的四种（辑）图书中，有三种列入国家出版基金资助项目，有两种被分别被列为“十三五”和“十四五”国家重点图书出版规划增补项目。

精彩故事　时代见证

“新时期出版人改革亲历丛书”是我策划的“出版人系列”的第一个项目。2018 年是中国改革开放 40 周年，也是出版改革 40 周年。波澜壮阔的出版改革历程，堪称中国出版发展史的黄金时期，也把一批领军人物推向了波澜壮阔的历史舞台，涌现出一批锐意进取、敢为人先的弄潮儿。这些领军人物在引领、推进出版业高质量发展的同时，也在创建有中国特色的出版文化。出版一套为新时期、新时代优秀出版人树碑立传的自述体丛书，组织他们回顾走过的路、做过的事和遇见的人，回放留存的文化记忆和留下的文化印记，从自己的亲身经历中挖掘、提炼原汁原味的故事，体现新时期出版人的职业追求、使命担当和文化情怀，适逢其时。找到业内公认的领衔人物，是丛书成功的首要条件。著名出版家聂震宁站位高，口碑好，在出版界有一定的影响力和号召力，显然是丛书主编的不二人选，而且他与我有过一段不寻常的交往，彼此投缘。聂震宁看了我写的策划方案，觉得这套丛书应时、应景、应运而生，很有价值，认为“50后”的出版人正陆续离开工作岗位，有足够的时间和精力写作，出版丛书的时机基本成熟。他不但愿意出任丛书编委会主任，而且表示会带头写一本。

聂震宁发挥在业界的威望和影响力，高位推动，组建了由中国出版协会各专业工作委员会主任组成的丛书编委会，主持召开了第一次编委会会议，确定了丛书的主题、体例，确定了作者遴选标准，强调作者必须是在全国出版界有一定影响、获得韬奋出版奖等全国性奖项、已卸任的出版社领军人物，使丛书有了良好的起步。之后，聂总还邀请新闻出版总署原署长，时任中国出版协会理事长柳斌杰担任顾问并为丛书写序言，使丛书编委会形成了高配置的架构。我则负责组稿和初审。丛书第一辑的作者龚莉、樊希安、齐学进、周百义、吴培华等领导，和我都有过交往，彼此熟悉。他们平时都习惯于向作者组稿、催稿，但这次却成了我的组稿对象。也许是受丛书主题的感染，或听从历史使命的召唤，他们都乐意参加，有的还放下手头的约稿，把完成我的约稿作为“优先项”。有的作者过去当出版社总编辑时，还向我组过稿，如时任清华大学出版社总编辑的吴培华 2003 年在策划、组织《现代出版学丛书》时，曾给我“下达”过写作任务，而且三天两头电话催稿，“逼”着我克服惰性，写出了学术专著《现代图书编辑学概论》。这次却轮到我向他组稿，不过他比当年的我自觉多了，水平也在我之上，很快就“交了卷”。

丛书以国内首创、亲历自述、真实感人等特色，通过出版人讲述的精彩故事，体现出版改革的丰硕成果，引起了出版界的关注。先后被列为“十三五”国家重点图书出版规划和国家出版基金资助项目。在丛书第一辑“旗开得胜”的基础上，我接着又策划了丛书第二辑：“走进新时代：出版人改革亲历丛书”，邀请了李朋义、汪继祥、俞晓群、李学谦、张延扬、吴宝安、何承伟、何志勇、任超等知名出版家“加盟”。他们虽然都程度不同地承担了一定的社会工作，但都以存史立言、资政育人为重，雕龙绣虎，纵横驰骋，很快进入“角色”。由于丛书第二辑的策划思路、主题思想、作者队伍阵容等延续了第一辑的特色，两辑于2022年双双被列为“十四五”国家重点图书出版规划增补项目和国家出版基金资助项目，取得了“大满贯”。

主题宣讲　延伸拓展

出版的本质是服务，图书出版只是专业服务的一种形式，服务的延伸没有止境。2018年是出版改革40周年，这既是党的中心工作，也是出版业的重点工作。受一位老社长的启发，我进一步拓宽思路，策划了出版改革成果系列宣讲活动，在出版丛书的同时，把出版社为党的中心工作的服务功能，从图书出版领域向主题宣讲领域延伸。幸运的是，这个想法很快得到了中国出版协会领导的重视和支持，中国出版协会把开展出版改革成果系列宣讲活动，作为贯彻庆祝改革开放40周年大会重要讲话精神的重要举措，列为中国出版协会2019年的重点工作，并作为宣讲活动主办单位，予以高位推动。中国出版协会聘请“新时期出版人改革亲历丛书”的十位作者为宣讲团成员，聂震宁为宣讲团团长，中国出版协会常务副理事长兼秘书长刘建国为副团长，于2019年1月在北京举行了首场宣讲报告会暨出版改革成果系列宣讲活动启动仪式。聂震宁做了首场宣讲报告，柳斌杰理事长向宣讲团成员授了聘书并致辞，对全国系列宣讲活动提出了具体要求。此后我全程参加了先后在北京、上海、杭州、成都、西安和深圳举行的六场报告会，见证了宣讲团成员不辞辛劳，认真备课，联系实际，把改革讲透，把成就讲够，同时不断创新宣讲形式，把主题宣讲与圆桌论坛、编校业务培训、提问互动等结合起来，与参会的广大出版社编辑进行了充分的交流和探讨，引发共鸣，在业内产生了较好反响。系列宣讲活动的开展，既为促进出版改革的不断深化营造了氛围，又创新了出版社的服务模式，扩大了丛书的影响。系列宣讲活动同时也丰富了中国出版协会的服务内容，密切了中国出版协会与地方出版社的联系，为此后的深度合作打下了基础。这期间，受同仁的启迪，我的“任督二脉”进一步打通，脑洞大开，对出版人系列的出新出彩有了新的思考。

深度合作　精耕细作

选题策划运作的过程，也是不断丰富、拓展策划思路的过程，在策划“出版人系列”过程中，我有幸结识了中国出版协会、韬奋基金会、中国书刊发行业协会等部门的领导，在他们的启发下，对深耕出版人系列选题有了新的认识。我“趁热打铁”，跟进策划了“民营书业创业者丛书”和《老一辈出版家口述实录》，开启了与“中”字头出版社团深度合作的模式。

“民营书业创业者丛书”是国内第一套优秀民营书业创业者群体的“自画像”，由他们讲述创业故事，梳理创业思路，抒发创业感慨，以此展现民营书业创业者的精神风貌与责任担当，反映民营书业作为新兴出版生产力，对我国出版业发展的贡献和推动，见证我国出版业的繁荣发展。这个选题得到了中国书刊发行业协会理事长艾立民的大力支持，他不但亲自担任主编，组织中国书刊发行业协会遴选了八位全国优秀民营书业领军人物为作者，还分别给这些作者打电话，交流沟通，形成共识。这些作者都是民营书业界公认的行业标杆，他们怀揣文化报国理想，在长期的坚守、深耕中形成了独有的经营优势，如全国馆配行业的领头羊、人天书店集团董事长邹进，数字出版开路先锋、龙源数字传播集团董事长汤潮，践行“创新是灵魂”“质量是生命”的世纪金榜有限公司董事长张泉，让最美书店成为全国城市地标的钟书阁实业有限公司董事长金浩等。

在组稿中，我有机会走进了他们的内心世界，了解到他们事业风光背后的持续、专注和付出，感受到他们合着时代节奏跳动的脉搏，领略了他们把小我融入大我的家国情怀。他们敏锐地感知改革潮汛，抓住改革机遇，把家业做成产业，把产业做成事业，以责任成就伟业，在创造企业传奇的同时，与员工一起创造人生传奇，改写人生历史，成为民营书业推动中国出版业高质量发展历史进程的参与者和见证者。他们在回顾创业历程，袒露创业心路中呈现出的爱国之心、报国之情和强国之愿，展现了民营书业创业者群体的情怀和抱负。把自己的创业经历浓缩成十几万字的自传，这既是民营书业企业自身创业发展历程的回顾和总结，也在一定程度上体现了我国民营书业乃至出版业持续发展的历史方位，有一定的史料价值。这套书计划于 2025 年出版。

在这一过程中，不时在媒体看到老一辈出版人去世的信息，这些出版前辈"择一事，从一生"，亲历了出版界的重大事件，见证了出版业从筚路蓝缕到波澜壮阔的跨越式发展，以口述文字 + 视频的形式，留存他们的记忆，留住他们的风采，出版人责无旁贷，而且功德无量。我逐步形成了《老一辈出版家口述实录》的策划构思。鉴于这个项目实施的时间跨度大，口述内容涉及面广，口述作者分散在全国，在中国出版协会的支持、推动下，组建了以中国新闻出版研究院原院长魏玉山为主编、中国出版协会原常务副理事长兼秘书长刘建国和中国出版协会常务副秘书长吴宝安为副主任、中国出版协会副秘书长刘丽霞为编委会办公室主任，同时邀请相关领导、专家一同组成编委会。同时打破地域界限，拓宽合作边界，组成了由江西高校出版社、青岛城市传媒影视文化公司和北京书友之家文化交流有限公司共同参与的口述视频访谈录制小组，在地方出版社、专业影视制作公司和出版服务公司的优势互补中，形成了新的优势，为项目的实施推进，打下了坚实的基础。

这个项目有两个特点：其一，作者都是全国出版业有影响力的德高望重的出版前辈，他们虽然已经退休，居家养老，但他们参与或经历的重大事件、重大活动，创造的典型经验等，当时对促进全国出版业的发展，起到了重要的推动作用。他们敢为人先、开拓进取的作为，在出版发展史上留下了坚实的印迹，创造了宝贵的精神财富，见证了我国出版业从筚路蓝缕到波澜壮阔的跨越式发展。如中国青年出版社原发行处长王久安在20世纪80年代参与创办的北京图书订货会和中国图书进出口公司原董事长陈为江创办的北京国际图书博览会，如今已成为业界具有风向标作用的年度盛会。由于他们年事已高，平均年龄超过了85岁，其中半数是鲐背老人，近年来每年都有出版界的老人离世，进行口述实录显得尤为紧迫，成为与时间“赛跑”的抢救性项目。其二，在出版口述类图书的过程中，我们首创把口述文章和口述视频融合，读者在阅读口述文章的同时，还可扫码收看口述视频。我利用多年积累的人脉资源优势，通过多条渠道，与前辈们或其家人取得了联系，并得到了他们的大力支持。在整理、形成口述文章的基础上，我们组成了口述视频录制团队，到老一辈出版家家中，逐个进行访谈，录制口述视频，打捞历史碎片，挖掘历史细节，为出版史的研究，提供了有价值的史料。这些前辈虽然已进入暮年，但精神矍铄，提及不凡往事，依然是记忆犹新，心潮澎湃。遗憾的是，在19位作者中，去年以来，已有四位前辈驾鹤西去，告别了这个他们无限眷恋的世界。如92岁的韬奋出版奖获得者刘硕良去年5月在家中接受访谈时，对往事历历在目，侃侃而谈，没想到四个月后却驾鹤西去，录制的口述视频，成了这位老出版家的“绝唱”。但聊以自慰的是，《老一辈出版家口述实录》融媒体项目留下了他们的音容笑貌，保存了他们的精神遗产。《老一辈出版家口述实录》的策划、出版，得到了中宣部出版局和国家出版基金规划办公室的高度重视，中宣部出版局审阅了书稿，提出了指导性意见，国家出版基金规划办公室把这个项目列为2024年资助项目。

2024年9月28日，在国家版本馆举行的《老一辈出版家口述实录》（融媒体）新书发布会上，《老一辈出版家口述实录》作为“出版人系列”的开篇之作，引起出版界的关注。这既是研究、开发的阶段性成果，也是“出版人口述”系列策划、出版的新的起点。

作者系韬奋基金会学术委员会委员，

原江西省新闻出版局图书处处长

一本畅销书引发的舆情

党 华

在我的编辑生涯中，迄今为止市场表现最好的当数引进版图书、科幻小说《献给阿尔吉侬的花束》。该书问世后，囊括世界科幻小说两项大奖“星云奖”“雨果奖”，拥有 30 多种语言译本，全球销量超过 600 万册。我今天所谈这本，销量已达 35 万余册。

最早被它打动是同名音乐剧。看剧做功课方知，该作品曾多次被欧美影视、舞台剧及日剧改编。2019 年“一台好戏”改编的中文音乐剧在上海人民大舞台上演，之后全国巡演。在郑州演出时我邀请文友卢欣欣（现为中州古籍出版社总编辑）一起去观看，当舞台上那个小孩儿查理·高登无助地和他的小伙伴阿尔吉侬、一只小老鼠互相温暖时，我们在观众席流下了难言的泪。这哪里是科幻，分明就是凛冽的人间。

机缘巧合，在看过音乐剧《献给阿尔吉侬的花束》一年后，我得到了编辑同名小说的机会。因为看过剧，审读小说稿的过程，再次重温、反刍、思考，被作者精巧的构思和令人叹为观止的技法震动，尤其是他发出的灵魂拷问：人类的幸福和智商究竟是一种什么关系？这个天问想必永远没有标准答案。

加之该引进版的图书设计陆智昌先生，采用了小开本、细腻含蓄、底纹并不张扬的封面，仿佛在说，这不是一本大红大绿大字号需要去吆喝的书，书遇有缘人吧。一切都那么契合，拿到书后我特别满意，多次发朋友圈宣传："初版发行55周年全新设计纪念版，知名装帧设计师陆智昌设计，重新诠释经典科幻的当代感。"

然好景不长。伴随着不断加印，销量喜人，我也接到了多方投诉。

有从我社天猫旗舰店销售编辑处反馈来的，主要说书中有很多明显的错别字，质疑图书质量，进而批评责编的工作；有从总编室编务老师处转来的读者投诉，也是集中反映错别字太多，有些简直是"令人发指"的低级错误，这样的图书是如何通过审查上市的呢？还有从我社负责其他网店的营销编辑处反馈来的信息，说封面有可疑的黑点，内页纸张透字，加上错别字，严重怀疑是盗版书……不一而足。

刚开始，作为责编我对每一个投诉认真回复：书中确实有一些貌似"错别字"的存在，但那并不是真正意义上需要修改的"错别字"，它是作者创作的一部分，那是一个智力有障碍的孩子写的“抱（报）告”，当他的智力被科技干预之后，疗效显著，于是那种现象消失了。大家可以通读全书，再做判断。

然而市场太大了，当一次又一次加印，意味着越来越多的读者被它吸引时，难免又有些人在发现错误时，迫不及待地投诉过来，以期吹响哨音，以正书范。

既然不是个别现象，那就有必要认认真真做一个诚恳的应对。图书的编辑、出版、发行和服务是一个系统工程，需要多部门、多岗位的同事精诚协作，出了问题，也要理清利害，对症处理。

于是我做了一份“河南文艺出版社网络舆情应急演练方案”，这样表述——

近期，河南文艺出版社天猫旗舰店运营销售杜华阳、河南文艺出版社京东旗舰店运营销售翟彦婷、总编室鲍锐，分别接到关于我社图书《献给阿尔吉侬的花束》的问题反映，其中涉及错别字、印装问题和疑似盗版等方面，相关同事将问题转给该书责编党华。党华对相关问题做出解答，并向总编辑郑雄做了汇报。郑雄责成党华再次核查校样，并和出版部张阳确认该书印制过程。

我的回复为：《献给阿尔吉侬的花束》一书是科幻小说，它的内容讲述一个智障小孩被高科技改造以后，智商突飞猛进，而后经历了一系列悲喜，智商又回落到最初水平的故事。在审稿意见中，明确提出“在本书稿的前43页和后面7页，因情节需要，在文本中故意出现了一些错别字，请二审和三审留意，它就是作者整个创作的一部分，并非需要改正的错误。”

如果这还不够，那就再加上一条——编者注：本书全文为查理·高登的进步报告，字、词语与标点符号的误用情形为原文的创作风貌。刻意不删改，以增强查理手术前后智商落差与故事张力。

郑雄总编说：这本书暴露出来的问题，大家都要高度重视。出版社做书、销售书，售卖的不是一般商品，它是一个精神文化产品，涉及著作权问题，作者和出版社的合法权益如何得以保障？这需要我们各部门协同努力。接下来我们销售一线的同事和编辑都要注意，遇到问题，及时沟通，及时处理。

围绕《献给阿尔吉侬的花束》一书的“错别字”和“疑似盗版”引发的危机，我们经过认真核查资料、查验工作记录、检查样书以及和反映问题的读者之间的互动，将一场针对图书质量的舆情顺利化解，未扩大而造成损失。同时也警示各部门同事，一本书作为一件公共文化产品进入市场流通，难免会引发各种各样的问题。稍有不慎，就会对出版社的形象和利益造成损失。遇到问题要正面应对，本着有则改之无则加勉的心态，先行认真查验事实证据，以诚恳的态度、礼貌的用语、耐烦的情绪来回应。同时要保持清醒，避免被逻辑不清晰的“高手”带节奏而陷入缠斗，徒耗精力，于事无益。以坚实的职业素养武装自己，明确本岗位的责任和义务，不卑不亢，解决问题，赢得读者的谅解，打消误会，将影响控制在合理范围，共同维护一个健康的图书生态环境。

到此，由图书内容引发的问题暂告一段落。

自该书上市后，我曾多次买来送给好友，读完之后大家多次交流，探讨小说和影视、舞台剧的差异。比如在小说中，查理智商提升、恢复了早年的记忆，回到原来的父母家，看到生活那般平庸、无奈，他心里充满因为理解他人而产生的烦恼。在音乐剧中，当他智力提升，通过聪明人的方式找到了在简陋理发店苟延残喘的亲生父亲后，他原本想为自己悲惨的童年向父亲问罪，但是各种信息相互印证之下，父子之间心灵上有了某种呼应，通过演员微妙的肢体表演、说话音调的不自然转化和音乐的烘托，观众内心的悲悯之情被完美释放，敢问在这世间，哪个生命不曾经历风风雨雨？出走半生，回过头来，抚摸着周身的伤痕，却发现天下之大，竟无处问责，也许只有看不见的命运之神为这一切埋单！此时读者和观众仿若看到了自己和熟悉的亲友的遭遇，眼含热泪，思索，释然，珍重……

还有优秀读者会同我们来探讨更深层次的话题。我们的同行——大象出版社编辑、翻译家耿晓谕博士，就曾和我探讨："你还记不记得阿尔吉侬书中喜欢捉弄查理的小孩子喊的 Charlie, Charlie, fat head barley! 译者是怎么翻译的？我翻了翻，没有找到。这种押韵的话不大好译。"

我翻了书稿，一时之间竟然没找到。也许我们这个引进版里已经没了这句？期待其他读者来解答。

由此又衍生出一个话题：有的外文优秀著作，尤其是英文作品，如果有可能读者还是应该看一下原著，再看引进版的中文译著。互相对照着看，才能更好领略多元文化的魅力，也才能更加懂得"人性关怀杰作"所指者何也？他何以能感动无数读者？一定是有某种坚不可摧的内核，这需要我们去探究。

当《献给阿尔吉侬的花束》一书销售已过 35 万册时，我写下这些不得不说的故事，感激它带给我的一切。

作者系河南文艺出版社编辑

我和《辞海》那些事

彭卫国

《辞海》是以字带词，兼具语词词典和百科词典功能的综合性大型工具书。中华书局于1915年发起编纂，1936年至1937年出版第一版。1957年9月毛泽东同志视察上海，接见了《辞海》主编舒新城，肯定了舒新城提出修订《辞海》的建议。1958年1月在上海成立中华书局辞海编辑所，开始了《辞海》修订出版的新历程。之后，舒新城、陈望道、夏征农先后担任主编，自1979年始，《辞海》每十年修订一次，逢"9"的年份出版。2008年10月，夏征农逝世，陈至立接任主编。

2008年8月4日，我奉调担任上海辞书出版社社长，此时，正是《辞海》第六版修订出版的攻坚阶段。宣布任命的会议一结束，我即去拜见《辞海》常务副主编巢峰同志（巢峰同志时已年过八旬，仍坚持天天到社里上班）。见面没有客套话，老爷子说："彭卫国同志啊，你虽然不兼总编辑，但《辞海》的事情你要集中精力抓啊！大型工具书三分编写，七分组织，你这个一把手不抓，别人是抓不起来的。”于是，我便与《辞海》结下一段缘，做过一些事。

解决内容上的疑难问题

《辞海》第六版的修订工作于2006年启动，到我接手时，绝大部分学科的条目已经进入二校阶段。编辑的重点工作就是解决一些疑难问题。2300万字的篇幅，要解决的疑难问题很多。

书证的纠结。限于条件，《辞海》从第一版到第五版，均未对释文中的书证进行核查。每版出来之后，读者意见最多的也是书证中的讹误。据统计，《辞海》引用古籍500余种，单篇古诗文近13000篇，逐条核查难度可想而知。查还是不查？确实是个问题。查，会影响进度；不查，会影响质量。我和总编辑潘涛认为有条件查，也应该查。于是让语词编辑室一周内制订核查书证的实施方案。语词室主任陈崎同志（现任辞书社副总编）倒也是个麻利的主，三天后就把方案做好了。于是，我们动员社内编辑和社外专家150余人，花了近四个月的功夫，完成了书证的核查工作。共查核书证近8万条，查出讹误1800余处。这次大规模书证查核，大幅提升了《辞海》的质量。

送审的困惑。《辞海》包罗万象，出版管理部门要求送审的类别全部涉及，工作量大，涉及面广，还不能耽误进度。在辞书社上班第一天，辞海办公室就把宗教学科的条目全部摞在我办公桌上。看了稿件流转单，才知道关于宗教条目送审，社里相关部门有分歧：宗教编辑室的同志希望 700 余条条目全都送审，辞海办公室的同志认为应该抽出我们把握不准的条目去送审。双方僵持了四个多月。我找来相关分管领导和编辑室的同志，表明自己的想法：出版社是出版物内容把关的第一责任人，要把这个责任扛起来，不能一股脑儿把把关的责任都推给审读部门。未修订的、小修小改的条目就不必要送。最后达成一致，只送新写的和改动大的条目中我们把握不准的，共 49 条。在一次辞海专题会议上，巢峰同志提出中共党史人物条目中，关于“无产阶级革命家”这个评价标准（俗称“头衔”）不平衡。有些参加革命早、地位高的没有“无产阶级革命家”的“头衔”，有些参加革命晚、地位相对低一些的人倒有。我们自己没有一个标准，送审时就经不起询问。当时又没有可供参考的文件或者规定，经过辞海专题会议（由社长主持，分管《辞海》的社领导、相关部门负责人参加，巢峰同志出席并讲话，每周一次）讨论，由巢峰同志执笔起草了《〈辞海〉（2009 版）中共党史人物条目关于“中国无产阶级革命家”头衔的掌握尺度（试行稿）》。根据这个文件，编辑室对相关条目进行梳理。送审之后，审稿单位果然来询问，“无产阶级革命家”你们有否标准？我们把文件发给他们，得到了认可，顺利通过。“高句丽”条目送审后，审读单位对释文提出修改意见，大致意思是原来的释文可能会引起误解，影响外交关系。条目释文是：“高句丽，中国古国名，古族名……”第五版就是这样，第六版未改。怎么修改呢？既要尊重历史、尊重科学，又要避免麻烦。我们请读者、分科主编、责任编辑一起反复讨论，最后改成：“高句丽，古国名，古族名……”审读单位的专家说：“改得好，各人理解，大家高兴。”

通读的“煎熬”。《辞海》先按学科（涉及140多个学科）编辑加工、发稿排版、校对、通读。六校（厂校三次、社校三次）之后，再按音序统排，之后再两校一通读。最后的这次通读是最关键也是最难的。按音序排版后，就没办法按学科按编辑室分工来通读了。时间已经到了2009年的春节之后，按时间节点，主体版本五卷彩图本要在10月1日前出版，向国庆60周年献礼。怎么办呢？在集团的统筹下，我们组织了社内外80余位编辑，每三人一个小组，配语词、社科、科技编辑各一人。每天每人通八面，三天一个轮次，完成24面的通读。即负责语词的读完交给负责社科的，负责社科的读完交给负责科技的，负责科技的读完交给负责语词的，形成闭环。社领导都根据专业背景编进通读小组，最后由总编辑和分管副总编辑解决通读过程中编辑不能解决的问题。参与通读的同志都是夜以继日，社领导白天有日常工作要处理，只能利用晚上时间。快节奏、高压力，大家度过了“难熬”的两个多月。许多同志包括我都得了“红眼病”（眼睛充血）。

解决营销上的悲观情绪

“对不对，查《辞海》”曾经是广大读者的口头禅。从第一版到第五版（1999 年版），《辞海》从来没有担心过发行量。但到了 2009 年，互联网的兴起，各种电子书、网络检索工具纷纷出现，找“度娘（百度）”的人多了，查《辞海》的人少了。在这个大背景下，“《辞海》编出来了也卖不掉”的论调在社里颇有市场，许多同行也为我们捏一把汗，社里甚至有人说《辞海》第六版是压垮辞书社的“最后一根稻草”。花了五六年工夫，投入了大量的人力、物力，出来一个没有市场的产品（尽管它称得上精品），“过了苦日子，还得过苦日子”。发行部的同志也是忧心忡忡，压力山大，都觉得市场前景不容乐观。经过调研和分析，我们有了基本的判断，即《辞海》的品牌影响力仍然存在，《辞海》的科学性、准确性超过当时的一些网络检索工具。于是在 2009 年 2 月社里制定了比较可行的营销方案。第一，主体版本（彩图五卷本）的目标市场是图书馆和高端个体读者（主要是专家学者）；第二，定价符合市场需求，精装5册16开，定价1080元；第三，渠道以新华书店为主，线上渠道限价、延迟发货；第四，根据销量实施有针对性的阶梯式的奖励措施；第五，举办专门的订货会；第六，组建专门的《辞海》宣介推广团队，到各地宣传推广；第七，编发《〈辞海〉发行通讯》，及时向各省新华书店通报发行情况，在全国新华书店系统形成争相发行《辞海》的热潮。由于措施有效，大家努力，在一年多的时间里，主体版本累计发行了14万套，码洋接近1.5亿，主体版本的成功发行，有效提振了全社的信心，也为后续缩印本、典藏本的顺利出版发行奠定了基础。这背后，发行部门同志的辛苦更是故事多多。

《辞海》出版后的全面解剖

2010年5月，辞海编纂处独立运行，我兼任编纂处主任。编纂处的任务有两个：一是编纂《小辞海》，二是处理《辞海》（第六版）出书之后的读者反馈意见，并予以解决。2012年，编纂处根据出书之后的情况反馈和巢峰同志的建议，对《辞海》（第六版）进行全面解剖分析。解剖分析以学科为单位，对整体框架、收词、释文、配图进行分析，找出问题，提出解决方案。经过编纂处和上海辞书出版社的共同努力，到2013年底，分析剖析工作基本完成，共写出分析报告80余篇。对《辞海》(第六版)各学科的全面剖析，是《辞海》出版史上的一项开创性工作，为第七版的修订打下了基础。

拿到中国出版政府奖提名奖

2008年底，《辞海》校样基本排定，正在进行紧张的专项检查和通读。此时传出消息，由教育部和国家语委历时近十年研制的《通用规范汉字表》即将在2012年下半年颁布实施。此表是在整合《第一批异体字整理表》《简化字总表》《现代汉语常用字表》《现代汉语通用字表》的基础上制定的，是语言文字的最新、最高和最权威的国家标准。而此前的《辞海》用字，则是根据旧有的国家标准来施行的。依照惯例，《辞海》十年修订一次。如果《字表》准时公布，那么《辞海》刚一出版，就不符合国家标准，且在中途无法改正。在征得相关部门的同意之后，我们率先拿到了《字表》。2012年5月初，《辞海》即将出菲林片，进入印制阶段。使用《字表》修改用字，还是仍用旧标准？社里反复讨论，集团主要领导、巢峰同志都一起参与研究，同时也得到消息，说《字表》已经进入国务院领导的签批阶段。于是我们决定依据最新《字表》的规定，修改了《辞海》的用字。但万万没想到，《字表》延迟至2013年6月方正式颁布。本想领风气之先，《辞海》

反而尴尬地成为“不遵守现行国家语言文字标准”的辞书，在评奖过程中，有专家就此提出不同意见。曾经多次荣获国家出版大奖的《辞海》，2011 年获得第二届中国出版政府奖的提名奖，辞书社的同志都觉得有些“委屈”。

《辞海》修订出版的过程，是一个打造传世精品的艰苦历程，辞海人秉承“一丝不苟、字斟句酌、作风严谨”的《辞海》精神，持续努力，书写了中国出版史上绚丽的一章。其中的故事，是足够写一本书的。2013 年元旦过后，我离开工作了四年又四个月的辞海园，在新的岗位上，持续做一些与编辑出版有关的事。

作者系上海世纪出版集团副总裁

编辑与编辑

陈　昕

张昌华

吴　江

唐爱萍

任　超

卢培钊

一代出版家巢峰远行了

陈　昕

2015年前后，巢峰同志就因病长住医院了。我退休后常去医院与巢峰同志聊天叙旧，看着他的身体状况一年不如一年，慢慢地油尽灯枯，心中尽是悲伤的情绪，只能默默地祈愿他延年益寿。噩耗还是传来了，一代出版家巢峰同志今晨离开我们远行了。沉浸在悲痛中的我，拣出如下一些文字，回忆我与巢峰同志相交相知的点点滴滴，寄托绵绵不尽的哀思。

巢峰同志是我走上出版工作的引路人。

1977年，我从部队复员回到上海，被分配到上海市出版局组织处任干事，一年后经反复请求，组织上终于同意我到局资料室从事资料工作。我从1971年起即开始广泛阅读马克思主义经典著作，1975年后我的阅读兴趣逐渐集中到政治经济学领域。20世纪70年代末的上海市出版局资料室收藏有几乎完整的“文革”前出版的经济学著作，这对我来说简直是如获至宝，于是我开始了长达一年的系统的经济学阅读之旅。之后，我也尝试做一些经济学的研究，于20世纪70年代末80年代初，先后在《文汇报》《社会科学》等报刊上发表了《按劳分配不是按劳动产品的价值分配》《社会主义全民所有制内部存在商品生产》等多篇论文。这些文章引起了巢峰同志的注意。经过几次交谈，1980年巢峰同志将我借到上海辞书出版社从事《简明社会科学辞典》和《西方经济学名词解释》两部工具书的编辑工作，从此我走进了编辑出版这一神圣的殿堂。细细回想，在我的编辑出版生涯中，巢峰同志一直是我最重要的提携者。1981年，他约请我一起编写政治经济学普及读物；1984年，他指定我担任大型资料工具书《上海经济区工业概貌》的责任编辑，带领十多位青年同人编辑出版这一套30卷本的皇皇巨著；1993年，巢峰同志向组织上推荐我去上海人民出版社接其社长、总编辑的职务；1995年、2003年、2009年又先后推荐我担任《辞海》编委、副主编和常务副主编，参与《辞海》第五版和第六版的修订审稿编辑出版工作，等等。可以这么说，我在编辑出版工作中迈出的每一步都得到了巢峰同志的关心和帮助，而巢峰同志的学问和出版实践更让我受益良多。

巢峰同志是我国老一辈马克思主义经济学家，在经济学界久负盛名，曾长期担任上海经济学会会长。如同当年商务印书馆张元济先生高票当选中央研究院院士，人才济济的上海经济学界推举一位学府之外的出版家担任领军人物，足以表明巢峰同志不凡的学术威望与理论功力。

巢峰同志最重要的经济学论文，大多发表在粉碎“四人帮”后拨乱反正的年代。他以独立思考的理论勇气、敏锐犀利的学术洞察、实事求是的科学精神，对经济社会中的一系列重大问题进行了深入的研究。例如，《论生产力发展的动力》一文，针对当年理论界陈陈相因的“生产关系决定论”，大胆提出了“生产力中人与物的内在矛盾是生产力发展的内在动力，而生产关系的作用只是生产力发展的外在动力”这一几近颠覆性的观点。

《谈谈社会主义基本经济规律》是巢峰同志比较重要的一篇经济学论文，是其1980年在上海经济学会年会上所作的学术报告摘要。那时我刚刚加入上海经济学会，出席了这次学术活动，巢峰同志的报告给我留下了极其深刻的印象。他联系五六十年代我国社会主义经济建设遭受的两次大的破坏情况，探讨了社会主义基本经济规律的主要要求，分析了违背社会主义基本经济规律所必然导致的国民经济比例失调乃至经济危机，甚至社会主义公有制变质这样的严重后果。基于此，巢峰同志提出了“国民经济既要制定生产计划，也要制订生活计划”“不仅要处理好积累与消费的关系，还要合理安排好积累与消费各自内部的比例关系”“实行体制改革，使公有制企业直接面对市场，对消费者负责”等诸多理论。在改革开放之初，理论界尚处在拨乱反正的“阵痛”之中，巢峰同志就触及了我国经济改革的核心问题，实在是难能可贵。

巢峰同志是老一辈经济学家中较早将消费列为政治经济学研究对象的学者，他认为：“消费是生产的终点，生产必须在消费中完成。”因此，“消费是生产的目的，背离目的生产就会导致经济危机”。他还对物价改革、企业竞争、技术协作与经济联合等经济学界“烫手”的话题提出自己独立、独到的见解。从现代经济学的角度看，巢峰同志的论文大多只是发现问题，而少有对问题背后的原因及其机理的分析；但是，这些文章毕竟抓住了当时经济社会生活中最为重要的一些问题，掀起过激荡血肉的思想冲击，至今读来“余温”犹在。

巢峰同志以其丰富的政治历练和厚实的经济学涵养投身中国的出版事业，他曾执掌过上海辞书出版社、上海人民出版社这样的大社名社。理论与实践的砥砺催生了他在出版研究领域的不凡建树，他是最早将政治经济学的理论与方法引入出版研究的人，不仅率先提出了“出版经济学”的概念，还从实际出发确定了中国出版经济学的基本框架、核心命题、主要范畴，如图书的商品属性命题，二元价值的背离与统一，出版行业的组织行为特征，图书市场竞争的基本态势和规律。筚路蓝缕，以启山林。如今，出版经济学在中国已得到学界的认可，巢峰同志开疆拓土的贡献不可轻估。

改革是当代中国出版业的主潮，几十年间大潮迭起，而巢峰同志总是挺立潮头，成为中国出版改革最早的探索者和实践者。对于改革的终极目标，巢峰同志非常明晰，是实现两个效益的平衡、协调发展。对于长期困扰出版业的体制转型这一核心问题，他不仅有理论层面的深入思考，更有实践层面的大胆推动。他从战略管理、市场运营、人力资源、企业文化等诸多方面，大处着眼，谋划布局，还具体设计了出版社体制改革的方向、路径、步骤，强调关键是塑造市场主体，激活竞争，建立客观、公正的绩效评估体系。他亲自主持领导了上海人民出版社、上海辞书出版社的组织重造、流程变革、绩效评估等工作。他熟知当代国际出版业并购、重组的外在趋势与内在动力，认定规模化、集约化是中国出版改革步入市场化的重要方向，但必须以产业思路来推动集团化建设，处理好行政推动与经济推动、“大船”与“小船”、横向与纵向、综合与专业、主业与他业、规模与效益的关系，尤其要处理好出版行政管理部门与集团的关系。他深知中国出版改革的艰巨性，一是传统体制、观念的惯性难以短期突破，出版改革出现诸多方面的“二律背反”的“疑难杂症”；二是新媒体的迅速崛起，人们的信息生活、媒体消费发生了巨变，图书供给与需求的平衡正在发生倾斜。2005 年，他还提出了中国出版业出现“膨胀性衰退”的命题，强调要通过出版改革来解决这一问题，从而激起了业内热烈的讨论。

巢峰同志是当代出版家中的“帅才”，主持过一系列重大的出版项目。他目光远大，帘卷天高，是《辞海》《大辞海》这样的关系到全民族文化建设的大型文化工程的主持者之一，曾先后具体组织了四个版本《辞海》的修订编辑出版工作，在当代出版史上绝无仅有。他曾写过很多关于编辑出版《辞海》的文章，其中既有《辞海》的编纂方案、修订原则、稿件处理意见，也有工作报告、情况汇报，还有往事回忆。综合起来看，实在是一个不可多得的极有价值的大型品牌工具书编纂实践的典型案例。令人敬佩的是，从他起草的“《辞海》(合订本)处理稿件的几点具体意见”中，我们可以看到老一辈革命家夏征农和出版家罗竹风、巢峰等不唯上、不唯书、只唯实的出版精神。1978 年 10 月，国家决定在 1979 年国庆前出版新版《辞海》。编纂新的《辞海》最困难的问题是确立正确的指导思想，当时中央工作会议和十一届三中全会相继召开，新的正确的思想路线已经提出，但贯彻落实这条路线的阻力还相当强大，一系列重大理论问题和实际问题还没有结论。一个个疑难问题纷纷提到编辑部，阶段斗争、路线斗争如何写，“文化大革命”“无产阶级专政下继续革命”如何写，领袖人物如何写，历史人物如何写，国民党以及台湾问题怎么写，“苏修”“美帝”怎么写？等等。在得不到上级指导的情况下，在夏老、罗老的主持下，巢峰同志起草了这一文件，共八条三十九款，对上述这些疑难问题一一提出具体处理意见。这些问题，现在看来已不成为问题，在当时却要冒极大的风险，不少同志好心地劝巢峰同志“勿为天下先，不要好了疮疤忘了痛”，当巢峰同志把这一劝告告诉罗竹风同志时，罗老诙谐地说：“砍头不过碗大的疤，大不了再打倒。”这是何等可贵的精神啊。“八条三十九款”处处显现着解放思想、实事求是这一马克思主义的精髓，是值得我们这一代出版工作者认真汲取的宝贵财富。事后，国家出版局在《出版工作》上转发了这一意见，作为全国出版社处理书稿类似问题的基本准则。

作者系上海世纪出版集团原总裁

勇于担当的蔡玉洗总编辑

——兼谈凤凰文艺社创建初期的人与事

张昌华

蔡玉洗（1949—2023），是我退休前供职的江苏文艺出版社总编辑。老友徐海知我与玉洗有故事，嘱我写篇文字纪念一下，顺便谈谈文艺社当年的事。嘉命难违，写什么呢？思绪纷乱，信马由缰，记个流水账吧。

我与玉洗有个秘密，外人鲜知。我本是乡间中学的语文教师，中学学历，在40岁时能跻身出版界，拜玉洗所赐。实话实说，是浩然为我搭的桥，走了蔡玉洗这扇“后门”。1977年我偶然得到一幅浩然的书法，有朋友说是假的，我也不知真伪。次年的某一天，在小学教书的妻子，带回一张为儿子包胶鞋的《少年报》，我打开一看，是浩然的小说《七月的雨》，始知他“解放”了，我便给他写信求证字的真伪。

报社将信转到浩然手中，两周后我接到他的回信。浩然告诉我那字是假的。1979年我拜访了浩然，浩然知道我是语文老师，爱好文学，便建议我业余练习写作，并表示乐意帮我看看稿子并推荐。后我与贺景文合作创作的

《201光棍宿舍》《鸡鸣茅店月》,《小说月报》选载了,浩然很高兴。当我向他流露出“跳槽”的想法时,他便把我推荐给时为《钟山》杂志编辑的蔡玉洗……

到出版社后,玉洗对我关照提携甚多。1986年全国长篇小说座谈会在厦门召开,玉洗为拓宽我的文学视野,带叶兆言与我去参加,从而使我结识了中国作协的陈荒煤、出版同人聂震宁等。此后他带我拜访过上海的施蛰存,北京的邵燕祥、张洁、史铁生等。某年,汪曾祺、林斤澜途经南京,《雨花》杂志的叶至诚请客,请他作陪。玉洗向叶至诚提出要把我也带上……这对我之后组稿帮助很大,我渐渐地进入了作家圈。玉洗对我说:“跟作家打交道,诚信最重要。”

工作中,玉洗对我提出的选题比较重视,甚至一些比较“超前”的内容,在向总社报告时,他也乐于写上自己的意见,“敲边鼓”求成功。当然他也是有底线的,坚决听从上面的“裁夺”。我印象最深的是1986年我编的《名人讲演》,选了蒋介石的《抗战演说》,送审时被分管局长删除并批评,我还想与局长争一争。玉洗宽慰我:“他有他的道理。”我编发的稿子,有时会“擦枪走火”,当他因此从总社吃了“板子”回来,我向他表示歉意时,他总漫不经心地说:“我签字的,不关你的事。”玉洗淡泊名利,他当总编十多年,从不在任何一本书上署自己的名字，哪怕稿子是他组来的。

业界朋友们都很尊重玉洗。1987年我受命到丰县向还在乡下种田的赵本夫组稿。本夫说：“玉洗要我的头，我不敢给他脚。”本夫当年的处女作《卖驴》一炮走红，就是玉洗在自然来稿中发现的。玉洗是我的入党介绍人，他代表支部跟我谈话时，只一句话三个字：“好好干。”他就是这么一个简单而实在的厚道人。

我入职时被分配在农村读物编辑室，编苏州评弹《玉蜻蜓》、扬州评话《过五关斩六将》，选题是室主任涂心江老师分配的。次年一次闲聊中，玉洗语重心长地对我说：“编辑在业界的地位是靠稿子奠定的。昌华，你不能老靠‘喂鸭子’（领导分选题），要学会自己扛枪打鸟，到社会上去组稿。”我说我认不得几个人。他说：“你到上海找唐代凌帮忙，我来打电话。”

我到上海找到时在《收获》工作的唐代凌，他说手边有部台湾的言情小说《在水一方》很感人。我问作者，他说是琼瑶。在上海文艺会堂招待所我一夜读完，小说的人情味深深打动了我。我带回社里交给玉洗，因言情小说不涉政治，顺利通过三审。那年月出版业乱象万千，没有任何版权意识，武侠、言情盗版成风。我除了把繁体变成简体，全盘照搬，连封面都沿用台版的。虽然是铅排岁月，书一个星期便印好，首印10万册，它或是琼瑶在大陆行销的第一部作品，一面世即销完。随即我又请代凌弄到了琼瑶的《月朦胧鸟朦胧》《雁儿在林梢》《却上心头》等七部书稿，连续推出，独霸了全国言情小说市场。记得第三部《雁儿在林梢》，经《新民晚报》连载后，订数激增，为不失商机，我与校对江伟明吃住在淮阴印刷厂，边编边排，即校即印。全国各地书商个体户到淮阴新华拖书的车，在厂后门排起长龙，全部现金结算，该书总印数达百万册。后来我又弄来了古龙的《绝代双骄》，也极畅销，大大地赚了一笔。此举改变了分社后文艺社里的经济面貌。20 世纪 80 年代全国的琼瑶热，就这样在不经意间偶然形成了。有朋友调侃我是琼瑶的幕后推手，褒乎贬乎吾不知。今天只有忏悔，现在看来，虽然当时没有版权法，但这公然盗印真的很荒唐、可笑，更可怕的是还不知是违法。

蔡玉洗原系江苏人民出版社副总编辑，1986 年文艺社从人民社剥离，他改任文艺社总编辑。当时所谓的文艺社，实际上是原文学编辑室的一班人马，而且分家时刘坪带走了《钟山》的同志划归省作协，剩下的不足十个人。周惜晨、周行等面临退休。恢复建制初期条件极其艰苦，出版社上无片瓦，下无寸土，总社给我们 35 万码洋库存书，多为扬州评话《武松》和《皮五辣子》。总社希望我们经济上自己动手，自力更生。分家之初，搬出高云岭，无钱租像样的房子，只能租部队干休所楼顶上搭建的铁皮盖的棚子，没空调，夏天像蒸笼，冬天似冰窖。约40平方米，全社编辑、行政窝在一起，办公桌一张挨一张，像接龙，地道的草台班子。两年后迁到湖南路8号，租省军区的房子，一大套，稍微像点样；至此时，社里才有一部总社淘汰的“三峰”面包车。

玉洗重视人才，到湖南路后开始招兵买马。一边在社会上招新兵，招进了北大的伍恒山、孙金荣，武大的汪修荣和社会科学院的许金林；一边从兄弟单位疯狂地挖人，从科技社挖来黄小初，从《雨花》挖来虞善国，从“南农大”挖来田迎春，从城南中学挖来速泰熙，从省供销社挖来卞宁坚。叶兆言研究生一毕业也被拉了进来。郭济访、沈瑞、陈敏丽也在此前后入社。当时社委会只有三个人：蔡玉洗、任雨霖、李荣德。那时文艺社真是兵强马壮，其阵容盛况空前。且说叶兆言吧，他读书多，见识广，人脉旺。他提出的选题大都品位较高，玉洗挺倚重他的选题，可以平衡社里选题结构并提高品位，注重了“两个效益”，又体现了“多元”。《二十世纪外国美学文艺学名著精义》、张爱玲的《十八春》《小艾》等就是他编的。《八月丛书》是他率先提出，当时有人反对，认为此书长销不畅销。玉洗极力支持，团结了张承志、史铁生、刘恒、王安忆、张炜、朱苏进等一批名家。兆言是个散漫的人，喜欢“自由”。玉洗宽容，对他的“小自由”从不干涉。

总社大楼建成后，抓阄入住，我们无缘。科技社从新华印刷厂老楼搬出，我们接龙。老楼的房间多，宽敞，社里统一定制新办公桌，总算像那么回事了。此时社里经济大为好转，琼瑶、古龙的作品和纪实文学丛书，给社里带来了空前的繁荣，先后在南京的锁金村、观音里买了12套房子，大大改善了员工的居住条件，令其他社里的同人羡慕不已。

白云苍狗。这一页随着岁月的流逝早已翻了过去。刻下，任雨霖、蔡玉洗等一批为文艺社立下汗马功劳的老人都已走进历史。回忆当初虽心酸，然又觉得温馨。

作者系原江苏文艺出版社副总编辑

编辑快速成长四要诀

吴　江

到了四五十岁的年龄，总有一些场合，要给年轻编辑讲几句经验之类的话。编辑的成长好像也没有什么捷径，现在静下心来总结成长中的体会，和自己刚入职时，老编辑讲给我的，也没有什么本质变化。当年前辈的话语，音犹在耳，倏忽之间，我就由听讲人变成了讲述人。

一、架设桥梁——编辑工作的专业性所在

刚入行的编辑可能会问，在专业细分的时代，图书编辑的专业性体现在哪里。这个问题好像不容易说清楚。一方面，图书编辑工作重实践轻理论，一些编辑史、编辑理论、编辑学研究方法的课程，可能大多数从事这项工作的人也没有系统学过。加上各出版领域涉及的学科门类广泛，很难在整体上把编辑工作的专业性附着在某个学科上。另一方面，出版行业又对编辑人员的专业素质提出越来越高的要求，好编辑的培养和成长，从来都不是一件容易事。

编辑工作在文化传播中起着桥梁的作用，一边连着信息、知识、作者，一边连着读者。它的专业性就体现在联通两边的“架桥”本领。当海量信息、知识包围受众时，什么才是有价值和满足需要的，怎么把它们变成内容产品？编辑通过专业性的工作，替读者对某个领域的信息、知识进行选择、组织、呈现和推广。这是一项综合性、实践性很强的工作，包括专业知识研究、选题策划、内容组织、案头编辑、装帧设计、材料工艺、营销推广、数字化，等等，涉及的关键词是信息、人和技艺。所以，获取信息、沟通人群、提高技艺，就成为年轻编辑“架桥”路上必须过的几个关口。

在“桥”的两边，要特别注意读者那个方向，它是起导向作用的。一个选题要不要上马，一本书稿以什么形式呈现，是读者的需要起主导作用。无论多有名气的作者，编辑和他们对等沟通的底气，来自编辑更懂读者、更了解读者的需求。从更好为读者服务的角度出发，把书做好，也实现了更好为作者服务的目的。

二、读书学习——增加思想力的深度

编辑是个领社会文化风气之先的职业，也是个需要终身学习的职业，有时候放松偷懒一年半载，就会有落伍难追的感觉。

现在的信息量太多太杂，惑人耳目。还是应该静下心来读书，精读一些经典学术著作，不拘哪个学科，相对成体系地读一部分，会让个人的知识基础更稳固，思想力更深刻，判断力更准确。

我在上学读书期间，没怎么接触哲学。工作后的两年多时间，在一位搞政治思想史的老师带领下，每周末花一整天，几个人凑在一起精读中外哲学原典，从孔子、庄子到柏拉图、亚里士多德、霍布斯、卢梭、康德……在哲学史上打了几个桩子。有了支点之后，能读进去了，自己陆续又看了一些，算是对哲学有了一点积淀。记忆最深的是读康德的三大批判，特别是《纯粹理性批判》，对没有哲学基础的人来说，进入很困难，要一点一点地啃。现在回忆康德的书里都说了什么，已经很模糊了，但当年所受的思维训练，印刻在思想基因中，思想的逻辑性和穿透力增强了，分析判断事物的本领增强了。作为编辑，要经常进行分析和判断，读经典，可以训练这方面的能力。当然，不一定非得是哲学书，史学、文学、法学、社会学……都可以，人文科学治学和训练方法类似，对哪方面感兴趣，系统地钻研一阵子，会受益终身。人的知识结构和思想基础，常常是年轻时期打下的，这个时期精力旺盛、求知欲强，所以系统读书，要趁早。

三、调查研究——通过信息材料找规律

调查研究是贯穿在编辑工作中的基本功。通过分析信息、材料去寻找规律，是研究社会科学的基本方法，对把握编辑工作的道理也适用。毛泽东说："你对于那个问题不能解决吗？那末，你就去调查那个问题的现状和它的历史吧！你完完全全调查明白了，你对那个问题就有解决的办法了。"

选题策划是编辑工作中的难点，刚入行的人可能觉得很难，看到老编辑总有好选题，俯拾皆是，自己却摸不到门路，憋也憋不出来。这也有个功到自然成的过程，所谓功到，主要是广泛深入的调查研究。坚持信息积累，坚持琢磨研究，一般来说两三年后即可小成。关于编辑的调查研究，下面细谈几点。

一是可以建立个人的图书信息数据库。比如选题策划，对某个门类一段时期的过往好书、当下好书的资料，进行积累和分析。做上几年，这些信息就不再是散点了，可以勾画出这类图书的发展进化脉络。这是培养做书感觉的重要参考和依凭。了解了这个脉络，再考虑选题，就不是凭空出世，而是在源流里面。顺着这个脉络，也容易发掘出新选题，跟风也罢，创新也罢，总是得先摸到规律性的东西。

每年北京的全国图书订货会，是出版界新书集中展示的场合，我从20世纪90年代末起，坚持每年去订货会搜集各社新书、好书信息，特别是党史、理论类图书，从中寻找启发。20多年下来，我对这类图书的线性变化有了基本的了解，如同一条河，它从哪流过来，现在是什么状况，可能流向哪里，有了自己的认知。有了这个总体认识，再去判断河里的一石一浪，心里是有底的。开始几年逛订货会，搜集资料很辛苦，没有智能手机，靠搜集各社的书目，每次几十斤。第一天收集回来，晚上连夜看，把感兴趣的书标记出来，第二天再回到现场翻看真书。那些年也摸到一点门道，比如各地出版社千里迢迢来京参展，不会带很多书目，一两天就散发完了，所以要先逛各省展区。后来手机可以拍照，搜集材料也就简便多了。

二是编辑的调查研究随时随地贯穿在工作中。一个想法飘过，在图书网站上、数据平台上检索翻找一通；去和专家学者聊天，从他们的谈话中收集线索、得到启发；甚至有目的地去刷社群和视频网站等，只要带着收集资料的目的，都算是调研。这种工作要经常做。毛泽东说："大略的调查和研究可以发现问题，提出问题，但是还不能解决问题。要解决问题，还需作系统的周密的调查工作和研究工作。"

三是要重视对资料的研究分析。对年轻编辑来说，可能存在调查容易研究难的问题。调查时七嘴八舌，琳琅满目，热热闹闹，记了不少笔记，拍了好多照片，但对带回来的资料，却懒于研究。毕竟，一个人面对大量碎片化的资料，整理分析，好比做一篇小论文，是件苦差事。但这种夜深人静时归纳综合的过程，才是长本事的必经之路。

开始当编辑时，我对装帧不入门，不知道怎么和美术编辑对话。对美编设计的封面，虽然不满意，但说不出哪里不好，提不出建设性意见——实际是对装帧缺乏规律性认识。后来建了个封面数据库（也不过几十个样本），按照创意、布局、工艺、色彩、字体等几个要素，把市场反响、个人观感好的和不好的封面收集起来，坚持了几年，不断收集不断看，思考为什么这个好那个不好。看多了，想久了，好像到了某一天，就能和美编对话，提出一些建设性意见了。

现在图书行业和出版单位自身的数据平台上，集聚了大量数据。年轻人比我们老家伙对数据更敏感，检索使用也更熟练，要重视利用数据。有时候，一个瞬间的错误判断，需要花很长时间、很大成本去消化、修正。如果有较强的利用数据辅助判断的意识和能力，可能要少犯很多错误。

四是调研后得到的启示、规律，要在实践中大胆尝试。如果只是知道了，不去实行，也难有真正的长进。我和本社的年轻编辑常说，工作方法三步走：第一步是睁眼看——通过调查研究发现问题，寻找解决办法。第二步要动手做——对于获得的启发和想到的办法，大胆尝试，起而立行。这也是最重要的一步，一切成长和进步不是开几个座谈会、听几个讲座就能实现的，还是要在大量实践中去锻炼。第三步是用心想——行动的结果，有成功有不足，要不断总结经验。解决了一个问题之后，又会产生新的问题，还是重复这个三步走。在一次次发现问题、解决问题的往复循环中，认识和解决问题的能力会得到提高。

四、出去见人——人动有三分喜

一些大的出版公司，编辑会分为案头和策划组稿两种，体现了更细的分工。对年轻编辑来说，我还是提倡不要过早定型，如果能做到两门抱，岂不更好，这两种工作，本身也不能截然分开。

全科的编辑应该具备较强的社会活动能力，基础是与人打交道的能力，不能太宅。编辑的职业，提供了一个很好的社会交往平台，上可平视公卿，下可深入市井，这也是编辑职业的魅力所在。

人动有三分喜。人像一潭水，动起来，激活起来，状态就不一样了，收到的效果也可能超出想象。有的行动，没有达到预期目的，但像潭水的涟漪一样，在别处他时收到效果。我总对社里的年轻编辑说：不要屁股沉，不要贪恋办公室的空调和软椅，长期封闭在格子间，不能知形势，不得遇高人，不足励志气。

年轻编辑出去见人，有活力，招人待见；没负担，自由发挥。到了四五十岁的年纪，再要出去见人，考虑的就多了，也没那么自在了。所以，出去见人也要趁早。

专家学者是必见的人，也是潜在的作者群。很多信息、选题就是聊天过程中迸发的。作者群可以是宽泛网络和精干队伍的结合。同行中特别是有出色业绩的，也应该经常见面请益。他们能带来行业的新鲜动态和先进经验。面对工作中的具体问题，如果连个可以请教、出主意的人都没有，是危险的。

我刚当编辑那阵，有一段给自己定的目标，每周要认识一位新朋友，逼着自己走出去。那时认识的很多是退休的老人，他们赋闲在家，有年轻人上门，是很高兴的，常常说个不停，很多是题外话。作为听众要有耐心，陪他们聊天，最终会回到你感兴趣的话题。那时，我经常去当时尚健在的“文革”史专家王年一、《农民日报》总编辑张广友的家里拜访，到了饭点，他们老伴做什么就跟着吃什么。这种交流有时也没什么明确的目的性，就是聊聊天，对于增广见闻也是有益的。

年轻编辑也要注意建立和维护同龄的作者队伍，形成编辑与作者共同成长、共同扶持的良性循环。再大牌的学者，也要从年轻不知名时起步，也要从青涩的文章著作开始被社会认识，也要给孩子挣奶粉钱……编辑从某种程度上是“星探”、是“经纪人”。学者们从讲师升到副教授、教授，编辑们也从助理编辑熬成副编审、编审，几十年的交往，共同成长，成为真正的朋友，也是人生历程中的一段佳话。

都是些老生常谈。做编辑，如果奔着升官发财，是找错了门。这个工作辛苦，复杂，赚不到大钱，博不来高名，门槛似乎不高，能做出来还真不容易。这又是一项创造性、引领性、有趣味的工作。长江后浪，浮事新人，希望年轻编辑们早日成才。

作者系中共党史出版社总编辑

老编带新徒，出版传薪火

唐爱萍

出版是一项薪火相传的事业，其中一个重要方面，就是编辑良好职业素养的代际传承。对于这一点，我的认识也是逐步深化的。

我在担任编辑室主任那些年，在复审环节，有时会碰到新编辑将书稿改错的情况，比如有一部书稿写到，两国交兵之际，得到前方传来的捷报，国君大喜过望，率领群臣“郊迎”凯旋的将士。责编显然以为“郊迎”系作者的笔误，信手将它改为“迎接”。其实在古汉语中，“郊迎”的意思是到城外迎接，这是一种很隆重的礼遇，改为“迎接”，就失去了本意。还有一部书稿，写到抗战胜利后对一批汉奸进行公审，作者称某个汉奸为“此獠”，责编想当然地认为“獠”是一个错字，就把它改成“僚”。殊不知，“此獠”一词出自《新唐书》，意思是“这个坏家伙”。改为“此僚”，意思就成了“这个官员”，失去了原有的感情色彩。由于新编辑尚缺少案头工作的严格训练，知识面也有明显欠缺，类似的例子发生在他们身上，并不奇怪，但是从中暴露出的苗头性问题，却值得我们高度重视。多年以后，这两个例子已经成了我指导新编辑案头工作的常用素材。

一般来说，一个新编辑从稚嫩到相对成熟，大致需要五六年时间，其中最初的一两年十分重要，因为这是培养编辑良好职业素养的关键阶段。时下，出版社对于年轻编辑的培养都比较重视，每年新编辑入职之初，出版社或集团层面都会举办一系列的岗位培训，从编校技能到选题策划、出版纪律、编辑素养，等等，基本涵盖了编辑出版工作的方方面面。这样的岗位培训当然是很重要，也是行之有效的。但是，编辑室内部对于新编辑的帮助和引导，同样是必不可少的。多年来，出版社对于编辑室内部的以老带新，普遍重视不够，或者时断时续，未能常态化、制度化。以老带新，就是由室主任或资深编辑，固定带教几个新编辑，形成比较正式的师承关系。比较而言，这种带教模式更具有针对性和灵活性，能够及时发现并解决新编辑在工作和学习中遇到的各种实际问题，帮助他们在较短的时间内，扎扎实实打好基础，培养良好的职业素质，其作用是那种广谱式的岗前培训所不能替代的。

2016 年我退居二线，徐海社长多次和我商量，让我利用负责重大出版项目的机会，多带一些年轻人。为了便于开展工作，出版社聘任我为“首席编辑”，聘用协议的一项主要内容，就是要求我负责培养年轻编辑。尽管有同事打趣我这个“首席编辑”的头衔属于“地方粮票”，但我还是挺看重这个名分的，因为它明确了我和新编辑之间的师承关系。从那以后，我便将自己的主要精力转到培养新编辑这项工作之中。

我的带教经验，是在工作中不断摸索、逐步积累的。在江苏人民出版社工作的最后几年，我已经开始固定带教几个新编辑，但更多的还是以项目带人。一般在接手某个重要的出版项目时，我会和社领导一起商量，根据该项目的性质和特点，在全社范围内遴选一两个具有潜质的新编辑，让他们全程参与。2019 年初，我被借调到江苏科技出版社，担任《中国运河志》的编辑总监，也是沿用了这一模式。

以项目带人，实际上就是一种“沉浸式”的情境教学，旨在为新编辑提供实战演练的机会。在工作刚刚开展时，通常是我冲在前面，年轻人跟在我后面见习，做一些辅助性的工作，有点像传统的师傅带徒弟的方式。随着项目的推进，我会逐步放手，让他们承担一些比较复杂的工作。在这一过程中，新编辑跟着我一起攻坚克难，同甘共苦，能够真切地体会到，承担一个重大出版项目，编辑必须具备怎样的综合素质和工作能力；在应对一些复杂局面时，应当如何审时度势、把握方向，找到解决问题的正确路径和方法。经过一段时间的历练，年轻人的综合素质都会有不同程度的提高，并且初步养成了能征善战、吃苦耐劳的品质，而这对于他们未来的成长进步，是非常有益的。

2019 年底，《中国运河志》正式出版，我也正好到了退休年龄，科技社聘任我继续担任运河出版中心编辑总监，带教年轻编辑，仍然是我的一项主要工作。不过，与过去随机性的以项目带人不同，现在我更多采取的是固定化、精细化的一对一带教模式，并且初步形成了自己的一套带教理念和方式。带教工作头绪纷繁，有轻有重，我特别关注的是对新编辑起步阶段的指导。

年轻编辑刚开始编稿，我会让他们把编好的书稿送给我审读。通过细心辨析，我就能发现他们存在的主要问题。针对这些问题，我给他们定了这么几条原则：第一，可改可不改的，不改。新编辑编书稿，常常会手发痒，觉得哪儿哪儿都需要改，结果书稿被改得密密麻麻，而真正合理可取的改动并不多。第二，能少改的尽量少改。许多新编辑初生牛犊不怕虎，对于那些确有必要改动之处，总是大动干戈，往往会伤筋动骨，我会不厌其烦地给他们演示，如何以最小的调整改动，收到最佳的效果；第三点最重要，那就是切切不能把对的改错。遇到类似“郊迎”“此獠”这样的例子，我会揪住不放，晓以利害，告诫他们少一点自负，多一点敬畏，不懂的就多查多问，养成严谨求实的学风。这个环节的带教，需要有足够的耐心，因为编校能力的培养，不可能一蹴而就，必须反复磨炼，直到搞通搞透，才能避免“煮夹生饭”。

写作也是编辑的一项重要的基本功。由于缺乏经验，不少新编辑初次撰写文案，会暴露出各种问题。针对这些问题，我会从遣词造句、起承转合到谋篇布局、文体特点等方面，与他们一起探讨交流，给予必要的指点。对于写作，有的年轻编辑抱有一种畏难情绪，我常用老作家张天翼的一句话鼓励他们：写文章时，老子天下第一；文章写成了，小子罪该万死。就是说，写作的时候要自信满满；写完了，则要谦虚谨慎，听得进别人的批评意见。也有的编辑对于写作不够重视，认为能不能写无关紧要，只要能把书稿编好校好就行。我以自己的切身体会告诉他们，一个优秀的编辑，应当善用“两支笔”，一支用来编稿，一支用来写作，这样才不致眼高手低，关键的时候能够拿得出、顶得上。其实，编辑如果具备了较强的文字功底，对于案头工作也是大有益处的。

对于许多年轻编辑来说，策划组稿是一道难关。第一次组稿，第一次单独面对作者，新编辑会有各种不自信，忐忑不安溢于言表。这是完全可以理解的，因为我们也曾有过这样的经历。首先，我会提醒他们，跟作者打交道，不必过于仰视、谦卑，最好的姿态是落落大方，不卑不亢。但是，你要想与作者平等地展开对话交流，就必须提前备好功课，做好预案，比如相关学科的基础知识、学术动态，我们的选题定位、方案，作者的学术背景、专业特长、已出书目，甚至还包括作者的个性喜好，等等，尽量做到有备无患。为了让编辑放下包袱，鼓励他们勇敢地跨出第一步，我会告诉编辑，组稿一事，不以成败论英雄，即使组稿不成，也不必灰心，毕竟从中也积累了经验，丰富了我们的作者资源。

叶圣陶先生曾说："教是为了不教。"这句话对我很有启发。我知道，我陪伴年轻编辑，不过是短暂的一程，今后的路还得靠他们自己走，所以我把"学方法"看得比"学知识"更重，所谓"授人以鱼，不如授人以渔"。我常对编辑说：要学会把握方向，多用巧劲，不要使蛮力。对于工作中的一些失误，要注意总结，举一反三，不能老是在同一个地方跌倒。面对一些复杂的问题，既要透过现象看本质，又要抓住本质看现象，由表及里，由此及彼，学会发散性、创造性思维，养成良好的大局观，这是我们在工作中攻坚克难的利器。平时的读书学习也要找窍门。我所在的运河出版中心，有四个年轻编辑，他们的专业背景各不相同，对于运河的历史都知之甚少。为了让他们尽快适应工作的需要，我不仅给他们开列了一些参考书目，还会根据我这些年阅读运河的心得体会，告诉他们：要学会在运河中发现历史，在历史中寻找运河。不能满足于看几本运河专著，要多多涉猎一些方志史乘、奏章谕旨、笔记尺牍、诗词小说，等等，从中捕捉古人对于大运河的直观描述。只有当那些运丁水手、贩夫走卒、坐贾行商在你眼前一一鲜活起来，你对于大运河的认知才是有根基的，而不是那种人云亦云的。

年轻人在工作和生活中，难免会遇到各种各样的困扰，因此对他们进行必要的教育、引导，也是带教工作不可或缺的一环。思想工作的目的，就是引导他们正确看待名和利，学会处理好同事之间、上下级之间的关系，学会团结协作，帮助他们在起步阶段养成良好的职业素养、思想品德，从而在今后的职业生涯中行稳致远。现在的年轻人都很有个性，都有自己的很多想法和诉求，某种程度上，做他们的思想工作，比业务技术的指导难度更大。由于我与新编辑有着明确的师承关系，加之我的年纪比他们大了很多，所以我在带教他们时，不需要太多顾及什么面子、自尊心之类。一段时间下来，年轻编辑就能逐渐感受到，这种“温和的严厉”，包含着一种信赖。有了这种信赖作为带教双方的情感纽带，对年轻人的思想工作就有了一个好的基础。当然，做思想工作切忌生硬，不仅要注意方式方法，还要选择合适的时机，有的放矢，方能收到春风化雨之效。

培养年轻编辑是一项非常有意义的工作，需要有一种不计名利、甘为人梯的思想境界。带教工作虽然不易，但是，每当看到新编辑在工作中不断进步成长，我会感到由衷的欣悦。我曾经对一位年轻编辑说过：我带你们一场，什么都不图，只希望等你们上了年纪时，能像我对待你们那样，对待你们之后的年轻人。我想，这或许就是“薪火相传”的真意之所在吧。

作者系江苏凤凰科技出版社运河出版中心编辑

书籍装帧大家宁成春

任　超

明静把宁成春老师亲笔为我题笺的他的新作《一个人的书籍设计史》寄给我了。我迫不及待地首先阅读了汪家明先生为这本书作的序言，内心感慨万千。往事历历在目。

宁老师的大名我早已耳闻，但与他相识相交则缘于宁老师与鲁明静的浑厚师徒情谊。时间大概是2006年底。那时，明静刚到三联书店工作。她的专业岗位是美术编辑。宁老师则已从三联书店退休。但在一些工作交集中宁老师看重明静是棵“好苗子”，一直手把手地教她、带她则是不争的事实。明静实际上成为宁老师的“关门弟子”也是不争的事实。

记得有一次宁老师去西藏写生，体验底层生活，特意带上了明静。此次西藏之行，生活条件相当艰苦，居住条件十分简陋，天天面对蚊虫叮咬，时常面对饥不择食的窘境。明静在艰苦环境中更深地感受到一位书籍设计名家对事业的执着与追求，勇毅与深沉。将近20年过去了，在明静身上打下了宁老师的深刻烙印，可以这么说，明静的成长进步首先在于她本人的发愤图强，但如果没有宁老师以及她身边的其他师长的提携与帮助，明静走不到今天，也不会成为享有盛誉的年轻的书装设计师。

正因为有这层关系，我多次邀请宁老师参与到人民出版社重大出版项目的封装设计工作中，他总是以极强的专业精神和技法点化，启示我们，诸多设计要素的提出起到了画龙点睛的作用。例如：

2006 年前后，党中央决定出版《马克思恩格斯文集》和《列宁专题文集》，这是“马工程”的重大项目。为此，人民出版社组织社内美术编辑和专业版式设计者进行过多轮会商，并拿出了十几套设计方案。在“攻坚”阶段，我再次想到宁成春老师，并恳请他“出山”，著名封装设计师吕敬人也在受邀专家之列。

在相关研讨会上宁老师认真翻看人民出版社已经形成的设计方案，并没有当场表态和提出建议，而是表示要回去认真琢磨一下，过几天再提出具体建议。几天后明静陪同宁老师再次来到人民出版社与我和黄书元社长及相关美术编辑进行当面磋商。宁老师说，这类经典著作是世界级的思想学术经典，而国际书装设计传统中，重要经典著作从近代以来就有书背采用“竹节桩”工艺的传统，中国也有类似的传统，在这一点上中外是相通的。而采用“竹节桩”工艺后，书籍装帧效果会上一个大台阶，书籍装帧品质会更显尊贵和庄重。同时，宁老师还提出了其他一些封装设计的改进意见，均是很有见地的。我们都为这一创意拍手叫好，并据此重新制作样书呈报上级机关，方案得以顺利通过。

封装设计方案通过后的下一个难点是工艺实现，因为“竹节桩”工艺主要应用于小印量的重要著作印制，由于工艺复杂，需要大量手工操作，印装进度缓慢，在大批量印装中困难重重。而且，当时，北京地区厂家除雅昌外，没有一家工厂做过“竹节桩”工艺的图书，为此，宁春成和吕敬人两位老师多次和我及社出版部负责同志、美编同志去雅昌等多家印厂，调研工艺流程，寻找关键工艺可替代手工的方案，并动员各相关印厂加强内部交流和相互间交流。最终克服重重困难，比较顺利地完成了这一重大出版项目。

2018 年 5 月是马克思诞辰 200 周年，为了纪念这个重要日子，中央决定由人民出版社出版《共产党宣言》《资本论》两部重要经典著作的纪念版，以及 15 卷本《马克思恩格斯著作特辑》，为了完成好这一重大出版项目，我们继续邀请宁成春老师及鲁明静参与其中，并承担从封装到内文的整体设计操作，他们同样做了大量艰苦、细致且富创造性的工作。此后，宁老师还曾为若干有价值著作的出版为人民出版社牵线搭桥，使相关项目运作取得两个效益双丰收。

出版界的同仁在阅读宁老师的《一个人的书籍出版史》时会发现，宁老师在书中并未提及上述我追忆的设计案例，而我所述案例涉及的重要著作也未提及宁老师的名字，甚至有的重要著作的设计费宁老师分文未取，这是令我十分感慨的。

在我心目中，宁老师是一位对出版事业有高尚情怀的人，是名副其实的书装设计大师。他学养深厚、广博，不图虚名，不做虚功，低调内敛，淡泊名利，心胸宽广，追求卓越。是一位洞见世事，既能够登高望远，又能够匍匐前行的智者和勇者，是一位勤于思考，善于学习，勇于实践，真正做到知行合一的长者。

我十分敬重宁老师，并一直将他视为心中的榜样。

作者系人民出版社原常务副社长

编辑的四个素质

卢培钊

图书行业要持续生存发展，编辑职业要得到读者的认可和社会的尊重，从业者必须具备一些基本素质。

首先是爱书。

这些年，在招聘编辑面试环节，我一般会问两个问题：最近读了什么书？最近去过哪家书店？我试图通过他们的回答，感受到应聘者对于书籍的一份热爱。一个对书籍没有感情的人，不可能做出好书；一个对出版行业价值没有正确认识的人，当面对其他职业的诱惑时，往往不能坚持太久。

对于新入职广西出版的编辑，我推荐他们去读已故著名出版家刘硕良先生的《与时间书：刘硕良口述回忆录》《春潮漫卷书香永：开放声中书人书事书信选》。这位参与创办漓江出版社并主持“获诺贝尔文学奖作家丛书”出版，从而影响了一个时代阅读的老一辈出版家，一生都对出版事业保持着赤子之心，是后辈出版人的楷模。

今年开春，我策划组织了“与出版前辈谈做书”的系列沙龙，每月一次，邀请集团旗下各出版社的老同志和年轻编辑谈出版，谈情怀。我始终认为，从事出版行业最为重要的，是要建立起对书籍、对阅读、对出版价值的基本观念和朴素情感。如果没有这种情感或者情怀的支撑，对这个行业就不会有归属感、认同感、荣誉感，遑论出好书。只有在情感上对承载着传承文明的出版行业和书籍载体发自内心地热爱，才有做出好书的动力。

其次是识稿。

一部书稿的去留取舍，取决于出版者的判断。如果编辑缺乏眼光，决策者不能果断，很容易错失好选题。

20 年前，一部名为《伤寒杂病论》的书稿，送到某出版社而被拒绝，书稿转到广西师范大学出版社，经过知名编辑龙子仲的精心编辑，这本普通的学术专著被打造成为现象级的畅销作品《思考中医》。彼时，我正在广西师大社工作。多年后，我被调到了这家曾拒绝了这部书稿的出版社任职，每次想起《思考中医》就不胜唏嘘。我常常以此案例与同事共勉，要修炼“识货”的慧眼和“雕龙”的本事，不能重蹈覆辙。

2015 年夏天，党史大家陈晋先生的书稿《毛泽东读书笔记精讲》，原计划在外省某出版社出版，因为这家出版社人事变动导致项目搁浅，书稿辗转到了广西人民社。当时，我在该社任社长。由于项目初步匡算投入近 200 万元，社里不少同志有顾虑，担心出版社财力有限，投入过大难有回报。但我认为这部书稿作者权威，内容扎实，坚持主张积极对接推进。在推进过程中，又有同志提出，这个选题20年前某出版社已经出版过，担心作品的原创性不足。实际上，这部书稿内容已经大幅扩展，原创性是毋庸置疑的。但这些不同的声音，使得决策难以形成一致的意见。在最后的讨论会上我说，如果这样有分量的选题人民社都抓不住、留不下，还谈什么出精品，做好书。大家最终统一思想，下定决心做好这个选题。

这部书稿还在编辑加工中的时候，我接到调任广西科技社社长的通知。不少人担心人事的变动会导致项目再次搁浅，令人欣慰的是，人民社新班子一如既往地重视并推进，这个项目得以高质量完成出版。图书出版面市后，受到各方的高度评价，先后荣获第八届中华优秀出版物、第五届中国出版政府奖两项大奖，并且多次重印，真正实现了“双效”俱佳。

后来，邻省出版集团领导带队来广西交流，在座谈会上提到当年错过的这个选题，扼腕不已。

再次是耐心。

一本好书是作者、译者、编辑、设计师齐心协力打造的结果，在这个过程中，需要有足够的定力，要耐得住寂寞，受得住煎熬，如果心浮气躁或急功近利，不可能打造出好的作品。

从 2013 年开始，我在广西人民出版社培育“大雅”子品牌，首推“大雅诗丛”系列，翻译引进世界诗歌经典。“大雅”团队对品质精益求精，因此推出的作品都要经过反复打磨。如《白鹭》这部诗集，篇幅并不大，但译者程一身说翻译的过程“像从地狱里走了一回”。又如《奥麦罗斯》这部史诗的翻译，凭借此书获鲁迅文学奖翻译奖的译者杨铁军先后五次修订译稿，反复调整句式，力求贴近原著，以致“翻伤了”。有的诗歌英文原作复句叠加、缠绕，编辑的核校过程就极为辛苦，往往要经历“孤灯苦对五更书”的寂寞，耗费无数时日才得以完成。正是这种对内容品质的极致追求，使得“大雅”经过十年锻造，成为了中国诗歌出版重镇。“大雅”品牌刚刚起步，我就调离了人民社，但我在各种场合都不遗余力为之鼓劲、点赞，不是因为我曾经参与而对其格外关爱，而是因为“大雅”始终坚守做好书的标准，耐得住寂寞，保持定力，持之以恒。

我调任广西科技社后，从社科人文转向自然科学出版。科技社的不少书稿，因为涉及大量野外考察、研究、拍摄，从策划到出书，往往需要更为漫长的时间，同样考验着作者与编辑的耐性与定力。如《秘境守望——东黑冠长臂猿寻踪》一书，摄影师黄嵩和 20 余次进入广西邦亮国家级自然保护区喀斯特雨林无人区，追踪拍摄极为珍稀的东黑冠长臂猿种群。密林深处孤独艰苦，环境险恶，而长臂猿的行踪极难捕捉。“有时蹲守一个星期，都按不下一次快门”，在和嵩和见面时，他这句话深深触动了我。我当场与他约稿，并提出预付稿酬作为后期拍摄经费。在之后的拍摄、撰稿过程中，我交代编辑不要催稿，只须耐心等待。书稿完成后，编辑过程也极为缓慢而费时。为了实现更好的出版效果，编辑与嵩和也常常有分歧和争执，仅是封面就讨论了近十稿。最终，这部作品历时近三年才完成出版，在全国科普作品评选中斩获银奖。

《广西植物志》的编研出版时间更长，甚至跨越几代人。这个项目从 20 世纪 80 年代开始实施，历经 36 年，140 多位研究人员参与，五代研究人员接力，这套 6 卷本、1000 多万字、数千幅手绘图版的浩大出版工程才得以完成。我到科技社工作时，正值最后一卷付梓。我常把这套巨制称为广西科技社的“镇社之宝”，因为它不仅凝结了几代科技工作者默默耕耘的心血，更是专业出版奉行长期主义的优秀范本。

最后是深交作者。

1996 年前后，北京大学的潘文石教授来到广西，扎进崇左深山密林中，从事白头叶猴的保护与研究，一干就是近 30 年。这样一位扎根广西的重量级科学家，我们的出版社之前居然和他没有太多交集，不得不说是一种缺憾和疏漏。

到科技社工作后，我便安排联系并前往崇左北大白头叶猴研究基地拜访潘老。潘老已有80高龄，头戴一顶旧的棒球帽，热情地和我们畅谈他的研究成果和出版计划。之后，出版社和潘老的走动就频繁起来，每逢重要节假日，我们都到基地看望潘老。每次我们到来，潘老都高兴地安排助手下厨烧上家常土菜，大家围坐成一桌，其乐融融。书稿完成后，他带着团队回访出版社，大家谈到兴起，午餐就叫外卖在会议室解决。潘老经常到访社里，社里年轻编辑和潘爷爷都很熟络了，都围过来嘘寒问暖，合影留念，一片欢声笑语。为了方便潘老工作，我们在社里专辟出一间办公室，成立“潘文石工作室”。在我们的眼中，潘老不仅是一位令人尊敬的作者，更是和出版社融为一体、亲如家人的一位长辈。

潘老带领团队完成了广西壮族自治区成立60周年献礼工程“我们的广西”丛书中《白头叶猴》《中华白海豚》两本极具分量的书稿。之后，潘老又带团队投入《弄官山——在白头叶猴中间》的创作中，这部记录潘老30年的野外科考的重量级作品，成功入选国家出版基金扶持项目，付梓在即。潘老不止一次说，他的所有作品都会放在科技社出版，这是对出版社莫大的鼓舞。

作者系广西出版传媒集团副总经理、总编辑

编辑与作者

王为松

龚爱萍

高克勤

钟永宁

何军民

袁亚春

王利波

邹　亮

傅　梅

汪修荣

袁　楠

张冬妮

林　彬

汪修荣

党　华

况正兵

袁　楠

从《战上海》到《火种》

王为松

我认识刘统是许仲毅介绍的。我那时还在上海书店出版社，仲毅是上海人民出版社历史中心主任。有一年上海书展，我陪沈昌文、陈子善、贺圣遂、俞晓群、陆灏等人在杏花楼吃饭，仲毅宴请刘统、程兆奇、姚大力等人也在杏花楼，他事先叮嘱我，届时你一定要到我们这桌来认识一下大家。就这样算是认识了，后来就没有再联系过，我知道仲毅一直在争取刘统的《大审判》等书稿。

过了几年，上海人民社的同事齐书深和楼岚岚拿到了刘统、金立昕、袁德金等人的“决战”丛书的版权，一套六本的丛书里刘统一人写了三本，《东北解放战争》《华东解放战争》和《中原西南解放战争》。经过认真的编辑和必需的送审等程序之后，2017 年建军 90 周年之际，全套书在 8 月上海书展上举行了隆重的发布仪式。书展之后，我请刘统到社里来，一是当面表示感谢，二是想看看有没有可能继续合作。

我也知道他很忙，手头的国家重大项目也在节骨眼上，自己想写的题材也不少，而且盯着他的出版社编辑也不少。所以，我提出在不费他更多时间与精力的前提下，把作为丛书的《东北解放战争》和《华东解放战争》再拆分成单行本，譬如从《东北解放战争》中可以选出六七章，就叫《围长春》，《华东解放战争》也可以选出一本十来万字的《战上海》，事半功倍。我的重点自然是在《战上海》，因为再过两年，2019 年就是新中国成立 70 周年，也是上海解放 70 周年。

刘统一听，就说，读者买回去一看还是老书不得骂我。新写一本关于上海的书，不是不可以，但时间太紧，真没工夫写。

我说，还有两年时间，你材料就用《华东解放战争》里的，换个角度，写十万字就够。他说，你让我回去想想。

后来知道，他回去并不是去想想，而是去找找。看能否再写成一本新书。

大约过了一个月，他和楼岚岚来找我，说，材料足够新写一本关于上海解放的书稿，跟《华东解放战争》完全不同，但是需要时间。

我说，你现在就开始写，我们编辑团队全力配合，包括查核资料，但是 2018 年 5 月 27 日上海解放日必须交稿。

刘统平时话不多，不像演讲时滔滔不绝，但透着斩钉截铁：这不可能，时间太紧，你们查资料也没用，这活要干还得我自己干，别人帮不了忙。

我说，这书要出，就必须2019年5月出，最好是1月的北京图书订货会就出了。重大题材需要送审的话，要打出三五个月的提前量，所以最晚也是2018年6月底要交稿。

刘统说，我上你们圈套了。

我只能说，我们一定全力以赴，尽己所能。

这时候，我心里也没底，不知道将来书做出来是个什么样子。但，有一条是我们必须也可以做到的，就是像刘统一样认真地对待这项工作。

跟他说定后，我们就立马开始申报选题，同时申报2018年度的主题出版重点选题。我跟编辑说，真要想把刘统的新书出好，就必须先把他已经出版的书都读一遍，像《北上》《跨海之战》《中国的1948年》，等等，但凡能买到的都要买来读，再从编辑的角度，写一份选题策划报告，讲清楚我们为什么要赶在2019年初出这样一本书，我们为什么认为刘统是这样一本书最合适的作者，我们希望作者写成一本什么样的书，我们将如何来宣传推广这本书。为了把问题讲清楚，选题报告必须写满一万字。

刘统得知后说，你这不是把人给逼疯了吗？

我说，不疯魔，不成活。不过你放心，人民社的编辑不是单打独斗，我们是团队作战，是敢打硬仗、能打胜仗的队伍。

2019 年 1 月，《战上海》在北京订货会上亮相，同时我们联合《中华读书报》在北京召开专家座谈会。有专家看了书后说，这本书为 2019 年的主题出版开了个好头。《中华读书报》以此为标题，发了头版。

出版后取得的宣传效果，与我们当初在做选题策划时的构想是吻合的。我们和刘统达成的共识就是，我们要做的不仅是讲述上海解放的历史细节，更是要为 70 年前用积极作为和无畏担当赢得人民拥护的共产党人画像，为 70 年来共产党人始终坚持为中国人民谋幸福、为中华民族谋复兴的奋斗史立传，为 70 年后我们再以战上海精神激发起成为新时代改革开放排头兵、创新发展先行者的蓬勃之力明德。后来在申报“五个一工程”时，我们群策群力提炼总结了三句话：通过《战上海》这本书，充分展现从“战上海”到“建上海”波澜壮阔的奋斗历程，充分反映从“旧世界”到“新世界”翻天覆地的时代巨变，努力塑造从“武安邦”到“文治国”的共产党人群像，从而更加凝聚起从站起来、富起来到强起来砥砺奋进的民族品格。

此后，编辑团队在 76 天里策划组织了 51 场“边走边讲上海解放70周年实景对话”活动。沿着解放军战上海的足迹，从交大工程馆到华政交谊楼，从苏州河邮政大楼到宝山月浦解放纪念馆，从高校到企业，从机关到社区，从电视到广播，从纸媒到网络，从课堂到街头，从画展到杂技，各种形式，各种形态，各种渠道，全媒体、全方位、全覆盖。

从1月初到5月底，有关刘统和《战上海》的各种宣传就没停过，有朋友在我微信朋友圈下留言说，陈毅战上海就一个月，你们已经战了大半年了。刘统说，你们这是把我逼疯了。

这一年里，当年的电影《战上海》被有心人翻找出来，一句激动人心的“向大上海前进”唤起我们这代人的童年记忆。《战上海》同名杂技剧一经亮相就备受社会各方关注。上海电视台也提出希望联合出品电视连续剧，这就是2023年在央视一套和东方卫视等持续热播的“根据刘统《战上海》改编”的《破晓东方》。

2019年上海书展过后，我说，我们能不能再合作一把。刘统知道我的意思，将了我一军：我有部稿子，就看你能不能出。他回去就把书稿发给了我。

我们约了在上海书城对面的东莱饭馆吃山东饺子。

我提出，删去一半章节，聚焦主题，你再另写一半。

刘统说，那这本还是完整保留作为遗著吧。我另外写一本。

我说，老规矩，给你九个月时间写作，2020 年 6 月底交稿，年底出书，打响 2021 年庆祝建党百年的第一枪。

刘统只说，我试试。

他去写，我们帮着一起想书名，既要涵盖全书的内容，又要能叫得响，既要有学术气，又要朗朗上口，既要反映百年建党的时代巨变，又要体现早期共产党人艰苦卓绝的奋斗历程，既要有全局观，又要突出上海作为党的诞生地的独特性。

一天，刘统兴冲冲来了，说，书名有了，就叫《火种》。

作者系上海人民出版社原社长，现为上海社科联党组书记

出版的一万零一种可能

——《寻绣记》出版记

龚爱萍

《寻绣记》获得第九届全国书籍设计展金奖、2018年度中国“最美的书”。评委们给出的点评是：“整体设计既有浓浓的民间味道，又符合现代人的阅读审美。原汁原味的民间刺绣构成了书籍的章节页，也丰富了书籍的结构，给读者带来了惊喜。与之形成反差的是文字版面质朴无华，适合静心阅读。封面采用手工剪裁的织物，和书名相呼应。”

偶遇一个有故事的女人

在一次新书首发式还未结束时，一位朋友就在我耳边悄悄说：“待会儿有一美女想见见你。”到了活动的最后一个环节，读者与作者互动的时候，我就远远看见人群里有一个打扮得花枝招展的女人，看上去有几分怪异。其实，说她花枝招展是我词穷。“从头到脚的行头，帽、衣、包、鞋，暗藏无处不在的破坏性，或者包罗如影随形的建设性。同一条裙子，上半截柔媚，下半截嚣张；同一件上衣，左半边素静，右半边张狂。这一来，就连青枝绿叶的顾客，亦会有不同‘站队’，有的人不喜，有的人爱极。”这是后来文学批评家任芙康先生对她的形容，准确、传神。

活动结束后，朋友把我带到旁边的咖啡厅，身旁坐着的就是这位女士——张书林。第一次见面，我发现这是一个很有意思的人，任何与服装有关的话题她都能生动地发挥；说起老绣片，她仿佛一下子坠入其间，俯首即拾便是五彩斑斓。她还有一种特殊的叙事能力，能在物象与意念、寻常与超拔之间不着痕迹地切换与串联。例如，她说她认为得允许一部分服装做得不能像服装。像什么呢？“像什么也不能像服装呀！”她说。

张书林的本行是服装设计师，在北京有自己的服装工作室；也是一位老绣收藏家，收藏有数以万计的明清及民国时期的老绣片，是她耗时 20 多年倾尽家财四处寻来的。她把价值不菲的老绣片通过各种裁切、拼接，做成一件件让人匪夷所思的衣服。

后来在接触她的设计与收藏时，发现她总希望在服装中加入点别的什么东西，让裙子有诗歌的意象，让外套看起来是哲学家，哪怕是一条简单的围脖也想做得充满“故事感”。什么是服装的故事感？她说，远古的巫师开坛祭祀前不会好好说话，必要先洒上符水、起舞跳上一阵子，然后再念念有词地说正事。懂了？好像。她拿出了自己制作的一个小册子，写的都是她的生活随笔，文字很有意思，灵动仙气，很活泼，但我总感觉远不如听她聊的精彩，没有写出她身上的故事。

那天，我们的接触只停留在喝喝咖啡、聊聊天、拍拍照。

“写下来我们就可以出版了”

和张书林聊天就是一种享受。听她聊她的老绣，聊她的设计作品，聊她那些有各种故事的忠实客户，聊她在寻绣路上见到的人和事……有一次她聊到了凤香——一个帮她在湘西山区搜寻老绣片的本地女人。凤香是她曾在一个湘西小镇里遇到的一个小贩，她们在小镇上相遇，两个不同境况的人因绣片而结缘，从此开始了长达十年的轨迹交会。一个是出售绣片换取生活，一个是寻找绣片发现不一样的世界。当作者得知凤香的死讯，赶到凤香的家中，重返当年寻找绣片的故事现场，和死者的丈夫展开了一番饶有趣味的对话，让本是悲剧意味的情节充满了戏谑和更深的况味……

“写下来，就以‘凤香’为题写下来！写下来我们就可以出版了。”我兴奋得居然当场许诺，这很不像我的风格。

这个作者有丰富的且普通人没有的生活经历，不仅能说会道，而且还特能写。我的直觉是她能成为一个非常好的作家，但是我忽略了她另外的身份——她是收藏家、服装设计师、服装品牌工作室主理人，是个十足的大忙人。我等她这篇稿件整整等了三个月，三天两头地催。她真正动笔写这篇文章，也就三五天的时间。后来，《风香》真的成了《寻绣记》里的主打篇章，让很多读者欲罢不能。

文字稿件催齐了，通读一遍，觉得超出了我的预期。她的文字异于一般的作家，可以说一出手就有一种独特的风格。内容以作者亲历的角度，寻找散落在民间的古老绣片。遇到形形色色的人，接触有别于我们日常生活的另一种生活样貌，这本身就是乘着故事去寻找故事。都市与乡野邂逅，时尚与传统重逢，咫尺与辽远相遇……这里有反差极大的眩目，有落差极高的惊悚。

是的，这本书应该从视觉上一眼就传达出这种感觉：这是为设计者做的设计，设计本身必须是惊艳的、非同寻常的。做一本美美的书，光有文字是远远不够的，书籍审美的时代来了。

从设计师到生产线

慢慢地，我把思路聚焦到了那些绣片上。绣片与纸张有相同的特质：它们都由纤维组成，具有某种可塑的女性特质；它们都是某种文化符号的载体。如何把这一想法付诸行动？我想到了合作多年的书籍设计师许天琪。我邀许天琪去了作者在成都的工作室，作者给我们介绍了她的绣片和她用绣片制作的服装，听说她在北京还有一个工作室，藏品也大部分在北京，设计师蠢蠢欲动，于是我们一起奔赴北京工作室，参观她的老绣藏品。许天琪站在一大堆明清老虎帽中兴奋地说：我知道这本书怎么做了。

“在做这本书时，就是想呈现出这本书应该有的样子，而不是其他的作品。”正是凭借着这样的理念，设计用一根线串联了一本书的故事，给予寻绣的“寻”视觉上的线索。设计师从上千种纸张里选出四种纸张来（亚特兰斯丝、云龙纸、宣清、顶级画刊），这些纸张必须是很轻、很柔软的，封面用的是风絮装帧布，这样，整本书就像一摞绣片一样妥妥软软地塌在手心里。看了北京工作室一地满满的老绣片的主色调之后，设计师在整本书里用了一种专色，这种专色的专业名称叫 Pantone red 032 C，她还让印刷厂工人在其中加入微量荧光墨，以呈现如丝绸般温润的光泽，这种红我称它为暖红，就是那种暖暖、软软的红。

成书拿在手里，感觉不是在看一本书，而是在欣赏一张张久远的绣片，只是在绣片里作者还给你附赠了有关老绣的故事。我们要的就是这种感觉。

编辑我、作者书林、设计天琪，我满以为靠我们三个女人可以唱一台很好的戏，到最后与印刷厂对接的时候才发现，没有印刷工艺和装订技术的支撑，这本书是不可能完美呈现的。

封面是一半布一半纸的设计，布边怎样手工拉毛才更自然？扉页部分用一个 M 折嵌套一个筒子页，极大地增加了装订难度；专色调整过程中潘通色与荧光墨的比例要反复试验寻找最优方案，等等，所有问题不仅要与印厂技术人员沟通、调整，还得一次次地打样，每次改变一点，直到完美呈现。在这本书一启动设计流程时，我们的设计师就在考虑她的每一个想法应该用哪种纸张哪种工艺才能实现，我就和作者、设计师以及印厂技术人员四人建了一个工作微信群，群名就是：《寻绣记》生产车间。后来，我每做一本书，都会成立一个生产车间，过过“车间主任”的瘾。

从 2017 年 8 月见作者张书林第一面，到 2018 年 6 月拿到新书《寻绣记》，整整十个月，我觉得这是能做出一本让自己比较满意的书的起码的周期（与十月怀胎纯属巧合）。那时，正是电子媒介狂飙突进的时代，一位老出版人曾说：也许只有精致出版才救得了图书出版。我不知道我这样做书是不是受了这位老出版人的影响，我只知道，我救不了出版，但我可以努力精致。

设计师许天琪自这本书之后，几乎每年都有一个图书设计作品获得大奖，她现在已经是书籍装帧界一颗耀眼的明星。作者张书林随后两年又出版了两本书，仅 2022 年就有两家出版社与之签了约稿协议。两天前，张书林微信告诉我：姐，下午我从老家湖北孝感回北京前见了几个通过我书店的朋友找到我的本地读者，他们热情地把我送到了机场。

作者系成都时代出版社原副社长

怎么找到最合适的作者?

高克勤

30 多年前，我进入上海古籍出版社从事编辑工作时，时已年近七旬的编辑室主任陈邦炎先生对我说，做编辑就要抓住名家名作。在此后的编辑工作中，我深深地体会到名家名作对于出版社的重要性。但是，发现并拿到现成的名家名作或未来的名家名作的出版权，并不是一件轻而易举的事，要求编辑首先要有发现的眼力、沟通的能力，要依靠出版社的实力和品牌，有时起决定作用的还有机遇。所以，做编辑时，虽然始终把名家名作作为选题追求的目标，但日常工作中的选题策划还是以出版社的专业方向、品牌特色和读者需求为主，在此基础上努力打造名家名作。

上海古籍出版社以整理出版中国古代典籍著称，尤以文学典籍为重，其标志性的出版物便是《中国古典文学丛书》。这套丛书收录《诗经》《楚辞》以降的中国古典文学传世作品的整理本，其中整理者不少是名家大师，如瞿蜕园、夏承焘、龙榆生、邓广铭、钱仲联等，原作和整理本都堪称名家名作。由于这套丛书学术含量高，对整理者的学术水平要求也高，所以整理者寻找不易，以致有一些重要作品的整理本暂时还是空白。我担任编辑室主任时，负责这套丛书的选题开发，努力寻找整理者，以填补空白。当时丛书中还缺少欧阳修、李清照等重要作家的文集整理本。李清照集已有人民文学出版社出版的王仲闻校注的《李清照集校注》，以搜罗广泛、考证谨严、注释详明著称。欧阳修集有中华书局出版的李逸安点校的《欧阳修全集》。我们策划选题时，一直坚持“人无我有，人有我优”的要求，因此要求新整理的李清照集能后出转精，欧阳修集要有笺注。上海市社会科学院文学研究所资深研究员徐培均曾师从词学大家龙榆生，在我社出版过专著《李清照》，整理出版了宋代词人秦观的《淮海集笺注》和《淮海居士长短句笺注》，对李清照和词学有深入的研究，又有古籍整理的经验，是整理李清照集的理想人选。徐先生与我很熟悉，他长期担任上海市古典文学学会副会长，我也长期在学会兼职，来往密切。于是我动员他做李清照集。他开始还有顾虑，担心有王仲闻的整理本珠玉在前，没有能力超过。我建议他从校本、注释、史料考证等方面多下功夫。徐先生考虑后，接受了稿约。他在借鉴前人的基础上力求有所突破，努力寻找更好的版本。承日本学者相助，找到日藏《汲古阁未刻词》钞本《漱玉词》、日藏清汪玢辑《漱玉词汇钞》，以及上海图书馆藏清沈瑾钞《漱玉词》，而这三种版本都是王仲闻未曾寓目的。徐先生的《李清照集笺注》便以《汲古阁未刻词》本为底本，校以汪玢辑本、沈瑾钞本等，同时对作品尽可能作了考证编年，并附新撰《李清照年谱》等。2002 年,《李清照集笺注》出版，得到许多专家的好评，王运熙先生誉之为“迄今为止同类著作中材料最齐备、考证最细致的著作”。徐先生精益求精，十年后又作了两次修订。初版 20 年来，该书各种版次包括平装本、精装本、典藏本等共印了 33 次 49450 册。洪本健是华东师范大学中文系教授，与我在宋代文学学会年会等场合经常见面。他曾著有《醉翁的世界——欧阳修评传》，辑录《欧阳修资料汇编》，对欧阳修及其作品深有研究。我约他做《欧阳修诗文集校笺》，他表示为难，谦虚地说自己没有做过古籍整理，怕做不好。我就鼓励他慢慢来，不约定交稿时间，愿意等他做好，并与他一起确定以《四部丛刊》周必大刻本《欧阳文忠公集》为底本。他后来也得到日本学者相助，以日本天理大学图书馆藏南宋本《欧阳文忠公集》为主要参校本，纠正了不少纰漏疏误，保证了本书的校勘质量。2009 年《欧阳修诗文集校笺》出版，也得到许多专家的好评。这部 180 万字繁体竖排的厚重的古籍整理本，十多年来也印了 16 次共 14400 册。上述两种整理本现在也成了名家名作。

中国古典文学宝库虽然琳琅满目，但成为出版热点的也不过是唐宋诗词、《古文观止》、明清四大小说等品种。如何扩大选题范围，开发更多的精品力作，也成为我长期探索的重点。20世纪90年代以后，图书市场上《菜根谭》《呻吟语》等明清小品读物逐渐出现并受到读者欢迎，但是不少不标版本也没有校注。我觉得应该有一套按照古籍整理的要求、对每种作品作校注的明清小品丛书。于是，我提出了《明清小品丛刊》的选题，从众多的明清小品著作中选了20种，分为8册。选题通过后，就开始寻找作者，当然还是在自己熟悉的学术圈里找。金性尧是我社老编辑，20世纪30年代走上文坛，写过关于《浮生六记》的文章，我就请他指导其掌珠金文男从事《浮生六记（外三种）》的校注。江巨荣是复旦大学中文系教授，师从戏曲研究大家赵景深，对中国古代戏曲等有精湛的研究，我请他担纲校注清代戏剧家李渔的名作《闲情偶寄》。夏咸淳也是上海市社会科学院文学研究所资深研究员，对明代文学家张岱深有研究，在我社出版过他辑校的《张岱诗文集》，于是请他担纲校注张岱的《陶庵梦忆　西湖梦寻》两种。李金堂是南京市晓庄师范学校的教师，曾向我社投稿他编校的清初文学家余怀的《余怀全集》，整理质量不错，于是请他校注余怀的《板桥杂记（外一种）》。吴承学、黄仁生、孙小力、罗立刚都是我熟悉的中青年学者，都毕业于复旦大学中文系。吴承学当时已任教中山大学，刚出版了专著《晚明小品研究》，于是我去函约请他担纲校注《呻吟语·菜根谈》两种。黄仁生在复旦大学古籍整理研究所工作，我社出版过他辑校的《江盈科集》，就请他校注江盈科的《雪涛小说（外四种）》，孙小力、罗立刚当时都在上海大学任教，分别承担了《帝京景物略》和《小窗幽记（外二种）》的校注。如今他们四位都是各自研究领域的名家。首批四册于 2000 年 5 月出版，首印 5000 册，第二年 7 月前又出版 4 册。这套书出版后受到读者的欢迎，此后每一两年就重版一次，截至 2022 年，重版都达到或超过了 10 次。其中《浮生六记（外三种）》已印刷 17 次共 119300 册，《闲情偶寄》已印刷 16 次共 78200 册，《陶庵梦忆西湖梦寻》已印刷 15 次共 79200 册，《小窗幽记（外二种）》已印刷 14 次共 49200 册，《板桥杂记（外一种）》已印刷 13 次共 39400 册。这套丛书也已成为长销书，其影响也日益显现，丛书后来又增补了新的品种；同时，为适应新的读者需求，有的品种还请原校注者推出了译注版，如金文男撰写了《浮生六记译注》。

30 多年的编辑生涯，我策划、编辑出版的图书数以百计，甘苦得失难以诉说，就选题策划来说，找准作者是策划后的首要工作，也是选题成功的关键。

作者系上海古籍出版社原社长

约稿的幸与不幸

钟永宁

无论作为一个编辑，还是出版社业务领导，选题策划，组织书稿，都是其分内一项主要工作。进出版社后，我每年焦心的是为下一年或接下来几年“找米下锅”。但要找到上等“好米”，非走出“门前一亩三分地”不可。京、津、沪等地，云集了我国一流的高校、研究机构，专家荟萃，是出版人组稿的乐园。但这些城市里，出版大社、名社林立，“近水楼台先得月”，一家远来的地方出版社，想要组到一流稿件，殊为不易。从事出版工作以来，尤其主管出版社内容生产后，每年都要与同事到京城及其附近组稿几次，而每次出行都不敢懈怠，行前要做足功课，一到就猛约人、排日程，每天总想多见几个专家，落实旧选题，开发新项目，弄得像打仗似的。其中的甜酸苦辣，颇令人回味。故事多多，下面先挑几件说说。

一

约张国刚先生组织编写多卷本《中国家庭史》时，张先生还在南开大学历史系，我是从南开历史系网站的一篇文章搜得线索的。那时我经常到高校的网站搜寻有出版价值的信息。张先生出道较早，年纪轻轻，就在中古史、社会史、中西关系史等研究领域硕果累累，崭露头角，是学林少帅式人物。我是入道不久的小编辑，独自找他约稿，着实有点忐忑，思想斗争激烈，但一想到做一个编辑总要跨出门去，而《中国家庭史》又是前人还未做的好项目，在分管领导的鼓励下，我利用出差北京的机会下决心去了天津。抵达后鼓起勇气给张先生打电话，自我介绍一番后，表达了求见、组稿的意愿，电话那边的张先生说他上午有课，还说他的这个项目还只是一个计划，暂时还没有考虑出版的问题。我当时有点失落，觉得不能就这样折返北京。我也不知哪来的勇气，对他说：我先到你们学校招待所住下来，你没有课了，就去找你。没想到，中午过后，张先生却来到招待所。我喜出望外又紧张不安，见面就把腹稿说了一遍，从向大学里师长们那里学来的一套治学理念，到自己写的几篇关于社会经济史的论文；从中大、南开两个高校历史学系对新兴社会史研究的一致推重，到编撰出版第一套贯通传统中国的《中国家庭史》的如何重要。张先生听后，讲了这个项目的缘起和进度，还说到北京已有几个出版社跟他表达了出版意向，表示需要与其他几卷作者商量后再做决定。

见了张先生第一面后，每过一段时间我就问候张先生，并问《中国家庭史》项目的进展情况、有没有落实出版社，每当问到还没有定出版社，心中就暗喜，觉得希望还在。一天，张先生在询问我关于该套书编辑、装帧思路、出版进度和宣传方式后，说可以交给我们出版，我听后兴奋不已，心中琢磨是什么打动了张先生。后来拿到书稿后，为了调动出版社的编辑出版力量，我请分管领导统筹该书的出版工作，又找到装帧设计专家方楚娟老师做封面设计。该书还未出版时就入选新闻出版总署“三个一百”原创图书出版工程，出版后获得中华优秀出版物奖、教育部高等学校科学研究优秀成果奖，入选“经典中国国际出版工程”，成为中国社会史研究绕不过去的里程碑式著作。有了这次经历，后来外出组稿，不管对方是多权威的作者，我都逼自己跨出去联系，对张先生在我初出江湖时给予的信任、支持，我一直心存感念。

二

初次与左玉河先生见面大约是2010年，他在中国社会科学院中国近代史研究所工作，已是中国近代文化史、社会生活史等研究领域的著名专家，因此想请他写《民国社会生活史》。北京的初冬，有些寒冷，他带着夫人应邀来到我所住宾馆附近一家餐馆见面。我寒暄几句就直奔主题，左先生说这个项目很有价值，也是他正想做的，我以为有戏了，谁知他话锋一转，面露难色：“项目是好，但所里有几个大项目还没完成，要先干完那些项目，才能做你这个项目。”我说，没关系，我能等。我知道他很忙，在此后的很长一段时间里，都没有催他，大概半年、一年的会给他一个电话。

转眼两年过去，2012 年我调到花城出版社，广东人民出版社的选题，我都留给了原社，工作的主战场转移到了文学书籍。四年之后，2016 年底我又调回广东人民出版社，任总编辑。见《民国社会生活史》还没有多大动静，次年便带着几个编辑上北京，又找到左先生。他看到我，十分感慨。他说：“我原以为你到花城出版社后，这个活可以不干了，所里的任务太多了，没时间干自己的‘私活’。”我说：“书稿你还是要帮我写，几年我都等过去了，我可以再等下去。”他一脸叫苦状：“看来这回逃不了了。”同去的编辑，后来比我跟得紧，她们催着左先生挤时间干“私活”。左先生终于在 2017 年拿出初稿，经过作者与编辑双方的精心打磨，该书厚厚两本于 2019 年面世，这离最初约稿，已经九年时间了。出版期间，该项目即入选国家“十三五”出版规划重点项目，获得 2018 年国家出版基金资助。出版后，学界、媒体纷纷推荐，被评为中国历史研究院“全国主要史学研究与教学机构年度重大成果（2019—2020）”。出版期间还有个插曲，有人善意提出把书名中“民国”两字换掉，说那样可能获得更多奖项、荣誉。我觉得约稿时，就是写这段时间的，就是想反映从晚清到新中国这个过渡期的社会生活本相与特点，且认为一本书的地位和影响，是由其内容价值和可传承性所决定的，因此坚持不改名。这个得到了左先生的高度认同。他对自己的这本书非常满意，每次帮我们引荐作者时，都兴奋地说起敝社约他写这本书的经历。我也常跟随行的编辑说，只要认可了好的选题、找到了最合适的作者，就要一直等下去，精品都是岁月磨洗出来的，速成之作，反而要对其品质抱有戒心。

三

下面这件往事，牵涉两位作者，恕我把他们的真名隐去，姑且称他们 A 先生和 B 先生。A 先生在中国近代史领域精研甚深，是国家级一个重要研究机构的名专家，也是我的老乡。有一年他到广东出差，顺便来我单位拜访。他为人低调，很随和，谈及党的百年建设历程，充满了深情，他也准备了一个项目，我就向他约稿，他愉快答应，回去之后，将提纲发来，我提了一番建议后，项目就确定下来，与其签了一个约稿合同。不久，喜讯传来，该项目列为国家“十二五”出版规划重点项目。此后，就等

A 先生撰写书稿，其间，我在北京拜访过他，他虽然面目清瘦，但看上去还是健康的，他说他一直在为几部文献纪录片到处奔忙，但会挤出时间交稿。此后，过一段时间会说写完了第一章，写完了第二章、第三章……之后，就没听他说第几章了。因为距离我们计划出版的时间尚早，我也没有向他催稿。后来有一天突然从朋友处得知，A 先生不久前病逝了，我当时半天没反应过来，不相信他年纪不大，怎么这么快就过世了，感觉自己太大意了。

为找项目，2017 年我又带着团队去北京。想着这个项目不错，不想放弃，晚上，我在手机上翻通讯录，找熟悉的作者，“蒋建农”这个名字跃入眼帘。认识蒋先生在 20 世纪 90 年代，那时我还是一个小编，跟着编辑室前辈组稿，蒋先生与 A 先生原来在同一家单位，也任部门主任，他豪爽的个性，给我印象很深，他是中国革命史的研究专家，对近代史特别是 20 世纪二三十年代的专题史颇有研究，因此想请他出马完成这个项目。第二天，我与同事一道去他办公室，说起未完成的这个国家项目，他十分感慨，向我们回忆起 A 先生的一些往事。当提出请他撰写书稿时，没想到他说有一个更合适的作者，一位本单位的年轻学者 B 先生，蒋先生将我们带到 B 先生的办公室。B 先生三四十岁模样，办公室不大，只有供两人坐的座位。我们说明来意，他说先考虑一下再说，又问我们住哪个宾馆、哪一天回广州。第二天他打来电话，说来我所住宾馆聊聊。我好感动，因为到北京一般都是我们上门找作者。他将我们这个项目的要求问得很细，标题、行文风格、字数、交稿时间……看得出来，他愿意做这个项目，又怕完成不好。当一切问明以后，他说可以做这个项目，并承诺在规定的时间交稿。几个月后，他发来了提纲、样稿，双方签了一个合同。次年秋天，我去北京，还是那个宾馆，还是他要求来看我。后来我和同事们为稿子的事情，与其联系好几回，前几次都说正在编写中，后来说自己身体不是很好，越来越感觉到他撰稿的压力。时间越来越紧，我虽然有些焦急，但也没有紧催他。直到一天，一位朋友说，他忍受不了疾病的折磨而结束了自己的生命。我一阵吃惊，心想，一个做事这么认真、责任感如此强的人，是怎样的痛苦才使他做此选择！当时我就决定，我策划的这个国家级项目纵然是一个好项目，再也不找人约稿了。后来每每想起两位和善学者的中道崩殂，就内疚、神伤不已。

作者系广东人民出版社总编辑

善待作者，做成好书

何军民

在出版领域，编辑和作者的关系是一个极为重要的关系：优秀作者是优质内容的源头；没有优秀作者，即便不能说出好书是不可能的，至少也是非常困难的。从这个意义上说，认真思考编辑和作者的关系，对于一个有追求的编辑来说，任何时候都不是多余的。

编辑善待作者的重要一点是充分调动自己的职业积累，为作者当好负责任的参谋，尽可能为好作品锦上添花。我要举的一个例子是《新发展格局下的长三角一体化》。那是在2021年，当时主流媒体都在关注“新发展格局”，我们所处的安徽属于长三角地区，同时关注的另一个焦点是“长三角一体化”。一开始我的想法是找一位做过精深研究的专家写一本诠释长三角一体化的理论普及作品，调研一番之后我联系上了南京大学长江产业经济研究院院长刘志彪教授。但刘教授是个大忙人，此前跟我从未接触，摸不清我的来路，心存疑虑是自然的，因而婉拒了我的邀约。我继续物色作者，同时也在继续调研，在此过程中我发现，刘教授不断有关于长三角研究的新成果问世，而且很多成果同时涉及了新发展格局，于是我再次找到刘教授，建议他把已有的涉及“新发展格局”和“长三角一体化”的成果集中起来，看看能否融合成一部呈现一定系统性的书稿。如果这个方案可行的话，那不也是对已有成果的一种提升吗？刘教授认真考虑了我的提议，沉下心来做了很多工作，最后形成了经济理论学术普及读物《新发展格局下的长三角一体化》。该书当年即被确定为安徽省“十四五”规划首批重点选题，后来又获得2022年度国家出版基金，取得了很好的社会效益。当我向刘教授报告该书获得国家出版基金的消息时，他很谦虚地表示没有想到。如果把刘教授原来的研究成果比作一块未曾雕琢到位的玉石，那么编辑调动专业积累对其进行打磨就使质地优良的玉石终于显出了它应有的光彩，我感到非常欣慰。

另一个值得一提的例子是我编辑长篇儿童小说《少年与海》的经历。那还是在2013年，作家张炜最初的想法是写一套名为《海边妖怪小记》的儿童文学丛书，共五册，每一册里都有一个似真似幻的“小妖怪”形象作为主人公。我看了五本书的初稿之后，既对作品质量充满信心，又对五个故事各自独立成书的形式心存疑虑，思来想去，总觉得五本一套的形式缺乏应有的整体性和必要的规模，既不利于评奖，又因为每个分册看起来过于单薄而不利于销售。作家长于内容设计和形象塑造，对于出版技术方面的细节往往认识不深，而编辑习惯从技术优化的角度考虑问题，在如何把书出好方面一般会有更多心得。基于这样的思考，我说服作者将五个故事组合起来形成一部长篇小说，这一优化措施大幅提升了其中形象的典型性、思想的厚重性和主题的史诗性，得到了作者的高度认可，于是在原来五本小书组成的丛书之外，利用同样的素材产出了一部面貌全新、整体感突出的长篇儿童小说《少年与海》。该书 2014 年 4 月上市后迅速获得媒体、评论界和读者一致好评，几乎获得了 2014 年和 2015 年评出的所有重要奖项，销售更是长盛不衰，到 2022 年下半年累计发行已经超过 30 万册，两个效益非常突出。虽然一本好书有它超过获大奖和占市场的更大意义，但是在它成功过程中有编辑专业意见的贡献，我想每一个编辑人都是很有成就感的。

善待作者是不是意味着编辑应该放弃自己合理的想法？我觉得，把书做好是作者和编辑共同追求的终极目标，为了达成这个终极目标，编辑如果对自己的想法有充分信心，那不妨坚持一下，取得作者理解之后果断执行下去。2021 年 11 月党的十九届六中全会通过《中共中央关于党的百年奋斗重大成就和历史经验的决议》之后，我找到中国人民大学教授、新中国经济史专家贺耀敏先生，请他给我们写一本从经济角度阐释新中国重大经济成就的书，后来定名为《谱写发展奇迹：新中国重大经济成就精讲》。成书过程中，我和作者多次沟通，包括选取哪些重大事件进行讲述，都进行过反复考量，合作非常愉快。付印之前，我把全部书稿文件发给贺教授看，其中包括图书封面的电子稿。恰在那时，贺教授的另一本书在北京召开了一次高规格的研讨会，与会专家在高度肯定那本书内容品质的同时，对其图书封面也非常赞赏，认为表现出了淡雅庄重的特色。贺教授看到《谱写发展奇迹》的封面后，委婉地表示希望我们参照得到专家肯定的图书封面进行较大幅度的改动。我看到贺教授的意见以后，犹豫了很长时间，一度打算放弃自己的方案，但是反复比较之后我觉得还是应该坚持，因为那个得到赞赏的封面出自北京一家名社，用现在流行的话说，是自带气场，所以可以淡雅庄重，但我们作为一家地方社，似乎应该适当突出某些重要元素，追求一定的视觉冲击力。我向贺教授解释了我的想法，贺教授充分表现了长者忠厚之风，同意了我的意见。书印出来之后，形象完全符合我的预期，得到我们样书的多位专家也对其视觉效果高度肯定。后来这本书参评“中国好书”，入选了 2022 年 11 月月度“中国好书”榜，在 2023 年 4 月 23 日公布的年度“中国好书”中也是榜上有名。中央电视台颁奖晚会播出该书影像的时候，我从不同角度观察再三，还是确信其整体形象很有冲击力。想到这里，我庆幸自己当初的坚持，也对作者的充分理解感到由衷的敬佩。

编辑在其职业生涯中不可避免会遇到很多年轻作者，他们往往经验欠缺、略显稚嫩。面对这样的作者，要不要善待他们？我想所有编辑的共同答案是应该善待。但是，如何善待，这却是一个问题。我想，是否能够做到真正善待年轻作者，这是对一个编辑的胸怀、能力和职业道德的综合检验。还记得我在从事少儿出版的时候，一位著名作家担任主编，给我们编了一套绘本，其中有一位作家是江苏常熟的幼儿教师，虽然很有才华，但是作品不多，知名度不高。可想而知，这样的作者，如果得不到编辑有力的扶持，想要在竞争激烈的儿童文学界崭露头角肯定是十分困难的。但是从长远角度看，出版事业的健康发展，又要求不断有年轻作者成长起来，以便给内容创作补充新鲜血液。基于这种考虑，我在从事儿童文学编辑工作的时候策划了一个品牌，名为“当代新锐儿童文学作家原创精品书系”，专门为确有才华但是缺乏机会的年轻作家提供出版机会，其中就收入了江苏常熟那位作家的作品《狗先生》。在出版这部作品的过程中，还有一个小插曲：作品原来的结尾显得比较灰暗，我建议作者结合全书情节发展脉络进行修改，尽量以明亮色彩结尾，因为我们要面对的是儿童读者，春暖花开总比乌云蔽日更加赏心悦目。这部作品后来获得了上海国际童书展“金风车”奖，版权到期以后又被另一家出版社拿去再版，表现了很强的生命力。这位作家后来不懈努力，拿出了很多好作品。每当看到亲手扶持的年轻作者取得好成绩，我都非常欣慰自己在他们成长的关键阶段作出了正确选择。我想，对于作者来说，好的编辑不仅要做到锦上添花，也要做到雪中送炭。尤其是对于处于起步阶段的年轻作家，雪中送炭往往更有意义。

一本好书做成了，走上前台的往往是作者。但是，每一个有情怀的编辑都会为作者的成功感到由衷的欣喜。当编辑透过优秀作品字里行间看到自己和作者共同劳动的结晶时，那种发自肺腑的喜悦，没有从事过编辑工作的人是无法体会的。

作者系安徽人民出版社原总编辑

我与我的作者们（故事六则）

袁亚春

有人说，作者是编辑的“衣食父母”，是作者让编辑有书可编，从而也让编辑赖以维持体面的生计；编辑则是“为人作嫁”，说得规范一点，是面向作者从事文化或知识服务的职业人。

泛泛而言，这没有错，每个人身处社会职业链条中，各有各的角色和价值实现方式。角色有重要不重要之别，但并无贵贱之分。说到服务，其实作者和编辑都是共同为读者服务，这才是最终的依归，通过为读者（知识消费者）服务，实现知识产品提供者与整合加工者的自身价值。三大主体相互依赖，相互成全，共同实现知识的社会价值。

具体到编辑与作者的关系，有多种样貌，有些堪称有趣。我职业生涯中就遇到各种各样的作者，有的成为终身的朋友，有的话不投机；有的合作顺风顺水，有的则留有遗憾。作为编辑，作为出版人，首先你得是一个正常的、有原则和操守的人，然后你把自己融进角色，我想，这样你大格就不会出偏；如果碰巧你还是个有趣味的人，那么，在大格不亏的基础上，你还可以出一点彩。

下面，说说职业生涯中与几位作者打交道的故事，大多是免不了磕磕碰碰，总留有些遗憾，但最终却幸好没落下“劣迹”。

（一）

一早打开邮箱，远在美国侨居的黄教授给我发来一邮件，说是附件里是他的小说《昨夜群星陨落》拍30集电视剧的“策划书”，请我提提意见。

黄教授是国内某地方大学的中国文学史老师，我们是通过现在上海同济大学任教的张爱萍教授介绍而认识的，但并没见过面。他曾给我寄过他亲自编撰的五大卷精装本《类纂李商隐诗笺注疏解》。因退休后侨居美国，研究资料相较国内比较贫乏，他就改行写清末民初大革命时代的小说。本来是为了消遣时间，不想，一发不可收拾，而且居然还引起某市领导的重视，他们专门组织力量，找投资商计划将小说拍成30集的电视连续剧。这“策划书”很具体，很到位，而且排排坐、分果果，总顾问、总策划、制片人，各位领导都有份，这显然就是该市宣传部门做出来的。

多年没怎么看小说了。黄教授的小说，他几个月前寄给我时我曾经翻阅了几章，觉得历史感极强，但可读性一般。对于这样的小说，改编成电视剧，前景如何我不敢妄测，对所谓“策划书”当然更不敢轻易提意见。或许，黄教授仅仅是告知我这件事，并非一定要我真提什么意见吧？

由此，又记起对黄教授的另一笔“欠债”来。

黄教授学术功底非常好，久居美国女儿家中，难免对自己的老本行放不下，于是，为了搞清文学史上的一段“公案”，多年来就跟世纪老人王映霞通了上百封书信。

王映霞是20世纪30年代杭州三大名媛之一，郁达夫的第二任妻子。才子佳人，曾惹得世人称羡一时。然而，文艺界名人的爱情和婚姻注定不长久的多，两人后来因各种猜忌、误解而登报声明离婚，这还不算，还互相在报章极尽诋毁、攻击之能事。这些往事，现在的我们已经没有多少人知道了。

郁达夫后来在南洋死于日本人之手，有些悲壮，但在文学史上则无疑是光华无限，我手头就放着全新的一套《郁达夫全集》，据我所知，如今在富阳的郁氏后人（郁的长房妻子所生）也一直沐浴着这位文学大家的余荫。而王映霞则一直默默生活在杭州，直至21世纪初高龄去世。去世前，王映霞老人对那段自己与郁达夫的“公案”依然耿耿于怀，研究文学史的黄教授正好“乘机而入”，百般求证。这样，就有了那100多封往返于黄王之间的书信。

黄教授希望，能经过我的推荐让这批书信得以在国内出版。

按理说，这的确是极其难得的关于名人文学活动和情感生活的一手资料，对后人研究作家及其时代风貌有参考价值，我也有心促成其好事。

但是，有研究价值是一回事，有没有大的出版价值又是一回事。曾经跟省里有关文化基金负责人谈及资助事项，回应并不积极；当年出版社又正在大搞转企改制，本应有的文化担当，一时难免被经济效益的“铜臭味”淹没。

发信去北京那家我本人担任法人代表的文化传播策划公司，希望他们好好评估，争取让书面世。结果，这班弟兄们反过来劝我：有资料价值，学术价值一般，出版的市场效益则不值得期待，能否暂且放放，等有同类题材，可以系列化地出版时再推进？

我无语。只得先给黄教授去信说明，黄教授倒是很达观，说是可以理解的，一起等待时机吧！

作为总编辑和文化公司的法人代表，我尊重专业意见，终归没有滥用权力，像我这样的人往往面子薄，不忍心跟你尊重的人说“No”，但职业意识又是浓得化不开，所以总是会给自己找难堪。就这件事而言，最后给我解套的，终究还是系套的那个人！

（二）

蒋自强教授是浙大经济学院的教授，被很多教师尊为经济学院的“祖师爷”。他早年跟随著名经济学家王亚南先生研究经济思想史，一直想完成王校长（王亚南曾担任厦门大学校长）编写一本融古今中外于一体的《经济思想通史》的愿望，我们读本科时，学经济思想史的教材，就是用的王校长油印讲义本。

知道我是胡寄窗先生的弟子，蒋老师主动找到我，希望我参与《经济思想通史》的写作，负责中国经济思想史部分的撰写。我起初有点犹豫，但蒋老师说，“胡先生是名家，我虽不说名师定出高徒，但作为弟子也不能辜负了导师的培养，希望你考虑”。我一细想也对，加上埋在心底的学术情结终究还没泯灭，于是就接受了任务。

在此期间，蒋老师每周都会电话催我写作的进度。但作为编辑，编书任务很重，加上当过编辑后的职业病往往是“首先刀刃向内”，对自己写的东西百般不满意，以至于我有一段时间不太敢接他的电话。但一次一次催，催到你终于不想再拖，有了“早死早超生”的心理，最终还是把东西拿出来了。

蒋老师原本把书定在中央编译出版社出版，而且已签了合同，不需要任何资助。但为了让我发挥更大作用，他要我陪同上北京，不惜去见中央编译出版社王吉胜社长，取消了原合同，改到浙大出版社出版。考虑到浙大出版社经济实力不强，他又动用各种力量，争取到11万元资助款打给出版社。

由于我是作者之一，加上已担任出版社高管，行政事务多，不适合担任本书的责任编辑，于是就邀请历史学博士黄宝忠做责编。编这样的书当然会很辛苦，因为涉及的资料实在太多了。好在蒋老师是一个高度负责的作者，作为双重身份，我也能从中做些普通编辑难以做到的加工工作，所以出版相对比较顺利。

此书出版后，学界反响良好，经济学院专门开了一个出版座谈会，老校长沈善洪教授抱病出席，胡代光、谭崇台等经济理论界名家都发来贺信，一时风光无限。此书还被不少高校作为博士生参考用书，并在出版第二年获得省哲学社会科学研究成果一等奖，教育部研究成果三等奖。记得省里开会表彰时，还是时任省委书记的习近平同志亲自颁的奖，蒋老师代表我们去领奖，我则拍了一张有点模糊的颁奖照片。

蒋老师还是商务印书馆出版的亚当·斯密《道德情操论》的主译者。有一年，温家宝总理在一次讲话中谈到《道德情操论》这本书，一时这本书声名大噪。有书商找上蒋老师，说商务印书馆对此书的专有出版权到期，他们愿意出高价向蒋老师买版权。蒋老师有次来我办公室说起此事，我第一反应是可行，毕竟这笔钱对并不富裕的老人家也不是小数，但第二反应是不可行，商务印书馆总编辑周洪波是我老朋友，商务的品牌也立在那里，而且谁晓得书商会把书做成什么样子？好东西不可贸然改换门庭。未等我回答，蒋老师主动说道："我没有同意，商务印书馆当年出版我翻译的这本名著，是有眼光的，我不能因一点钱而对不起他们。"我一下子对商务印书馆羡慕得要命，有这样忠诚的作者，出版社还有什么理由不出好书呢！

蒋老师身体健康的时候，几乎每周都会来我办公室坐坐。我忙于事务的时候，他就坐在沙发上看我忙；等我忙完，他就坐到我办公桌对面，聊聊经济学界的一些往事，聊聊王亚南当年躲在杭州宝石山大佛寺翻译《资本论》的一些经历，我有一搭没一搭地接话，有时候也会录个音。每每聊天终了，站起来，他就会反复告诫我不要忙坏了身体，说身体不好，一切归零。

有一次蒋老师来找我，说是跟我告别，他要回江苏溧阳老家了，他说："我很幸运与你相识，师生一场，所以走之前一定要来跟你道别一声！"我一听心里就有很多不舍，劝他别回了，儿子女儿在杭州那么好，走了让他们牵挂的。蒋老师听后连说：儿子女儿都很好的，只是老家也很想念。然后就不说话了。后来发觉，蒋老师每次来重复的话逐渐多了起来。

2021年2月底开始，蒋老师情况不太好，后来入了医院。我去医院看他那天，他精神还好，只是已不太认得人，只不断双手合掌连声说："谢谢，谢谢！"最后一声"谢谢"尾声上扬，倒是颇像他健康时的声调。蒋老师2021年6月中旬去世，享年94岁，追思会那天，受他教诲的学生在杭的大多都到场了，大家共同送别这位令人爱戴的老师！

（三）

富阳有位多才多艺的老人叫王介南，几年前以90多岁高龄去世。回想起十多年前老人家为出书而表现出来的认真执拗劲，真还是让人感慨。

王先生早年毕业于浙江大学法律系，后被分配到富阳一所中学当老师，62岁那年开始自学研究《河图》《洛书》之类的古代经籍，居然研究出来了一些不小的名堂，引起学界和媒体界的反响。

2008年的样子吧，老先生打电话给我，说是浙报传媒的蒋国兴总经理介绍他来见我。我和蒋总平时交往不算多，但我们都是省宣传文化系统首批"五个一批人才"人选，省里统一印有一本各个人选联系方式的小册子，有事相托，一般报一下是"首批"的谁谁谁，对方就一定会当一回事情的。于是，我就接待了这位年届 80 的老人。

王先生面容清瘦，穿着整洁，一走进办公室就让人感觉到有一种传说中的仙风道骨。他一字一顿地讲话，一开始就把来意说得清清楚楚。大意就是，他潜心于《周易》的研究，写成了一部《〈周易〉·自组织理论与二十一世纪》的专著，希望能在母校出版社出版。“希望袁老师你能够成全一个老浙大人的愿望。”他最后很诚恳地说。

对于这样一位勤奋、执着、智慧的老人，我有天生的好感，加上有业界朋友的推荐，于是就一口应承了下来。

但是，对于一家学术出版社来说，学术著作的出版，照例是需要学术评审的，尤其是关于周易、八卦之类的研究，评审会更加严格，目的在于防止伪科学。王先生的书稿自然也被分管领导布置做学术评审。事实上，能做这样的内容评审者并不多，几番相托，几番推脱，勉强审回来的，评语都是语焉不详，似是而非；好不容易，谷超豪先生总算有了一个肯定的评语，出版社具体负责编辑任务的编辑像等到了救星似的，这部充满悬念和“磨难”的书总算得以出版。

书出版以后，王先生非常开心，在富阳组织了一次学术研讨会，一时风光，他甚至被一家主流媒体的专题报道称作是“中国民间《周易》研究大师”。

我也为王先生高兴。但王先生是个闲不住的老人。不多久，王先生又来电话，说是他利用业余时间研究《洛书》，发现用数理思维方式去研究这部天书，洛书矩阵竟然是1—9自然数的自组织结构，并且具有超智慧的想象力，能够阐释很多的自然现象。基于此，他已经发表了几篇学术论文，有的还入选在布鲁塞尔召开的“欧盟中华文化高峰论坛”论文目录。这次他想在母校的出版社再出版一部专著《洛书·终极理论的一个单独公式》。

我之前并未告知王先生第一部书稿审查所经历过的“磨难”，这次只好含蓄地对他说，我个人非常钦佩您老的钻研精神和写作效率，但出版社安排出版有一个时间节奏，尤其像针对《周易》《洛书》这类典籍的创造性研究成果，需要较长时间的学术鉴定过程。王先生一听，就很自信地说：“没有问题，我的理论经得起审查的。”我说：“好，王先生请您多理解！”

王先生书稿的学术评审还是碰到同样的问题，没有多少人能给出明确意见，有的学者甚至干脆拒绝审稿。出版社分管领导也担忧出现伪科学问题，主张退稿了事。但接手的编辑要求再努力一次，于是分管领导就找到一位老教授写评审意见，并最终给出了一个“不宜出版”的结论。

哪承想，当这个结论到达王先生耳朵的时候，老先生不但不予接受，而且暴怒了。他给我打电话，要求马上亲自上门来，跟写评审意见的教授当面探讨并解释，他始终认为教授没有领会书稿的真正价值。

我自然赶忙好言相劝，百般安慰。因为被评审者与评审者面对面讨论书稿的出版价值，这是犯忌的。况且，一位八十五六岁的老人，要是途中或者讨论过程中出了状况，那该如何是好?！但仅仅在电话里解释，似乎也难消他的愤怒，于是马上吩咐编辑，我们去富阳老先生家登门拜访一次!

王先生倒是很能体察出我的诚恳，非常大方地在家里接待了我和同事。双方谈了这书稿出版不顺利的各种原因，我竭力主张他先在相关刊物发几篇论文，看看同行学者的反应，再考虑出版不迟。王先生还是很讲道理的人，他一方面认为我说得在理，另一方面也体谅我的难处，毕竟出版社有出版社的规矩，我虽然也是社领导，但业有专攻，在专业判断上也得尊重分管领导及其所安排审稿取得的结论。王先生还是个好客的人，还一再挽留我们吃了午饭回杭州。

至此，那种歉疚之心总算稳实了下来。

后来，王先生还在A4打印纸上，工工整整地用毛笔字给我写过一封信，非常诚恳地阐述了他的理论之核心所在，并对我在这件事上的“无能为力”和“补救”态度表达了理解甚至赞赏的态度。

对了，王先生还是一位在书法艺术上非常有造诣的人，他给我的信都是用毛笔在书法专用的纸上写的，他的字刚柔并济，劲峭挺拔，时而也能感受到一种飘逸之气。我虽对书法见识短浅，评论不一定正确，但无论如何，对一位八十五六岁依然能奋笔疾书，而且字字周正俊秀的“业余”书法家，即便是标准意义上的书法家也是要刮目相看的吧？

又记：后来有人跟我言及，王先生的儿子其实当时是富阳市的一位副市长，但先生从未提起儿子的事，谈话的所有内容都是围绕书稿本身，就事论事，非常干净利落。

（四）

前面讲到的，是为在母校出书而老夫聊发少年狂的王介南先生。现在来说说另一位为出书而有点走火入魔的人。为保护作者隐私起见，名字就不说了，就暂称A先生吧。

A先生是贵州人，说是毕业于柏林工业大学，原来在政府部门担任相当于副厅级的一个职位，后来身上无数的创新细胞发作，感觉就这样当官当到老也没啥意思，就辞了官，专心做起了学问。

这学问一做不打紧，居然上了瘾，不多时就写了一部关于劳动价值率的书稿，说是发现了一个新的理论分析框架，特别想在浙江大学出版社出版。于是，找一位编辑申报了选题。

编辑对他说，学术类选题是要做学术论证的，你的东西我没把握，要总编辑定，于是，这位仁兄就把注意力转移到了我身上。我一般对于所有标榜发现了什么新理论的东西都持高度谨慎的态度，尤其是大言能“对马克思剩余价值理论有所发展”云云，更是警惕。但也不排除给他们另开一个“窗口”，民间奇人凭借独特的研究方法，填补一下学界的小空白，也不是不可能的。所以，我对编辑说，先不下结论，一切按程序走，学术选题就要请相关领域学者作一个价值鉴定，至少要能自圆其说才行！编辑马上接说，A 先生认为您是学经济理论的，就能审查出他书稿价值的。我严肃地回答说，第一，谁审稿不是作者说了算的；第二，凭我自己的学识，尚感觉不到他的“理论”的合理性，但我也不能乱说它不成立，所以还是得请外面的学者评审一下！编辑领命，旋即请总编办找外面的学者评审。结论回来，居然认为，作为一种探索，这样的书稿虽不具备完整的理论意义，但依然具有一定的学术研究价值，还是可以出版的。

因有话在先，加上程序合法，这书稿就一步一步走向了最终出版。

书出来了，我也没指望它能产生大影响，就算成全了一位为研究学术而不惜辞了官写书的人的心愿吧。不想，这位 A 先生还是没完。

我在北京部里开会，A 先生给我打电话，说是想到杭州见我一面，我说在北京呢，而且后天就要直接去舟山校区参加学校的暑期务虚会议，你不必白跑一趟。他就没有再吱声。哪知道，当我过两天到了舟山，这位宣称发现了劳动价值率的 A 先生已经先期到舟山等了我半天。他火急火燎地介绍说，他的那本书反响不错，但希望能在更广泛的范围内产生更大的影响力，他最近就这部书写了一篇评论介绍文章，甚至可以论证出主权高于人权的合理性。我说那你是否先到《环球时报》这样的报刊投投稿，也许能得到积极的回应呢！他说："对噢，那我试试！"然后就回到了贵州。

那位老兄的动作还挺快，回去不久，就发来了一则短信：

尊敬的袁总编辑，您好！据您的建议，我将那篇文章写了出来，但找了很久找不到《环球时报》的投稿入口，我就发给新华网，同时也给您发了过去，如果对书的出版发行有些许帮助那是最好的。

此祝

安康如意！

我笑笑，没有回信，也没有再关心过“新华网”或者《环球时报》有没有发过他的文章。

过了一个来月吧，A 先生又来杭州了。这次变换了要求，他很谦恭地推门进来，说是最近写了篇文章，想请我提提意见。我说最近太忙，你去请教比我更有见解的人吧。他说：“我就觉得您最能理解我的学术思想了，其实我是想以您的名义给我发一篇书评，文章都给您写好了，您只要同意就可以的。”我有点不高兴了，马上说，那怎么行呢？以我的名义发表的书评，一定得是我本人真正认可的书，并自己动手写才行！见我这样认真，A 先生回头去关门，我以为他会有什么威逼的动作要对我，正想着怎么应对，不承想，这走火入魔的 A 先生忽然从衣袋取出一大沓人民币，硬要塞给我，说这是预付的稿酬，拜托了！这个时候，压抑多时的肝火一下子从我胸腔涌出，我大声指着他的眼睛，厉声呵斥：你侮辱我了，马上给我出去！A 先生见此一下子呆若木鸡，脸涨得通红：好好好，我走我走……边说边后退，差点头撞在门上。我重重地拉开门：大声说，别再来找我，我永远不想再见到你！

从此以后，终于再没见到过 A 先生的身影。尽管那天无名火起，把他赶走了，但我并不是讨厌他的钻研精神，甚至对此还有点欣赏，我只是恨他的过度自恋，导致全然不顾及对方的感受，我依然希望今后他还是能正确看待自己的研究“成果”，并真正懂得待人处事之道。

（五）

柳营的中篇小说集《阁楼》前些年在浙江大学出版社出版。封面设计上很有些创意，很漂亮，作家本人是从来没有过的满意，于是乐此不疲地，被东采访、西沙龙的，还受邀大老远赶去北京那个有名的“单向街”搞签售。替她想想，其实有点被出版商劫持的味道。

有次，在电话里跟我谈起她的书。“它也是你的！”她突然说。知道是她脱口而出的心里话，在我，听到这话却是有几分内疚，虽然最初是我促成的这桩美事，但接下来的环节我其实很少关心，尤其出书后始终没有看完这部并不厚的文学书，书店里关于她的几次活动，我一次也没去现场当面支持，她心里肯定是有过失望甚至不满的。

还是替她高兴。柳营是活在文字里、活在感觉里的女人。她喜欢书，却对书又很挑剔；她不喜欢见很多人，却对认定对的人又很真诚。这样的女人现实感很差，不太懂什么是功利；但对于美的敏感度极高，她喜欢的事，那八成确是有其可喜欢之处。

柳营似乎永远在写小说。《阁楼》之后，《花。塔》又在作家出版社出版了。这个号称长篇，其实也只比一般的中篇稍长一点。花了三个晚上也就看完了。通篇充满隐喻，似乎没有大的完整架构，穿插其间的都是一个个自成一体的人物故事。如果硬说有情节线索，那也只在那个叫莫德的女主人公手里牵着。不同的故事，相同的基调，始终缠绕的是女人与男人，灵与欲，生与死，梦境与现实，美丽与丑陋，欢娱与痛苦，坚守与背叛，白天与黑夜，村庄与坟场。甚至，柔美而充满灵性的花与坚挺而显得有点突兀的塔——我隐隐觉得塔是压抑的甚至带有摧残性的东西……在柳营看来，这一切，并没有明显的界线，有时候甚至是一体的，就像许多的塔被建成七层莲花的形状，那个时候，花就是塔，塔也就是花。就像那个叫“梨”的村庄，总有一条青石板铺就的小径通向幽静的坟场，而那里其实是人人最后的归宿。

从这头，走向那头，场景渐次地展开。然后变换，成就另一个轮回。模糊，混沌。所谓边界，那只是人为划定的。向东走，向西走，最终都会回到原点。

柳营后来侨居美国纽约曼哈顿，跟王鼎钧等文学大家相交。我去美国时，她还介绍我与鼎公及其夫人见面，并一起在法拉盛吃了一顿午餐，我们几个人相谈甚欢。

在美期间她又写了好几篇小说，鉴于《阁楼》比较让她满意，她一直希望再在浙大社出版一部她个人比较喜欢的作品，但浙大社毕竟是学术出版社，对文学书缺乏市场影响力，我劝她还是到专业的文学出版社去出版，结果证明了我“忍痛割爱”的正确性，她的作品在作家出版社出版以后，市场反响都不错。

（六）

正在上班，莫名其妙地接到来自上海的一个电话。

对方是爽朗的女声：“请问是袁老师吗？”

“是，您哪位？”

“哈哈，还真的是！我是王××，老师你不要奇怪，我刚从加拿大温哥华回上海，今天从家中一件六七年未穿的衣服上翻出您的联系电话，真是似有神助啊！”对方有些兴奋。

“我们见过面吗？今天有何指教呢？”我自然不可能一点不奇怪。

“我曾经在杭州工作，我们肯定在某个社交场合见过。是这样，我女儿在温哥华读中学，小丫头很喜爱戏剧文学，她翻译了王尔德的一部作品，友人看了评价说，翻译得比田汉的还好，正在想怎么帮她实现在国内出版的愿望呢，不承想，您的信息从我衣服里找了出来，真是缘分啊，希望您能帮帮我女儿，达成出版的心愿！”

至此，我总算知道了这是一位不折不扣望女成凤的母亲。

“我实在记不起在哪里见过您了，不过不要紧，我会帮您联系我在北京的一些出版界朋友，至于能不能成功，一看题材合不合人家的意，二看翻译质量，最终也还看缘分吧！”我真诚又不免带点搪塞地说。

“谢谢，谢谢，我待阵子就回温哥华，方便的话我抽空去杭州找您。”王女士一听就像个雷厉风行的企业家。

“从上海来杭州就不必了，有回应我会及时告知您！”说真的，我有点怕怕。不是怕这里面有什么骗局，而是另有两怕：一是怕自己陷入一大堆无谓的杂事中，耗费精力不说，事情办不顺利的话也是难免空添不爽的；二是怕由此又拉扯上一些可交可不交的“朋友”，帮忙不到位，白白得罪人，与其这样，还不如一开始就保持距离。

王女士大概听出来我不太热心于急着给一个孩子出书，终究也就没有来杭州见一位只在某种社交场合见过的人。

出版真是一门充满奇趣的职业。你每天在一张臆想的大网下畅游，或喜或忧，有许多的“不曾知”偶尔经过了你，让你恍然大悟，而后莞尔一笑！沉浸其间，忙碌中也能不时遇见你从没想见过的人和事，清贫之中也总能找到无限的乐趣……

作者系浙江大学出版社原总编辑

书稿策划原来也不那么难

王利波

徐海先生在其广受业内赞誉的著作《出版的正反面》中，将编辑分为六等，能策划、能组稿的编辑被他列为第一、第二等的优秀编辑。确实，策划组稿能力对一位编辑来说，是最可贵的能力，也是其成就感、价值感的最大来源。业内最优秀的出版人，无不拥有出色的策划组稿能力。

但不得不承认，这样的编辑在一家出版社中总是少数，很多编辑可能从没有策划或组织过一部书稿。年轻编辑哪怕有策划的志气，一开始也常常不知从何起步。前两天就有一位编辑来找我，这名编辑所在的部门主要承担社里的主题图书以及其他服务政府部门的项目，她已经是骨干，但不甘心只做主题图书，还希望能策划自己感兴趣的市场书，但接连提了几个思路，都不被认可，她感到泄气和苦恼，不知该放弃策划的念头还是继续努力。“您以前也面对过类似的问题吗？您是怎么解决的呢？”当我告诉她自己曾经历的无数次挫折后，她明显松了一口气。我也因此想到把谈话的内容扩充整理出来——徐海总编向我约稿，让我谈谈编辑生涯中的故事，我一直拖欠着，要不就拿这个交差？也许会对年轻编辑有所启发。

辗转找到“自己的园地”

年轻编辑进入出版社，围绕着自己的专业领域开发选题，是最顺理成章、也较为容易成功的路子，这也是我最初的选择。从人大哲学系硕士毕业进入出版社后，我先是跟着社内一位资深编辑一起责编张岱年先生主编的《中国文史百科》。熟悉基本规范流程后，我就想着策划组稿的事。我一直很好奇俄罗斯这样一个产生了无数大文豪的民族，究竟有着怎样独特的哲学和信仰。20 世纪 90 年代末，国内一度出现了翻译“俄罗斯白银时代”文学作品的小热潮，长期被忽视的一些作家诗人的著作被引进国内出版。我于是提出翻译出版俄罗斯宗教哲学著作的想法。当时的分管领导不太支持，有次社长来我们办公室，我直接向他争取，竟被应允了。通过导师的帮忙，我邀请了中国社会科学院哲学所的贾泽林、李树柏和北大的徐凤林几位教授来组织译丛，一共六册，有别尔嘉耶夫的《精神王国与恺撒王国》、索洛维约夫的《西方哲学的危机》等。2000 年丛书出版后，参与的学者们觉得做了一件应当做的好事，时任我社副总编辑的黄育海先生还表扬了我，让我印象深刻。当我考虑着下一步能不能做西方哲学书时，发行部的同志出来阻止了：你这套书，印了4000册，估计后面会有库存，以后就别做哲学书了。虽然有些不甘和遗憾，但发行部的声音向来有比较大的权威，我不能无视，也找不出反驳的理由，不得不作罢。接下来该做什么呢？我不得不重新寻找方向。

当时我已正式分配到政治编辑部，主要编主题图书和地方部门的定制书，许多书稿的质量并不好，让我很头痛。室主任杨淑英大姐很能干，组织了不少党史、社会学领域高端学者的著作。党史名家的书稿，我经验少，自然无缘参与，社会学的参与了一本。我当时就想跟着社会学的组稿编辑组，而且希望更有思想性一些。一天，我读到孙立平老师的一篇访谈，谈他为什么用“断裂”这个词来概括转型期中国的社会特征。我通过朋友要到了孙老师的联系方式，独自去北京拜访了他。在他于清华蓝旗营的家中，孙老师谈到他和学生在做的一些调研，包括口述史项目，聆听过程中我感受到了一位社会学家强烈的问题意识和社会责任感。孙老师最后表示，如果出版社愿意的话，他有兴趣整理一下近年来所写的文章，题目差不多可以取为《转型与断裂》。我兴冲冲回到社里汇报，但领导顾虑文章汇编不好卖，话题也较为敏感，否决了这个选题。我很沮丧，同事劝我不要再争取了。我只好回了孙老师，之后再也不好意思继续联系。这本书后来在其他出版社出版了。

这之后，我看到市场上中国史方面的图书热起来，就想着去尝试。由于某个机缘，我跟人大历史系的夏明方老师取得了联系。夏老师善解人意，我去拜访的时候，他约了人大清史所的黄兴涛老师等几位青年学者。可惜我的视野实在太窄，当时的资讯又没现在发达，功课做不到位，他们的讨论一深入，我根本接不上去，惭愧又尴尬，最后也就无功而返。这让我明白组织历史学书稿，尤其是学术书，门槛是比较高的，没有相应的知识储备，组稿是困难的。

做学术出版不知往哪个方向走，我就尝试策划普及类读物，思路还是围绕着大学生群体。先是想做各个学科的名著导读，但因为要求提得很高，作者队伍根本组织不起来。后来又想引进海外关于培养大学生综合素质，如沟通能力、写作能力、批判性思维等的教材，但发行部认为大学出版社做最合适，我社没有相应渠道——后来我真的跟浙大以及省教育厅有关部门联系，做成了两本相关的教材，这是后话。印象深刻的另一次失败经历，是我拜访时任浙大人文学院常务副院长廖可斌教授，提出请当时任人文学院院长的金庸先生做主编，他任执行主编，编撰“人文通识读本”，既供浙大学生选用，又可在市场上发行。

他被我说动，召集了人文学院各个系的主任一起到茶室讨论怎么来编。教授们各持己见，机锋迭出，谁也说服不了谁。廖院长为人温和，不是乾纲独断的组织者，我这个小编辑更无能应对能言善辩的教授们，两次讨论都没达成统一意见，计划无果而终。

当时我几乎是科室里最年轻的，不承担科室重要任务，同事们由着我在各个方向上摸索，我的笔记本里记载了收集到的各种信息，大多数约稿不是被作者婉拒就是发行部不看好。当然也有一些是成功的，比如 2003 年策划了《揭开真相——〈南方周末〉知名记者报道手册》一书，出版后好几位记者朋友来索要，书很快重印，当时也比较开心。更多的时候则是焦虑和迷茫——进社已经六七年，手头编的大部分书稿平庸乃至无聊，我觉得自己是在浪费生命。

2005 年前后，经过几番交流和思考，我决定组织翻译政治学领域的学术著作。因为跟科室的门类合拍，领导很快点头。我找到景跃进老师和张静老师——他们夫妇俩我读研时就认识了，请他们帮我选书，并邀请其他编委。两位老师的眼光很独到，“政治与社会译丛”第一辑里卡尔·波兰尼的《大转型：我们时代的政治与经济起源》2007 年出版后，被评为《南方周末》年度六大好书之一，并很快两次重印。《民主转型与巩固的问题：南欧、南美和后共产主义欧洲》也受到极大关注。我在承担主题图书和系统图书之外，终于找到了一块个人可以耕耘的园地，虽然引进版权、物色译者、改稿、找设计师等所有出版环节需要独力完成，经常要利用晚上时间看稿，但我不觉其苦，每一本著作所探讨的问题都吸引着我，我感觉自己是在修习一门新的有无穷魅力的学科。我体会到了融求知与工作于一体的快乐！

保持对新信息的敏锐性

在做一个出版项目的时候，往往会有新的机缘、新的信息向你敞开，就看你是不是有心，能不能去追踪。在组织译丛的过程中，我有次去拜访浙大的郁建兴老师，他向我推荐了郑永年教授的英文著作《全球化与中国国家转型》，这本书一下子把我吸引住了。后来去清华看望景老师时，一旁的张小劲教授建议我组织翻译海外研究中国当代问题的著作，说特别有意义，我就想把译丛分成两个系列，交叉出版，郑老师的这部著作就被纳入第二辑。郑老师在我的请求下，向我推荐了许多海外著作，涉及中国转型过程中许多值得探讨的现象和问题。因为西方学者观察中国问题的视角通常比较独特，观点又比较敏感，我必须看过才能决定是否引进，哪怕整体立场没问题，审稿过程中也不得不字斟句酌，尽可能既忠实传递作者的观点，又守得住导向，所以做译丛第二辑可谓十分辛苦，但我由此得到的训练也是前所未有的。出版后市场的反馈也给了我激励。《全球化与中国国家转型》很快重印，苏黛瑞的《在中国城市中争取公民权》则被《南方都市报》评为2009年度翻译好书。

在《全球化与中国国家转型》出版后，郑老师把他的《中国模式》书稿交给我，其时中国的发展模式被国际社会热议。该书出版后，上了很多榜单，还上了中央党校的学员推荐书单。郑老师当时在新加坡的报刊上开专栏，他的文章理性独到，广受追捧，我建议他以专题形式整理出版多年来的文章和演讲，得到他的认可。但这一建议被社里否定，认为已发表过的文章汇编起来，不会有多少人感兴趣，还做好几本，风险太大了！我相信自己的判断，又作了两次汇报，最后社里同意了。“郑永年看中国”系列出版后，受到市场的热烈欢迎，尤其是第一本《保卫社会》，被推荐为广东全省党员干部的理论读物，《新周刊》还特意以“保卫社会”为题，做了一期内容。整套书累计发行了三十多万册。之后两三年，科室组织主题图书、党政部门培训教材的重任落到我头上，我就拉着一位在中央党校学报待过多年的新进编辑，一起做“译丛”和其他一些学者的著作，如王赓武先生的《1800年以来的中英碰撞》《更新中国》等。郑老师则成为我始终保持联系的重要作者，近两年又在我社陆续出版了他的《制内市场：中国国家主导型政治经济学》《共同富裕的中国方案》等著作，《保卫社会》也在修订后重新出版。编辑是与书一起成长的，编辑不同的书、交往不同的人，你的内在成长速度是不一样的。不知不觉中，我已来到了一个比较开阔的地方。

组成目标一致的项目团队

编辑职业的一大挑战，也是魅力所在，就是不断与可能性相遇。2015 年八九月份，社里安排我分管文史出版中心。我社的文史图书版块，曾经创造过辉煌，20 世纪 80、90 年代出版的“世界文化丛书”，是业内非常响亮的图书品牌。之后的“中国社会史丛书”“学人自述”等系列，也在学界有一定影响力。可惜的是，老编辑一退休，没有年轻编辑跟上，学术资源和品牌都流失了。我接手时，科室的基本产品是以地方志为主的系统定制书，七个编辑，两个是刚招聘进来的，其余的也不做市场书。我不可能把原来的产品线拉过来，只能调整图书结构，做强文史版块。这于我是一个不小的挑战。

市场书是一定要起步的，做什么却着实费了一番研究和思考。最后决定带领两位新编辑开发世界史领域的产品线。一则她们的专业就是世界史，虽缺少出版经验，但有专业背景，相信能很快上手；二来世界史和全球史版块出版前景广阔，且不像做政治类图书，动辄碰到敏感问题。社里也非常支持。我想了一个容易让人记住的丛书名“好望角”，一开始就明确了书系的定位、选书的标准，带领两位年轻编辑（两年前又增加了一位）缓慢而坚定地推进。截至目前，书系出版16种，销售65万册，已成为世界史版块最有号召力的品牌之一。与此同时，聚焦浙江深厚的历史文化，我先后策划或组织了《浙江婺剧口述史》、“浙江考古与中华文明”、《浙江儒学通史》、“浙学经典读本”“知宋书系”“大运河与中国古代社会”等一系列出版项目，既汇聚了一批国内优秀学者资源，同时又形成了我社鲜明的品牌特色。

2020年底，随着编辑中心人手的增加，我又策划了“何以中国”书系，探寻中国之所以为中国的历史和文化根源，丛书名被孟宪实老师称为“显示了出版社的一个宏图伟愿”。我自知以自己的学识才干和现有资源，短期内组织不了数量众多的高质量书稿，但以此为旗帜，可以帮助年轻编辑找到策划组稿的方向。事实上也是如此，文史中心的年轻编辑进来后，都能较快地开始谋划选题。“何以中国”已出版的七种图书，如《从玄武门之变到贞观之治》《观念的变迁》《水运与国运》《何谓明代》等，以及储备的近十个选题，不少是年轻编辑策划组织的，这也是令我欣慰的地方。

立志做第一、第二等编辑，确定可以深耕的领域，保持很强的求知欲和好奇心，追踪感兴趣的问题和相关信息，勇敢地约稿，不怕被拒绝被否定，你就会发现，策划原来也没有那么难。

作者系浙江人民出版社原总编辑

我与马原的出版故事

邹　亮

20 世纪 80 年代初，文学批评家吴亮提出“马原的叙事圈套”的时候，我正在上海华东师范大学中文系求学。马原是中国当代首次将小说叙述置于重要地位的作家，《拉萨河女神》《冈底斯的诱惑》《虚构》等一系列作品的发表，开了“先锋小说”先河。在“文学热”的 80 年代，马原是我最喜爱的作家之一。

因为文学，我与“先锋作家”马原结缘。而我真正开始同马原其人有来往，并且成为朋友，则要从做书说起。

1989 年，我研究生毕业后分配到浙江文艺出版社做文学编辑，与“先锋小说”作家交往密切起来。我担任责任编辑，曾组织出版了“收获长篇小说丛书”，其中包括格非的《边缘》、洪峰的《东八时区》；还出版了“系列小说丛书”，其中包括苏童的《妇女乐园》、叶兆言的《夜泊秦淮》。这些都是苏童、叶兆言、格非等作家早期出版的图书。

在读大学时，格非比我高一年级，因为是江苏老乡，又都热爱文学，我们成了朋友。毕业后书信不断。刚工作时为了组稿，我常去他在上海华师大的宿舍，马原也是他介绍给我认识的。

2000年10月，我在浙江文艺出版社策划出版了马原、格非、莫言、苏童、残雪等人的散文，在国内最早成规模出版“小说家的散文”。2001年，“系列小说丛书”出版十周年之际，我重版了苏童、叶兆言、李锐等人的作品，与此同时又新增了两本小说集：格非的《青黄》和马原的《游神》。

我因为主持组稿等工作，要和马原讨论《游神》《马原散文》两本书的选目、体例，等等。当时，马原已从西藏回来，在同济大学任教。那段时间，他来过杭州好几次。

那时，交通不像今天这么便捷，还没有“动车”“高铁”，马原来一趟出版社，很难当天返回上海，就得在杭州过夜。我就为他找附近的旅馆将就一宿，住宿条件很一般，他也不计较。一个房间两张床，我陪着他，常常一聊就是一个通宵。时间宽裕的时候，我也会请他去自己家里坐坐。

跟许多从事出版工作的人一样，我也喜欢淘书，尤其是自己所学的现当代文学专业方面的书和资料，有时在旧书摊上发现一两本好书，就如同与许久未见的故人重逢一般。马原的《中国作家梦》的最初版本就是这样被我淘来的。有一次，马原去我的住处，在书架上发现了这本书，非常惊讶，因为这本书连他自己也从未见过，他甚至不知道自己的作品已经出版了。

马原跟我说起了这部作品的创作过程。那是20世纪90年代初，他带着只有一个摄像师的摄制组，历时两年，经过两万多公里的行程，采访了120多位中国当代作家，并对每一段访谈都做了详细的影像与文字记录。

一个书商要将马原与各位作家的对话文本做成书，但是后来这个书商大概在经济上出了问题，不见了踪影，书出版了也没告诉马原，马原还以为这件事没下文了，直到在我的书架上看到这本《中国作家梦》。感怀之余，马原提笔在扉页上写了长长的一段话，这本书由此成了我的私家珍藏。

一年后，有出版社要重新出版《中国作家梦》，马原希望我把这本书寄给他做样本。这本书后来没有再回到我手中。不过，能让这样一部有分量的中国当代作家访谈录传播到更多读者手中，实在是一件功德。

2004年，我邀马原、肖瑞峰、南帆共同主编《大学语文新读本》。由马原来选评中外小说，这跟马原做的《阅读大师》在精神上是一致的。他是一位有非凡洞察力的作家，他的创作实践和独特眼光，在赏析大师作品时，有别样的精彩。

有一件事，让我记忆犹新。2000 年，出版社在杭州市中心给我分了一套 80 多平方米的福利房，是一位老领导住了不久腾出来的。我想请马原帮我设计一下装修方案。他兴致勃勃地跟我去看了一下房子。经过一番观察后，他说：原装修全部保留，把房子重新油漆一遍，租出去，然后到市郊买一套大房子，这样就可以把老房子的装修费省下作为新房子的首付，老房子的租金则用来还房贷，十年后，你就能拥有两套房子了。

2000 年国内的房地产行业还不像今天这样热闹，我没听从马原的“设计”。然而，从如今的形势来看，马原当时的判断确实具有前瞻性。

2013 年，浙江文艺出版社 30 周年社庆，邀请我社的重要作家来杭州参加庆典。虽然已有近十年未见面，但我第一个想到的就是马原。听朋友们说他患了癌症，隐居云南了，我深深地记挂他。

我从格非那儿找来他的电话，一通话，还是那个熟悉的声音。他爽快地答应赴约，风尘仆仆地飞到杭州，一见面，还是那样豁达那样健谈。在保俶塔下的“纯真年代”书吧，他跟我讲了人与病症“和谐相处”的道理。他说，在他差不多过完六十一甲子的时候，造物主给了他一个机缘，让他体味生命究竟是什么东西。他说的还是典型的

"马氏哲学"。

这让我想起十几年前的一个深夜，我们在简陋的旅馆房间里的一次长谈，那次谈话留给我的印象最深。当时，马原诘问我："你的爱好是什么？"我说："做编辑。""那你就没有业余爱好啦？"他一副不满的样子。在他看来，"业余爱好"才是自己真正的天地。于是，他给我讲了德国作家海因里希·伯尔（1972 年诺贝尔文学奖获得者）的千字小说《一桩劳动道德下降的趣闻》，大意是说：

在欧洲西海岸一个风景如画的海边，有位衣着入时的外国游客在兴奋地拍照，看到一个渔夫在懒洋洋地打瞌睡，就问他为什么不出海。渔夫说，他已经打到几条鱼了。游客就教导他，为什么不多打些鱼，赚更多的钱，积累起来买船、开作坊、经营餐馆……最后，拥有财富，安然地躺在港湾里享受海景和阳光。渔夫奇怪地说，我现在不就是在享受吗？是你把我吵醒了。

马原借这个故事想说的道理是：为生计而劳作的时间不叫生活，个人支配的时间才叫生活。如今，我越来越能体会到其中的深意。

于是，那天在"纯真年代"书吧，我对马原说，把你生病后的这段经历写下来吧，这里面有很多智慧，对别人会有启发。

一年后，马原如期交稿，书名《我的祸福相依的日子》（又名《逃离——从都市到世外桃源》，2015 年 1 月出版）。这本书由我的同事负责，他们完成了编辑、设计、出版工作。这是马原的首部纪实作品，他在该书的开头写着：“我的职业是虚构，但在这本书里我不虚构，这本书一定要说真话，句句都要真，绝不打一句诳语。”他说，生了一场大病后，人的生命观、价值观都会发生变化。他在书中阐释了生命与阳光、水、空气的关系。

那一年，我也过了知天命之年。家父病重陪伴左右终告不治，我也萌生了要厘清无锡邹氏前世今生的念头，于是我爬梳钩沉史料、寻访踏勘遗迹，陆续发表了十几篇考据文章，并结集出版。这种业余非功利的写作，也是马原兄所期望的吧。

2015 年后未见过马原。2019 年，浙江文艺出版社上海分社出版马原“西藏系列”《冈底斯的诱惑》，主事者送我马原签名本。打开书，扉页上写着：“邹亮，老哥想你了。”一见熟悉的笔迹，我的眼睛有点湿润。

2022 年下半年从媒体上得知马原家庭又遭不幸，一直不敢相信，心中涌出一句：“马原，老弟想你了！”

作者系浙江出版联合集团出版部原主任

匡院士之光照耀我的编辑生涯

傅　梅

人生路上有贵人相助是幸运的，在我的职业生涯和生活中常常遇到重重困难，也每每在迎刃而解后感受到自己的成长和信念的坚定，这一路遇到许多贵人的相助，而对我影响最深、成为我心中那束光的人一定是她——享誉世界的植物生理学家匡廷云。

1998年9月，我去北京参加书展，恰逢国家973重点项目公示。其中唯一一位女性首席科学家就是匡廷云院士，她研究的光合作用属于我的专业方向生物学，不免有组稿的冲动。怀揣着无尽的崇拜，我辗转找到了联系方式，准备碰碰运气。抓起电话前，我是充满顾虑的，那时我还只是个年轻的小编辑，给这么大一位科学家打电话，会不会太冒失了，甚至希望这通电话打不通，我也努力过了，将来不会后悔……经过一番思想斗争，我还是拨通了与匡先生交往的第一个电话："匡院士您好！非常冒昧给您打电话，我是江苏科学技术出版社的编辑傅梅，现在北京参加书展，您太了不起了，我特别想为您的973项目做点贡献，项目成果出书的事我能来请教一下吗？”我绝对是语无伦次的，没想到电话那头的匡先生，同样用兴奋的语气回答说：“江苏的编辑啊，你都知道我的项目入选973了，消息够灵通啊，你过来吧！”我的心脏一通小鹿乱撞，简直不敢相信，激动的心情不亚于得知高考分数的那一刻啊！

我迫不及待地跑去位于香山的中国科学院植物研究所拜访匡先生。第一次见大科学家，还真是忐忑不安呢，一路上就给自己打气，她既然这么爽快答应我，一定是平易近人的。见到她的时候，真的被她的优雅惊艳到了，一身漂亮的服饰，一张慈祥美丽的脸庞，小巧玲珑的身材，上前握着我的温暖的手，一下就拉近了距离。当时的匡先生也沉浸在项目入选的喜悦当中，对我第一时间找到她感到非常高兴，热情地和我聊这个项目，聊项目的申报过程，聊答辩时令人兴奋的细节。对于我表达的出版诉求，匡先生说没想到和她一直合作的中央级出版社都没有找来，我一个地方科技出版社的编辑竟然第一时间得到了消息，于是欣然答应了我的约稿请求。幸福突然降临，要知道能组到院士的书稿而且还是国家重点项目，这在我心目中是多牛的事啊！

经过五年的艰苦编写打磨，《光合作用原初光能转化过程的原理与调控》终于在2003年正式出版，入选了国家“十五”规划重点图书出版项目，并在2004年荣获第十四届中国图书奖。直到今天，这本书仍是生物学及相关领域的重要参考资料，对促进该领域的发展起到了非常大的助力作用。对我来说，这本书给我的编辑生涯打下了坚实的基础，照亮了我的前行之路；对匡先生来说，这是她第一次和地方出版社合作，我们不仅没有要任何资助，还为她提供了非常细致周到的服务，自此建立了对江苏科学技术出版社以及对我个人的信任。之后的岁月里，我的生命中有了对匡先生的牵挂，每当我去北京，都想着去看望她，她也总是在百忙中抽时间请我吃饭，每次都要去不同的或富有特色或高雅有情调的餐馆，并且坚持她请客。有一次趁她不注意我偷偷付了钱，她还很不高兴，总拿这事敲打我呢。就是在这样看似平常的交往中，我受到了非常大的裨益，可以说与匡先生的交往对我的工作和人生态度都产生了重大影响。

2010年，我担任责编的国标初中生物学教材遴选主编工作遇到了很大的困难，这时我首先就想到去找匡先生，我知道她会帮我，但内心充满矛盾——匡先生一直从事前沿科技研究工作，非常忙碌，哪里还能分出精力做初中生物学教材的主编？可是私心让我还是叩开了匡先生的大门，令人感动的是，匡先生一直心系基础教育的建设和未来学科接班人的培养，立刻欣然应允，并在教材编写中给予了大力支持和充分的指导。匡先生的加持让我在工作中又一次迈过一坎，这套教材顺利通过了教育部审查，并在2021年荣获首届国家基础教育教材建设奖，为苏科社教育出版的发展起到重要作用。

这些年，我与匡先生的感情也在书稿的往来中不断加深。作为一名科研工作者，她始终对祖国饱含深情，敬业精神让人感动，即使已到耄耋之年，也从未停止过工作。在周末都在实验室忙碌的情况下，她还会为一些青年活动担任评委，点拨和培养青年科学家；积极参与科普创作工作，对国家的未来充满希望。生活当中，匡先生同样光彩照人，温暖可爱。她的家永远充满着温馨浪漫的气息，优雅的欧式装修风格，体现了她的格调和品位。最不可思议的是，家里的装修都是她亲自设计的，蓝色的欧式沙发、棕色的钢琴、充满艺术感的油画、活泼可爱的摆件、生机盎然的植物……我最喜欢她家的阳台，花丛中安静休憩的一隅，总是忍不住拍张照片，幻想自己将来也有这么一处幸福的角落。每次去家里，她都贴心地为我准备各式茶点，还耐心地给我讲都是什么风味，让我一一品尝。她对服饰也是特别讲究，从来都是以精致示人。我好奇她哪里有空去逛街，她却笑着说，我都是在路过的街边小店淘来的。她对事业孜孜以求的精神，对生活无比热爱的态度，时时激励着我，让我对工作不敢怠慢，对生活充满着热情。这些年工作的不断进步，冥冥之中都有着匡先生的激励，就连平日里对穿着的留意，也掺杂着对她老人家的崇敬。

转眼间，我与匡先生已经相识25年。这25年，匡先生经历了人生当中最大的打击，她的先生和唯一的儿子先后因病离世，匡先生自己也先后被确诊结肠癌和肺腺癌，并接受了手术治疗。然而这些不幸都没有打垮她，她总是以乐观示人，可我知道，坚强如她又是多么的不易！最让我感动的是，匡先生两次应邀来参加凤凰作者年会。2020年我第一次邀请她，那时的她刚刚从疾病中恢复，我十分担心她的身体，但是又希望她能感受到出版社对她的崇高敬意。她接到邀约一口答应说："傅梅你放心，我一定会来的。"尽管并没有获得凤凰奖章，尽管大病初愈，她依然精神抖擞盛装出席，给足了苏科社面子！2021年，我第二次邀请匡先生来参加凤凰作者年会，这次她是作为"金凤凰"奖章获得者来参加。在颁奖仪式上，匡先生向在场的所有领导和嘉宾讲述和我相识相知、携手出版的故事，点点滴滴，历历在目，一瞬间仿佛我又回到了1998年的夏天，不禁热泪盈眶。

在科学界，匡先生因为从事光合作用的研究，一直被称为"追光的人"，而在我的心里，她是照亮我人生的一束光，是我心中的"女神"。多年来，我一直称她为"匡先生”，因为我觉得只有“先生”二字才能配得上我对她的崇敬。回想我的整个职业生涯，从一个小编辑成长为江苏凤凰科学技术出版社的社长，她是对我影响最大的人。最近，匡先生和我正筹划出版新的著作，展现光合作用领域最新、最前沿的理论研究和实践应用，那会是一本光合作用专著的升级版，非常值得期待。

今年是匡先生 90 大寿之年，她老人家身体健朗，精神矍铄。前些日子她兴奋地告诉我，在她和其他共 29 名院士的呼吁下，国家自然博物馆新馆即将投入建设！祝愿匡先生健康长寿，为国家的科学事业和生态文明建设贡献更多力量！

作者系江苏凤凰科学技术出版社社长

我与李国文先生的忘年交

汪修荣

由于年龄的关系，作为20世纪60年代生人，在出版生涯中，与我打交道的大多是20世纪50、60和70年代出生的作家，1949年前出生的老作家寥寥无几，李国文先生便是其中之一，可以算是我的忘年交。

我与李国文先生的相识，缘于20世纪90年代的文集热。20世纪90年代中期，江苏文艺出版社集中出版了一系列青年作家文集，在全国掀起了一股青年作家文集出版热，无论从出版规模还是从影响来说，都曾在出版界名噪一时。我个人先后责编过《池莉文集》《林白文集》《迟子建文集》《舒婷文集》《斯妤文集》六套青年文集。也许因为我编过多位作家文集，《池莉文集》又在热销中，有一天，社长告诉我，李国文先生希望在江苏文艺出版一套文集，想听听我的意见。论资历和影响，李国文先生无疑有出文集的资格，作为一个狂热的文青，我曾拜读过他不少作品，李国文先生的短篇小说《月食》《危楼记事》曾先后获得全国短篇小说奖，长篇小说《冬天里的春天》曾荣获茅盾文学奖。当时年少气盛，我便坦率地说，相比我们正在出版的年轻作家的作品，李国文先生虽然是文坛老将，作品也很有价值，但作品可能多少有些“过气”，不太受年轻读者的欢迎，市场可能不太乐观。如果要出，要控制规模和定价，建议最多出四卷。相对于李国文先生庞大的作品数量，区区四卷，确实是太少了些。社领导基本同意了我的意见，让我与李国文先生具体联系。

因为文集的事，我有缘与李国文先生相识，并开始了频繁的书信往返，书信成了我与李国文先生沟通的主要媒介。出乎我的意料的是，李先生居然同意了我的建议，甚至表示要精益求精，出三卷即可，并给出了自己的理由。他在给我的信中说：“我对于出我个人的文集，一向持保守态度，因为看到侪辈十卷八卷地出在那里，把什么东西都像出全集似的收了进去，令人产生一种寿终正寝的感觉，所以，有些出版社来联系，我不想以文集的名义，将写过的几百万字都编进去，从而婉拒了。况且，我时下也未有搁笔的意思，何必忙着做那些身后的事呢？再说，文章好坏，还是需要经过一段时间的考验为好。对于你的建议，我真是很感激，非常感谢你对我的厚爱。不过，我有一个小小的建议，不知你意下如何？如果出一套精选的三卷本的文集，不知是否可以？上中下三卷，20 世纪 30 年代也有过这种先例的。我想，贯彻以精为佳的原则，一卷若以30万字计，加起来，也有100万字。据我所了解的目前还健在的作家，能有100万字站得住的作品，也就算是天保佑了。……年轻人出文集，鼓励是第一位的，收进较弱的作品，说得过去。出中老年作家的文集，似乎应该严格些，有些作品可以存目，不必全收，而在精粹。不知以为然否？”（1998年6月21日），对他的意见，我自然表示尊重，合同很快便签了，比我想象的还要顺利。

一切都按合同进行中，次年7月9日，不知何故，李先生忽然改变了主意，来信表示希望增加一卷，扩大到四卷：“友人的关心，我也是很感谢的，总是一番盛情好意。为此，我想了一个两全的方案，原合同的三卷，增加一卷，为四卷，也符合你后来信中所说，不知尊意如何？”从信中意思看，可能是某个朋友建议他出四卷。不久，在7月21日的来信中，李先生又对文集的选文提出了新的建议：“四卷的安排，我初步想，不以原来的集子，而是以编年的方式。除去长篇小说，只选中短篇小说三卷，若每卷以25万字计，选75万字，若30万字计，则选90万，这就听由你的安排了。另一卷为随笔、散文，也是编年体，这样，可以看出一个人的创作脉络，不知先生看法如何？”

显然，他的编选方式与内容与我原先的设想并不一致，也不太符合我对市场的定位，我自然委婉表示了自己的意见。从市场和读者考虑，我希望尽量收录他的代表作，同时收入获得茅盾文学奖的长篇小说《冬天里的春天》收进集中，这样作为文集才更有分量，也更容易受到读者的欢迎。为此，我们之间多次书信交流。对我的意见，李先生并未直接反对，表示出文集是大事，也不用急，容他再考虑一下。不知何故，李先生很久没有回复，拖了很久，最终放弃了出文集的想法。李先生为什么最终放弃出版文集，我不便问，我猜最主要的原因也许觉得出版社的意图与他的想法并不完全一致，形同鸡肋，也许他另有自己的难言之隐。前后两年时间，联系了很多次，文集流产了，我多少有些失望。作为一个年轻编辑，能出版一个获得茅盾文学奖的著名作家文集，在我还是十分乐意的，但李先生选择放弃，我也只能尊重他的决定。这是我与李国文先生一次未遂的合作。也许当年少不更事，未能很好地处理作家、编辑和出版社三者之间的关系，未能换位思考，导致了这样的结果，多年后想起来，仍引以为憾，深感对不起李先生。

文集虽未出来却并未影响我们之间的关系，李先生并未因为文集合作未成而不悦，此后我们反而频繁地交往起来，相与甚欢，渐渐成了忘年交。之后，李先生从未提及当年文集未能出版的事，好像这件事从来没有发生过一样。这是李先生为人仁厚的地方，从中也可看出他的胸襟与人格。

那时电话尚未普及，编辑与作家之间的交流以书信为主。那段时间我刚刚经历了1998年最后一次福利分房，以我当时的资历和条件，完全可以分到一套主城区新房，却因种种原因只分到紫金山下一套二手房，与主城区隔着一个广阔的玄武湖，当时算是偏远的城郊。那年儿子刚上小学，本来朋友帮忙在主城区介绍了一家名校，考虑到新居离学校路途遥远，没有人帮忙，自己上班接送也很不方便，只好忍痛割爱。每每想起，心里多少有些耿耿。有一次在给李先生的信中不经意地吐槽，发了几句牢骚，不久便接到李先生的来信，他在信中宽慰我："从来信得知，为孩子、搬家事忙，这都是人生必修之课程，一旦你到了我这已经下课的年纪，想忙也无从可忙了。"接到李先生的信，我既惭愧又欣慰，心里忽然轻松了许多。事情已经过去很多年了，李先生的安慰我一直铭记在心，温暖至今。

与李先生相识几年后，我担任副总编辑，负责社里的选题组织与策划，因为组稿的缘故，与李先生的交往也渐渐多了起来。后来我策划的"茅盾文学奖获奖者小说丛书""茅盾文学奖获奖者散文丛书"，都得到了李先生的大力支持，分别收入了李先生的中短篇小说集《桐花季节》和散文集《历史的真相》，这两套书都产生了较大反响，也取得了不俗的经济效益。

李先生成了我的重要作者，每次开口组稿，他都慨然允诺，从不提条件，我们之间的合作十分顺利，也十分愉快。每到北京出差，只要时间允许，我都尽可能到李先生家登门拜访。李先生住在西城区西便门外大街西里单位分配的老小区的一栋居民楼，房子年代有些久，室内陈设简单，也并不十分宽敞，简朴中散发出一股浓浓的书香。李先生身材魁梧，一脸慈祥，既豁达，又善解人意，令人如沐春风。虽然隔着30年的岁月的鸿沟，但丝毫没有妨碍我与李先生的交往，在李先生面前，我也没有什么顾忌，无论说什么，他都不以为忤。在他面前，我完全没有在其他老作家面前的矜持与拘谨。有次，我当面郑重地请他写一部自传，我想以他的经历、地位，写一部自传肯定很有价值和影响，但李先生非常客气而委婉地谢绝了。他没有说出具体的原因，只是说他不想写。我想，他不想写一定有他不写的理由，我只能表示尊重。也许对他来说，他的作品就是他最好的自传。

考虑到李先生年事已高，自己也杂事缠身，工作之外，平时并不敢过多地打扰他，每逢传统节假日，比如中秋、春节，我都礼节性地给他打电话问候一下。隔着遥远的距离，都能听到他声如洪钟的特别的笑声，开朗，达观，令人快慰。

李先生晚年喜读历史，写下了一系列非虚构历史文化类散文，影响广远，读者无数。有次上门拜访时，他特地送我一本厚厚的《天下文人》，并在扉页上十分客气地写下“修荣先生指正”，虽是客气，却也反映了老派文人的谦谦君子之风。

90 高龄时，李先生依然思维敏捷，笔耕不辍，经常在报刊上发表历史文化类散文随笔，熔历史、文学、思想于一炉，并形成了自己的独特风格。我表示希望从这类文章中选编一本有代表性的散文随笔，他欣然同意，把权力完全下放给我，由我自己选编，这便是后来的《血性的失落》，精装，雅致，读者和市场都反应良好，李先生对此十分快慰。没想到，这本书竟成了我与李先生的最后一次合作。

前几年，李先生仍然笔耕不辍，不时有些短文见诸报刊。鉴于《血性的失落》的成功，我曾当面表示希望把他在报刊上零星发表尚未出版的一些散文随笔搜集起来，出一本真正的新作。他欣然答应，表示新写的文章还不多，等凑够一本就交我出版，我一直期待着这本真正的新作，然而这一愿望终未能如愿。

2023 年春节，我按惯例往李先生住宅打电话，想给他拜个年，问候一下。以往电话一响，很快便能听到李先生响亮的嗓音，但这次，一连响了七八次，甚至十次以上，也无人接听。隔一段时间，又陆续打了几次，依然无人接听。这是以往从未有过的现象。家中无人，我以为他也许到外地休假，或到子女家去了。隔一段时间，又陆续往李先生家中打了几次电话，依然无人接听，我隐隐有些不安，于是便托北京的朋友打听。不久，传来一个不幸的消息，李先生已于2022年11月24日因病逝世，享年93岁。想到李先生家无人接听的电话，想到李先生乐观、爽朗、洪亮的嗓音，不由一声叹息。唯一令人欣慰的是，书比人长寿。

作者系江苏凤凰文艺出版社原总编辑

带我“低头便见水中天”的作家

袁　楠

引子：

那天，同事发来格非老师暌违四年的全新长篇《登春台》的宣传文案。

众人熙熙，如登春台。于万千命运中，我们推开自己的门。

故事聚焦20世纪80年代至今四十余年漫长时间里，沈辛夷、陈克明、窦宝庆、周振遐分别从江南笤溪村、北京小羊坊村、甘肃云峰镇、天津城来到北京春台路67号。他们四人的命运流转在这里轮番上演又彼此交叠。他们从无序偶然中走来，在时间的湍流中前行。他们的故事是无数微弱振动中的一角，故事渐渐拼凑成全貌，带我们离开地面，回望时代。仿佛有什么隐含逻辑，将世间万物联系在一起，那里，日日万事丛生，其实本无一事。

我，一枚格非作品《雪隐鹭鸶：〈金瓶梅〉的声色与虚无》《望春风》《登春台》的责编，仿佛等了很久这部新长篇，仿佛一直在等它。

这样的等待，或许起源于格非写作《登春台》时，说他将写出也许是生命中最重要作品的那天，起源于那些跟随他索解探幽《金瓶梅》的神妙日子，起源于读到《望春风》结尾欲泪还休的那一刻。

也许，还源自很久以前，捧着刚刚做出来的雷蒙德·卡佛《大教堂》去清华找格非老师讨教的那年。说起来有趣，很多曾热心为译林社外国文学作品撰写评论的作家学者，后来都成为我们重要的原创力量。

时间的风霜中，哪怕十年二十年，有些人并没有什么改变，譬如格非。沉思略显严肃的神情，斑白的两鬓，深蓝色毛衣，硕大的黑色双肩包，从最初见到他起，就这么刻写在了十余年的记忆里。

刻在记忆中的还有关于名作的讲论。作为著名文学教授和外国文学资深读者，格非老师有相当大的阅读量，他对作家作品的剖析鞭辟入里且颇为独特。对译林社多年来出版的卡尔维诺、奥兹、巴恩斯、卡佛等作家的作品，他多有精彩点评；在译林社所出版他的学术讲稿《文明的边界》中，他选择了麦尔维尔、穆齐尔和志贺直哉三位作家来讨论，他们都是现代隐士或离群索居者，都将自然与现代文明的冲突作为自己作品最重要的主题，都试图重构现代性的时空关系。在格非的“剥洋葱”下，我们更为深入地理解到《没有个性的人》《白鲸》，其实，也是在更加切近地理解到格非本人。他遴选的作家站在“最后之人”的基点上，回望整个文明进程，这何尝不是他本人向着未来的一种眺望呢？

更多记忆片段，当然是关于我责编的格非作品。做《雪隐鹭鸶》，跟作者讨论书里涉及的诸多历史地理细节，饶有兴味、妙不可言；请“最美的书”设计大师朱赢椿做白底凹凸封面，腰封是玫红线描图，铺陈旖旎与荒凉。接着做《望春风》，格非老师说写作这本书的念头源于他一次陪母亲返乡，在熟悉又不再熟悉的荒地上百感交集地坐了两个多小时。这是站在时间高岗上对历史的文学回应，跌宕起伏的个人命运、家庭和村庄的遭际变化迸发出充沛的力量，让编辑在看校样的过程中不时感喟嗟叹；谈到封面时，格非老师说，书里有 20 多个人物，会不会需要热闹些？最后请陆智昌先生设计的《望春风》封面，却全然是个简约的存在。作家和我在七八个方案里选择了同一个。带灰度的蓝绿底色，大片写意涂抹的鹅黄嫩绿，宛若春风吹拂；更重要的是，简洁空灵的排布指示着小说家的态度：置身时间长河，无奈却憧憬，虚无而希望。腰封上有一朵云状的白色，过了一天，格非老师说，他的朋友们觉得设计很好看，那条白色显得独特。出版数月后再看，凸显出纸张细密纹理的白色区域留下了诸多想象空间，丰腴或瘦瘠一分，似都有损这一空间的恰到好处。对他作品装帧格调的认定，似乎就是从那时打底的。在《登春台》，题材转向了都市日常经验，继续对人的群像进行广泛精微的考察，关注并探求现代文明带来的挑战、现代人的情感归宿与命运走向，我们讨论人物情节、讨论逻辑结构、讨论整体设计，也讨论怎样让它走到读者心里。

从《雪隐鹭鸶》《望春风》到《登春台》，很容易让人联想到格非的博士论文，其主题是废名的《桥》《水》《树》和《梦》。百转千回的乡愁，对文明的忧思与寄望，平静之下隐秘的不安稳与悲剧感，古典传承和现代性奇妙融合，出离个体经验的哲思性写作，在格非其人其文，都是一脉相承的吧。

说《登春台》是一部集大成之作并不为过，它充分呈现出一位一流智识的作家演绎世界和表达思想的方式，仿佛浓缩了他几十年来凝视和解剖现代文明的观念史。一方面在人物与情节上高度凝练而有思辨性、象征性，另一方面，密匝细腻的工笔描绘依然丰满可感，活色生香的生活经验，对量子物理、物联网的孜孜探求，都仿佛在字里行间有所映照，令我感到格外亲切。非常重要的是其中的主人公周振遐，正是通过他，格非深切追问生命的意义难题。

有天我忍不住问："为什么觉得周振遐的想法和美学，有一点您的影子呢？""哈哈哈，你这么说，我很高兴。"他说。

其实我想说，远不止"一点"。事实上，《登春台》里周振遐对世界与人整体性的看法，他喜欢的古书，他住所的雅致陈设和养育的"粉色达芬奇""夏奈尔"等品种繁复的欧月，让我在令人极度舒适的文字里游弋时，眼前经常浮现出跟另一位年轻的责编小伙伴管小榕一起去宜兴，喝了很多杯单丛的某个安静的下午。

那天真是偷得半日闲。有点水汽氤氲的江南，四周几乎寂然无声。我们坐在长长的桌边，小口啜饮清香乃至有些凛冽的单丛，手握发烫的杯子，聆听世间凉热；格非老师坐在对面娓娓道来，讲他和母亲，他和学生，听我们絮叨琐事，沉静而富有智慧。有很多次这样的闲谈，刻写在了记忆深处。他总是那么善解人意，对普遍人性与生活境遇的阐发很具启示意义，无论是讲述人的性格导致的命运，还是闲聊原生家庭的种种投射；无论是说起他们一家子喜爱的古典音乐和咖啡，还是开解寻常生活里令人烦扰的命题，对面的我——或许年轻的小伙伴也一样，即便不是醍醐灌顶，也时常被拨开迷雾，"手把青秧插满田，低头便见水中天”。惊讶于一位当年的先锋写作旗手，兼具学者作家双重身份的知识分子，在洞察浮生烟火时那份体谅与豁达。他是出世的，也是入世的。

从宜兴那个下午起，我就一直喝着单丛，芝兰香、蜜兰香、鸭屎香，它的香气有点峻峭，有人会觉得不够温厚，于我，却蕴藏了一个饱满如许、回甘悠长的下午。

时常庆幸相遇这么好的作家，不用回避、烧脑，尽可以坦诚、默契。关于编辑和作者，我曾在一篇文章中提到：“在与作者打交道的过程中，收获的不仅仅是知识和工作成效，因为密切沟通和情感共鸣，编辑以遇到这样的作者而深深欣慰并引以为职业中至高的乐趣。”

是吧。暮冬时节，格非老师参加译林出版社品牌盛典活动，言及他和出版社的故事，以及新作《登春台》，说到他写作过程中会有纠结和犹豫，然而他有信念要写下去，因为他知道“世界上至少有两位他的责任编辑（小伙伴和我）在等待他，对他报以全然的信任。”

当时坐在台下，倏然感觉到职业和稿子闪闪发光，格非、白鲸、赵伯渝、周振遐，我和我们编辑，都旋转着进入了高能的小宇宙。

这时一个微带南方口音的沉厚中音在说：

“我们都是宇宙中一颗渺小的粒子，一刻不停地，微弱振动。”

说他天赋异禀也好，说他具有最独特的文学性也好，格非老师自言他“没有寻找价值，只是希望描述。因为每一代人都有存在的理由”。寻找价值、指点价值并非必需。对更为深邃的时空的理解伴随着做书的历程，对人性和审美更多的体悟，则来自书与人。

“人的一生，很像是可以醒在不同时空中的梦的万花筒。”谢谢格非老师的“描述”。

作者系江苏凤凰出版传媒股份有限公司副总经理

作者要逼，但不能逼疯

——我的一次约稿经历

张冬妮

2021年初，江苏凤凰电子音像出版社组织融合出版项目论证会。我所在的音像拓展部，与大家常规印象中的编辑部门有些不同，部门有专业演播级摄影棚、录音棚，团队成员都是音视频技术编辑。基于调研信息和部门特点，我们提出“著作权知识课”视频课程的策划方案，希望结合新版《中华人民共和国著作权法》，深入浅出地阐释著作权内容。

知识服务类产品直面用户，需要精准对接用户，提升用户体验感和获得感，因此对主讲人的要求极高。我们理想中的主讲人，除了要精通著作权知识、有相关从业经历外，还需要知识传播力和镜头表现力，特别是对普及著作权知识具有高度热情。凤凰传媒总编辑徐海曾担任江苏省新闻出版局版权处处长和江苏人民出版社社长，在著作权方面具有丰富的理论知识和实践经验，完美贴合了我们对主讲人画像的所有要求。

3月底，分管领导王熙俊带我到徐总办公室汇报想法，希望有幸邀请他作为“著作权知识课”的主讲人。徐总了解我们的来意后频频点头，他从南京大学法学系毕业后在江苏省新闻出版局工作，任版权处处长多年，在担任凤凰传媒总编辑前又在江苏人民出版社任社长近十年，他深知保护著作权的重要性和普及著作权知识的意义。徐总当即表示愿意支持我们的工作，并提出了自己对“著作权知识课”的理解，同时希望我们通过项目，强化知识服务类产品的策划、执行与运营。当天稍晚，徐总就发来了拟定的课程目录。

成功“捕获”作者之后，我们立刻对现有的一些现象级视频课进行了分析研讨，结合徐总对课程内容规划的建议，选取了适合《著作权知识课》的场景和视频样片作为参考，与徐总沟通摄制形式。5月底的一天，徐总来电问：“我近期去期刊协会举办的培训班做著作权知识讲座，不知摄制后是否可以直接采用？”视频课程对摄制场景、内容呈现等方面的要求很高，上百人的培训现场有太多不确定因素，现场摄制肯定达不到出版级标准。我委婉表达意见的同时，提出想带编辑胡顺吉去现场听课，一方面有助于我们提前了解著作权知识，另一方面可以先熟悉徐总的讲课风格。听课回程的路上，我借机就场地布景、画面取像、每课时长等细节与徐总进行沟通，徐总认为站姿讲课较为自然。随后，我通知摄制团队根据课程要求对首次拍摄场景进行了布置。

6 月 28 日，终于约好徐总到摄影棚进行首次拍摄。经常在大场合做讲座的徐总，见到四处开启的演播平板灯和近在眼前的双机位摄像镜头，开场也略微有些局促，但只稍作适应就恢复如常。虽然没有纸质讲稿，没用提词器，但徐总展现了非常好的镜头对话感，像平常讲座一样侃侃而谈。

本来，我们对首次拍摄的预期是让徐总熟悉场景，通过直观的拍摄体验，真正启动项目，没想到他看了这次试拍的成片，反而打了退堂鼓。徐总给出的原因是：视频课程要经得起句句推敲，他必须严格把讲解内容先写成完整的脚本，而他的业余时间已安排了其他写作、审稿等任务，“实在吃力”。

在徐总感到为难的情况下我不好意思再“逼迫”太紧，担心把作者“吓跑”。只是说等他有时间时再创作脚本。我非常喜欢《编辑力》这本书，书中说编辑必须是从无到有的策划者、催化剂，要全面动用嘴巴、手脚、头脑来提高执行力。2021 年下半年起，每次在办公楼或食堂遇见徐总，我除了问候，也会稍微提一下“著作权知识课”相关的话题，这样不刻意催问的方式，不会给作者造成压力，是不可或缺的“催稿手段”。2022 年初，徐总对我说：“我是你的作者，我太忙了，你要催着我，有要求可以直接跟我提。”随后，我开始大胆紧盯进度，心想

2022年内一定要完成项目。

2022年1月、2月，我都顺利约到徐总见面沟通，请他着手准备“著作权知识课”的文字脚本。眼看着又到了3月初，心里略略着急的时候，终于3月7日有了一次拍摄的机会。虽然还是现场讲座，但我们准备了双机位到场拍摄并且做了后期的剪辑效果，收录了坐姿拍摄的画面效果供徐总参考选择。

这次拍摄后不久，徐总分享了几个他欣赏的视频形式，细化讨论了“人的角度、背景板的高度、板与人的距离”。很快收到了第一讲的文字脚本，读起来朗朗上口，通俗易懂，行文之间带有徐总性格中热情幽默的影子。3月17日，脚本定稿，终于迎来了第一次正式拍摄。“4·26”世界知识产权日，在徐总的提议下，第一讲样片上线预热宣发，收获了许多肯定与好评，给予了徐总和我们项目组很大的动力和信心。

3月的这次拍摄后，徐总跟我说他业余时间集中精力在完善《出版的正反面》书稿，让我5月之后再来与他联系。五一节刚过，我就开始了追稿工作，除了时常在朋友圈点赞刷存在感，隔十来天我就给他发微信关心进度，催问脚本。徐总虽然忙得没空写脚本，偶尔不回微信，但是从没有明确表达过拒绝项目，所以我就放心地“穷追不舍”。

在 12 月项目结束的时候，徐总发朋友圈感慨：“我是被责任编辑张冬妮逼疯了才完成的，去年夏天讲完第一讲就想放弃，一次次被逼……”现在回头看，我确实有“步步紧逼”的嫌疑。有时正常催促，有时着急装可怜，其间选题入选“江苏省主题出版重点出版物”，立刻被我用作催促的筹码，哪怕能够约 10 分钟的空档，也想着要去沟通脚本，十八般武艺，皆为催稿。身为资深出版人的徐总深知“稿件都是责任编辑逼出来的”，从没有过半点不愉快，反而给予了我更好的配合和反馈。从 8 月份开始，项目的进度在徐海总的挑灯“奋笔疾书”支持下，超出预期地顺利推进。

基本收到稿件的时间都是半夜 12 点左右，有时夜里的稿子我还没回复，一大早已经看到了修订版。脚本编创和审校沟通同步推进，拍摄也是紧锣密鼓。为了赶进度，徐总经常是中午匆匆赶来，饿着肚子直接拍摄，拍完吃碗面条又匆匆赶回办公室继续下午的工作。不知不觉地从夏天一直拍到了冬天。虽然主讲人的服装一直是白衬衫配条纹西装，但其实因为摄影时收音限制，空调不能运行，主讲人只能在夏天忍耐炎热，在冬天感受寒冷。

2022 年 12 月 7 日，完成最后一讲拍摄，大家都非常兴奋。但我们深知，主讲人已经付出了巨大的心血，后续的工作更需要我们一鼓作气。编辑胡顺吉与后期团队密切沟通配合，用一个月时间完成了共 20 讲视频的包装剪辑，并及时送二审、三审。大年二十八，我把三审后的全部课程视频拷贝到U盘，交到了还在加班赶录拜年视频的徐总手中。春节后，遇到徐总的催促话题变成了“视频有需要调整的吗”。有一次恰好在车库，我匆忙追过去，徐总还特意从钱包里拿出U盘，表示随身携带，有空随时会审看，让我安心稍等数日。

视频课程与图书出版有相似之处，但环节更长。在作者完成文字脚本后，还需要进一步依赖作者的镜头表现力，也需要编辑和制作团队用技术和画面去包装丰富课程内容。作为一名有幸参与项目全程的责任编辑，我学到的远不止著作权知识。不同的项目，编辑的工作内容都各有样貌，也都可以吸取到不同的养分。回望每一次沟通，徐总对内容创作的热情、对知识服务新业态的探索、对市场渠道的敏锐观察，以及对我们工作的支持都深深感染着项目组的每个人。

2023年的“4·26”世界知识产权日前夕，课程内容已做好充分的准备，江苏省版权处陈晔处长看后表示：非常务实和通俗，还特别有趣，是普及著作权知识的一个好帮手。在社领导的牵头下，音像数媒成立了营销小组，正与新媒体渠道、版权相关机构接洽宣传推广，迎接最终的市场考验。

作者系江苏凤凰电子音像出版社编辑

大江深处月明时

林　彬

2024年6月中旬接到徐海总的邀约，让我说说自己的编辑故事。写些什么呢？有些故事已经写过，想了想，脑子里跳出来的是一个诗句“大江深处月明时”，我想就说说我和葛兆光先生、南帆先生以及《八闽文库》的故事吧。

1987年，我突然对禅宗感兴趣，是因为读了葛兆光先生的《禅宗与中国文化》。我对其中禅宗对中国士大夫精神塑造的影响，对“清净本心才是永恒的真正的”，对“清泉环阶，白云满石”适意自然的生活状态，对“满船空载月明归”的清远意境等，留下了深刻的印象。于是，我给当时还在扬州师范学院的葛先生写了信，谈了感想，并表达了希望得到他支持的愿望，那时我是福建人民出版社的一名编辑。1988年的春节，我回父母家过年去了，姗姗归迟，才收到葛先生的信，说春节可以到金汤巷面谈，而我竟已错过了面见葛先生的时间。

2014年6月，启动《八闽文库》出版工程的调研报告提交，在福建省委宣传部的指导下，《八闽文库》方案进一步完善。

葛兆光先生祖籍福州，他曾写过《福州黄巷葛家》，梳理了家族脉络，“从此，福州黄巷葛家的历史，就开始和我的人生交集，我也从此一点一点地融入了这个黄巷葛家大院的烟尘往事之中”。葛先生是当今少有的贯通文史哲的大家，他的《中国思想史》对中国思想史的重新认识和定位，他的“从周边看中国”发掘整理重建了有关“中国”的历史论述，他的全球史的视野，他下了功夫做的《唐诗选注》，他国务院古籍整理出版规划小组成员的身份等，都使他的担纲将惠泽《八闽文库》编纂出版工作。南帆先生是著名学者、散文家，福建社会科学院院长，他对近代史上福建著名人物、事件有着深入的研究，进行了有血有肉有筋骨有细节肌理的文学表现，获得鲁迅文学奖散文奖和理论批评奖。葛兆光先生和南帆先生担当编纂委员会主任，可谓是相映成辉。

2015 年 6 月 27 日、28 日、29 日，我接连写了三封信给在巴黎访问的葛先生，汇报了福建省有史以来最大规模的文献整理工程《八闽文库》的整体框架和 1650 册初步选目，商请他担任编纂委员会主任。葛先生回信先表示谦让，后来在我的恳请下表示接受，并表示欢迎我在他 8 月初回上海时来上海与他见面。

在邮件中，葛先生对《八闽文库》提出了选择文献要准确，总体坚持闽人著述的选目标准（但专门涉及福建郡邑之书，无论作者是否闽人，都应当收入），要有好的体例设计，“文献集成”出版时每种应有提要，多推出明清闽人有关四裔海外知识的文献，要坚持质量第一，有严格与专业的审查等要求。我也将《八闽文库》“文献集成”“要籍选刊”“专题汇编”三个部分的选目调整，对“文献集成”注重珍善版本、孤罕文献，编辑时访书目验，做了辨作者、考籍贯、择版本、订错乱、补残缺、撰提要等方面工作，以及顾青先生在全国地域文献整理会上，评点《八闽文库》整体方案做得好，突破了传统文献，真正的亮点是第三部分“专题汇编”等做了汇报。在交往中，葛先生在学术观念和学术视野拓展上，对我和《八闽文库》的影响是显见的。

2019 年 3 月 12 日，《八闽文库》全媒体出版工程启动仪式在福州市举行。葛兆光先生在接受采访时谈到，整理乡邦典籍文献是一种保留历史记忆的重要工作，其意义主要在于可以给后人留下准确的、完整的、优质的、能够激起乡邦认同的文化载体。在他看来，《八闽文库》整理的不仅仅是一堆地方文献典籍，它所承载的其实是历史记忆，而这种记忆，并非指引着过去，实际上正指引着未来。出版《八闽文库》，将福建放在更大的地域范围、更大的文明区域内去研究，把福建跟整个中国甚至东亚包括东南亚、海外地区联系起来，挖掘分析其地域个性及其与大区域的共性，研究其成因及演变，将成为使《八闽文库》拥有更高学术价值的一个突破口。

2019 年 8 月 2 日，由葛兆光先生和南帆先生共同署名的《〈八闽文库〉总序》写好了，我欣喜地在第一时间阅读。《总序》把福建放在世界的格局里，言简意赅地勾勒出唐以来福建文化史、思想史、宗教史、海外交流史、书籍史的轮廓，对福建后来居上的地位、特征和脉络进行了精到的阐述。“恰恰因为是后来居上的文化区域，所以福建积累的传统包袱不重，常常会出现一些越出常轨的新思想、新精神和新知识。这使得不少代表着新思想、新精神和新知识的人物与文献，往往先诞生在福建。”

2020 年 12 月 2 日，《八闽文库》第一辑《福建文献集成》初编 200 册首发式在福州举行，引起了较大反响。《光明日报》用两个整版对《八闽文库》进行深度报道和理论评述，这在地方文献整理出版还是第一次。葛兆光先生在谈到第一辑中呈现出的福建文化特征时，用了包容、创新、开放和传统来归纳。一般来说，传统与创新、开放是矛盾的，但它们正好恰切地构成了福建文化的丰富性和复杂性。

从2014年提交启动《八闽文库》出版工程调研报告开始，到2020年12月文献集成初编出版、2022年12月最大专题汇编《福建民间契约文书》出版，国际学术研讨会的召开，获得学界广泛认可，《八闽文库》纸书三大板块初具规模以及新技术支撑的数字产品开发，至今十年了，这期间经历了很多，不懈坚守、始终相信做对的事是支撑我们走下去的动力。在这过程中，感谢推动、帮助这一重大出版工程的领导、学者、出版同仁，感谢葛兆光先生、南帆先生对《八闽文库》出版工程不离不弃的支持。

葛先生和南先生身上有不少相似之处，他们都有知青的经历，都是刚恢复高考后1977、1978级大学生而后读研，成名都较早，都爱下围棋、打乒乓球，特别重要的一点是，他们身上都有君子风度。君子在我眼中是如玉般内心干净、通透、温润的人。我记得很多年前，在一次席间，南帆先生、诗人舒婷、小说家毕飞宇等在座，毕飞宇说我看到南帆就想到"干净"两个字。确实葛先生、南先生都是洁身自好的学者，他们对世界对历史对现实有着通透的认识，内心深处又是温润的。2020年11月30日，我陪同葛先生在福州烟台山行走，因为仓山区是他母亲念想的地方。我们一路参观了闽海关税务司官邸、法国领事馆旧址、法国剧作家诗人保尔·克洛岱尔故居、石厝教堂、美国领事馆旧址，最后到福建师范大学老校区——原华南女子大学的红砖楼前和南帆先生会合。时近黄昏，葛先生身穿蓝色夹克衫，背着双肩包，脚着轻便旅行鞋，十分休闲的样子。南帆先生身穿黑色皮夹克，略显庄重。他们在爬满地锦的门廊前拍了合影，那种淡定从容的表情，正是君子好看的模样。华灯初上，飞檐翘角影影绰绰地宕入暮色中。站在楼台，仿佛能看到百年前身穿蓝衣黑裙的女学生手持鲜花穿过白色拱形门饰的情景，葛先生、南先生在灯影中说着老楼的历史闲话。第二天，我们去黄檗山万福寺。修葺一新印尼菠萝格风格的黄檗寺高大堂皇，却少了些原来的味道。在黄檗寺前我们偶遇捐助巨资重修黄檗寺的曹德旺先生，当他们一行从两位先生身旁走过，两位先生淡然地轻声谈笑。走出黄檗寺时，崇希法师赠送了《以心传心——黄檗禅学论》，葛先生回赠了《增订本中国禅思想史》。葛先生、南先生之间的交往就是君子之交，他们在一起交谈涉及广、随性，葛先生赠送给南先生《余音》，南先生赠送给葛先生《村庄笔记》，正如庄子所说“君子淡以亲”。

葛先生和南先生在《八闽文库》启动之前大约有十多年没有见面了，因为《八闽文库》多了交谊。除了君子风度，我想说的是他们都有一个有趣的灵魂。在黄檗寺，葛先生对老石墙边一对不起眼、造型有趣、双脚下蹲、双手上举的人像木雕感兴趣，还拍了照片。在 2021 年 1 月 1 日，我给葛先生祝贺新年并简要汇报进展时，葛先生发来一张贺卡，贺卡用的就是他在黄檗寺拍的一对人像木雕照片，并用红字写“旧的一年，翻过！新的一年，扛住！——戴燕、葛兆光敬贺新年”。此后，每一年都能收到戴燕女士、葛兆光先生署名的自制贺卡，葛先生手绘的有场景的生肖图和文字、贺语、名章，构成了有意趣、个性的贺年卡。2023 年 1 月 1 日，我收到葛先生发来的贺年卡，上面有手绘兔儿爷敲锣、虎王背手而立画面，下面有手写的一段文字，文末写道“卯寅交替，切莫如《石头记》所云之‘虎兔相逢’也，至盼至盼，急急如律令”，多么有趣的灵魂，充满了悲悯情怀。南帆先生签名赠送的《村庄笔记》是我喜爱的文集，它敏锐地捕捉到在现代化冲击下乡村的嬗变，“乡村从未像现在这么惶惑，也从未像现在这么需要重新集结”。在南先生对历史和现实的细微体察和智性思考中，我间或看到他的幽默，“历史肯定发生了某种奇特的化学裂变，现在由一大堆闻所未闻的名词当道，例如网络、生物基因、航天飞机或者动漫游戏，大地和泥土成了这些新玩意儿带不走的废旧辎重。据说现在设计世界的精英连睡觉都打着领带，他们怎么也不可能看上小农经济培养出来的懒散、松弛、土气”，我会心地笑了，有趣的灵魂真是千姿百态。

在结束这篇文章时，我想说的是，与葛先生、南先生的交往有如“大江深处月明时”，静好，深美。

作者系海峡出版发行集团总经理

固执又重旧情的钟叔河先生

汪修荣

在出版圈子里，钟叔河先生可谓大名鼎鼎，20 世纪 80 年代以策划出版“走向世界丛书”蜚声出版界，显示了敢为人先的湖南人性格与胆识。钟先生不仅是著名的出版家，还是知名的学者和散文家。

20 世纪 80 年代中期，我在珞珈山读研时就久闻钟先生的大名，由于年龄与地域的关系，一直无缘相识。毕业后入职江苏文艺，从事出版工作，多年后，因出版的机缘，得以与钟先生相识。

我与钟先生相识多少有些偶然。十多年前，有一段时间，因单位封面设计的事，我与朱赢椿兄过从甚密，经常到访南京师范大学随园的书衣坊（现随园书坊），边谈封面，边喝茶聊天。那段时间是我与书衣坊合作的蜜月期。我与朱赢椿兄合作过很多书，其中最有代表性的两本，《不裁》和《蚁呓》，2007 年和 2008 年先后获得了“世界最美的书”的称号，那两年可谓赢椿兄的高光时刻。《蚁呓》是他与夫人合作的图文书，我担任的责编。

由于连续斩获“世界最美的书”大奖，赢椿兄一时声名鹊起，慕名来请求设计封面的作者越来越多，一时门庭若市。2007 年的一天，赢椿兄拿着一本打印的书稿说是钟叔河先生的，问我有没有兴趣。我久闻钟先生大名，也很仰慕，当看到书名《记得青山那一边》时，一下就被书名吸引住了，我表示了特别的兴趣。我说我来做。当时书稿尚未确定出版社，至于书稿缘何到了书衣坊，我并未打听，我猜多半是熟人或朋友介绍来做封面的。就这样，因为《记得青山那一边》这部书稿，我得以与钟先生相识，并开始了交往。

经赢椿兄介绍，我很快与钟先生取得了联系，并告诉他我对他的敬意和对书稿的兴趣，希望他能把书稿交由江苏文艺出版。那时我已经任副总编辑六七年时间，和许多名家合作过，为尊重起见，我表示将亲自担任这本书的责任编辑。鉴于江苏文艺的影响，钟先生很爽快地答应了。那时常规的联系方式都是电话。电话中，钟先生中气十足，声如洪钟，虽未谋面，湖南人的性格与豪爽便从电话那头传了过来，如见其人。这部散文集与钟先生以往那些说理论学的文章有着明显的不同，以记事怀人为主，情感真切，极有温度，从中可以看出钟先生人生和性格的另一面，这也正是我喜欢的风格。本来打算尽快推出，后来因其中有篇文章涉及“右派”问题，鉴于当时的出版语境，明显有些不合时宜。我提到了我的担忧，希望钟先生理解，并建议他对其中过于敏感的部分稍作删改。我想，钟先生作为一位出版家，并担任出版社领导多年，自然知道出版的边界。出乎我的意料，也许由于性格的缘故，也许由于年龄的关系，钟先生很干脆地拒绝了，而且态度坚决：要么按原样出，要么不出。我打出了许多悲情牌，最终也未能改变钟先生的主意。在这件事的坚守上，我再次领略了钟先生作为湖南人的性格和文人的执着。出于对钟先生的尊重，我只好无奈地放弃。至今想起，仍深以为憾。

第一次合作无果而终，我自然十分惋惜。此后很多年，我对此仍念念不忘，也时常想起《记得青山那一边》这个充满诗意的书名。此后，我一直希望能出版一本钟先生的书，多少弥补一下上次未合作成功的遗憾。第一次合作失败后，我也未敢太多打扰钟先生，其后的一些年，中间断续有些联系，多半是出于礼貌，但一直未能找到合适的选题。2003 年，我陆续策划了“大家散文文存”“百合文丛”等几套名家散文，在市场上取得了不俗的业绩，我也曾想将钟先生的散文列入其中，但最终又放弃了。在我看来，丛书固然有丛书的规模与气势，但丛书有时也会湮没作者的个性。我觉得钟先生作品的最好呈现方式是单独出版，这样才能彰显他的个性与风格。经过慎重思考，我打算单独为钟先生出一本真正意义上的散文，文章从他全部散文随笔中精选。为了做好这本书，我决定亲自选编。2017年，已经有了成熟方案后，我再次致电钟先生，把这个设想告诉了他。再次与钟先生合作时，距离上次那本合作未果的《记得青山那一年》已经过去了差不多十年之久，十年之后，我仍然想出他一本书，这一点多少出乎钟先生的意料，他被我的执着和诚意所打动，几经沟通，钟先生欣然答应了。

为了不辜负钟先生的信任，我几乎浏览了钟先生所有的散文随笔，并根据我对市场与读者的理解以及策划其他几套散文丛书的经验，从中精选了一部分有代表性的散文随笔作品，并把目录发给钟先生把关审定。钟先生在我拟定的目录上认真做了一些增删，最后才确定了正式篇目，从中可以看出钟先生对出书的严谨和负责态度。出于老派文人的严谨和习惯，凡是涉及书稿的内容，电话之外，钟先生还会给我写信，以文字的形式予以确认。新世纪以来，已经极少有作者给编辑用纸笔写信了，这也反映出钟先生老派文人的风格。信是写在一种16开的笔记本的纸上，并不是那种严格的信笺。圆珠笔，字迹工整，力透纸背。钟先生对这个选本极其慎重，他自己为此也专门拟了一个选目，有70余篇，并与我的选目做了对照，发现我选的文章中有50多篇与他的一致，为此他专门写了一封长信，并附了他的选目，表示“英雄所见略同”，对我的选目基本表示认可。这封信后来被收入了 2020 年出版的《钟叔河先生书信初集》中，成为我们合作的见证。

为这本书，我们电话、书信反复沟通了多次，选文目录才最后确定了下来。后来为书名的事，我们之间产生了一些分歧。作为一个老派文人，钟先生为自己的书取了个很传统老派的书名《念楼集》，这显然不符合我的出版意图，我希望钟先生这本散文随笔能更多地走向市场，走向年轻读者，为更多的读者阅读欣赏，而不是以一副严肃古板的面孔拒人于千里之外，我把我的设想和对市场的理解坦诚地告诉了钟先生，希望得到他的理解与支持。几经沟通，最终钟先生很宽厚地做出了让步，保留了念楼二字，采用了一个折中的书名《念楼随笔》。这是一本精装的散文集，基本囊括了钟先生文学味较浓的代表性散文随笔，包括曾经收入《记得青山那一边》中的大部分文章，多少也算弥补了多年前未合作成功的缺憾。这本书出版后，市场和读者反响良好，上了一些好书榜，钟先生也很满意，总算没有辜负钟先生的一番美意，也为读者提供了一个优质的选本。2019 年，《念楼随笔》荣获浙江报业集团举办的第七届“春风悦读”年度致敬图书奖。由于钟先生年事已高不宜远行，我代表出版社到杭州与会，并代为领奖，事后把获奖证书寄给了他，钟先生十分高兴，算是为这次合作画上了一个圆满的句号。

同年秋，为著名导演张纪中先生的新书《人在江湖》宣传的事，我代表江苏文艺专程去长沙和张纪中先生一起参加华为、掌阅等公司组织的宣传营销活动，其间专程去拜访了钟先生。得知这个消息，江苏卫视甚至为此专门派出了一个采访团队，那是我第一次见到钟先生。钟先生门楣上挂了很小的“念楼”二字，显得十分低调寻常。家中书架上摆满了琳琅满目的各种书籍，洋溢着浓浓的书香。钟先生虽然名满天下，却并没有多少架子，与大家合影聊天，接受采访、签名都十分热情随和，让人如沐春风。后来我才知道，念楼原来就是他所住的20楼，廿楼，按照湖南人的谐音就是念楼，一个朴素的书斋名，却又让人联想到读书念书之楼。对念楼一词，除了20楼，钟先生没有做过多的解释，我猜他潜意识里多少含着这一层意思吧，这大约也是他坚持用“念楼”的原因。

由于工作忙碌的缘故，其后几年，我们联系渐少。2023年10月，由于《念楼随笔》版权到期，单位小伙伴希望与钟先生续签合同，因为与钟先生不熟，请我给钟先生打电话。几年不见，钟先生已经92岁高龄，从电话中听起来，钟先生的声音已不像前几年那样声如洪钟，多少有些出乎我的意料。在我印象中，钟先生一直中气十足，钟先生解释说这两年身体出了一点状况，已大不如前，仍坚持读书，有时在床上工作。对于一个90多岁高龄的人来说，钟先生真正做到了活到老，学到老，工作到老，仅这一点就令人肃然起敬。问候之后，我顺便提到《念楼随笔》续签的事。钟老谦逊地说他真正意义上的散文并不多，有几家社近来纷纷向他约稿，有的已经签订了合同。本来《念楼随笔》到期后，他已不打算与江苏文艺续签，担心同类选本太多太滥，给读者和出版社带来不必要的负担。但如果我们希望续签，考虑到这个版本最初是与江苏文艺合作的，江苏文艺为此付出了很多劳动，他自然愿意续签，并对我们的诚意表示了诚恳的谢意。明明是钟先生支持出版社，钟先生却再三向出版社表示谢意，体现了钟先生老派文人的谦谦君子之风，也是他为人厚道的地方，每每想起不由肃然起敬。

作者系江苏凤凰文艺出版社原总编辑

优秀戏曲变成书

党　华

为年近九旬的剧作家李泓编辑《李泓剧作选》，将他一生的重要剧作认真研读、编校、出版。编辑的过程，也是编辑进入作者个人历史的过程。在这过程中，小编收获良多。

河南项城是个特殊的地方，人杰地灵，历史上曾经涌现出许多英雄豪杰，孕育出不少特殊的人物——百余年前的风云人物袁世凯，世称“袁项城”；民国四公子之一的张伯驹先生，是项城人的骄傲。本书作者——86 岁的剧作家李泓先生在我心目中，也是一个特殊的人物。在未见到他本尊之前，我在微信朋友圈看他晒自己动手蒸的馒头；看他和学生后辈旅游的美图，那些孙子孙女辈的学生簇拥着他；看他骑自行车几十公里去沈丘吃肉盒……这是一位多么热爱生活的老人家。见面之后，听他讲他写的戏巡演时从被拒绝到被追捧的那些趣事，一个通透洒脱的长者很具体地存在于小编眼前。

现在，通过这本书的合作，我想“年高德劭”“德高望重”“返璞归真”这些成语就是为李泓先生准备的。

戏曲是古老的艺术，也是在漫长的农耕文明中开出的花朵。一方水土养一方人，也养一方戏。李泓先生一生扎根家乡项城，为父老乡亲写戏，他编剧的《农家媳妇》《农家嫂子》《农家巧妮》三部大戏久演不衰，深得群众喜爱。这是老先生奉献给这个世界的无限深情，也是他对家乡深沉的爱。

在编辑过程中，我反复确认，这些剧本全都是在舞台上演出过的，且《农家媳妇》已累计演出2000余场，除了河南本埠，该戏曾在安徽、山东、河北、山西等地巡演，深得群众喜爱。在安徽演出时，当地的村支书说，你们这戏演一场，比我们开十次会都管用。家庭和谐、孝敬公婆、赡养父母等主题通过唱戏、看戏，潜移默化影响了观众的心理，成为助力社会主义新农村建设的精神食粮。

因为大部分戏都已演出多年，一直在打磨，其三观是经受得住群众检验的。小编的工作就是鸡蛋里面挑骨头，比如，《农家媳妇》中，中秋时节剧情里出现桃子，这个季节对吗？一般来说北方的桃子是夏季水果，在《农家嫂子》中，寿桃和甜柿同时出现，这时间合理吗？

经过沟通，李老师回复：关于桃子，有五月鲜、六月红、八月紫樱桃等。八月桃正赶中秋节卖，与秋柿子也可赶在一起。既然有依据，那就保留。

二审提出来：文中提到在作者创作生涯中具有阶段代表性的作品并没有入选，比如《一篮红薯干》《高路入云》，是否要收进来？

李老师回复：很可惜，当时因创作了以《高路入云》而即将遭遇厄运的时候，我父亲把它烧了。因为只有一份手写稿，烧了也就没了。这个回复背后丰富的信息量，就像书画作品的留白一样，虽空无一物，却写满了一个人的历史。

和作者全程沟通顺畅，经过编、审，成书去掉了小戏《彩礼风波》，这是涉及男女定亲彩礼和双方父母斗嘴的一个小戏。可以想象，在乡村的大舞台上，这种贴近生活、矛盾冲突非常好看的戏很受群众欢迎。不过在出版上，关于彩礼的价值取向问题，要谨慎表述。彩礼该不该要，要多少彩礼比较合适，不同地域的男女结亲，对彩礼认知差异太大，矛盾如何解决……我犯难了。本着少而精的原则，我们果断去掉了两个小戏。

在印前质检时，质检老师提出来几处方言用词不规范的问题。豫剧是面向河南话方言辐射区民众的艺术形式，方言土语的表现力更强，也常为唱词创作所采纳。戏曲表演是综合艺术，通过“演”和“唱”输出内容，而出版是平面艺术，用具体的文字来表现。这里就面临表演很容易被领会，白纸黑字落到纸上却要遵守语言规范的问题。我们的质检赵红宙老师是河南南阳人，根据经验和常识反复核查书中涉及的方言，晚上八点多还在请教同行关于项城的方言，比如“轱辘锅”，指的是过去河南乡间补锅的旧手艺。最后按照《现代汉语词典》第七版（以下简称现汉七）的词条，采用了“锢露”一词，词条释义为：用熔化的金属堵塞金属物品的漏洞。整个编校过程我们既保留了河南豫剧的语言地方特色，又保证语言符合出版规范。

在图书编辑过程中与作者沟通时，有三个点令我非常感动：

第一次，关于书里放不放照片的问题。小编的建议是不放，我以为图书还是要纯粹一些，因为一些照片对图书内容并无助益。李老师接纳了我的建议，他说：再好的食材，不合适也不能放。

第二次，我在审稿过程中看到文中提及，他的生日是农历六月初八，查了日历，公历是 7 月 13 日。我就想赶在这个时间把书做出来，但是，时间特别紧张，在各种流程没有实质性走到位，尤其该书的 CIP 没有批复之前，我心里是没底的，也不敢乱承诺。我就如实告诉他老人家，这个 CIP（书号相当于一本书的“准孕证”，CIP 相当于一本书的“准生证”）是国家新闻出版署统一管理的，我们只能按流程等待批复，万一不能赶出来，请他继续耐心等待。李老师回复我：道法自然。人有善念，天会感知。

你对我这老头儿的这点心意，老天会看见。

第三次，是万事俱备，临下印厂，我们原先定的布纹纸需要调货，在争分夺秒的情况下，我果断选择了同色的平替，跟李老师沟通，他说：只要你认为合适，我就放心了。

瞧，这是一位何等通情达理的老人家。这是真正的“中国好作者”。

戏剧是高度概括的艺术，对结构、语言有非常特殊的要求。李泓先生早年写小说、诗歌，喜爱古典诗词，后来写戏的时候，这些文学上的准备就发挥了作用。在《农家媳妇》一剧中，60多岁的项城老农民袁石磨有一段唱：

叹如今一身病越发烦恼，
想当年我也是好汉一条。
大炼钢铁三百棵树我一夜砍倒，
学大寨填坑造田我一干一个通宵。
几十年如一梦转眼过了，
老天爷报复我咋不依不饶！
……

寥寥六句，就把一个已经迈入老年的中原老农的内心和饱经沧桑的岁月风景给唱出来了，和着豫剧独有的配乐和唱腔，其旋律直钻观众心底，数十年平凡人生，白驹过隙，几句家乡戏入耳入心，感人肺腑，催人泪下。

还是在《农家媳妇》中，女一号周玉兰有一段唱：

嫂子你做事太过分，
怎能这样对双亲！
问世上谁人不是爹娘养？
没爹娘谁又能长成人？
乌鸦尚有反哺意，
羊羔跪乳报娘恩。
可是你，忘了骨肉忘了本，
竟逼着婆母祭宅神。
你对着天，对着地，
对着四邻众乡亲，
伦理纲常全不问，
你也该拍拍胸问一问良心！

可以想象，当舞台上这样的唱段慷慨激昂行云流水般响起，台下的观众有人流泪、有人欣慰，更多的观众热烈鼓掌表示认同。中华民族尊老爱幼的优良传统，就是这样通过舞台上的故事演绎，潜移默化地告诉观众，什么是我们应当坚持的，什么是我们要唾弃的。这不就是文明的薪火无声的传递吗?

李泓代表作——豫剧现代戏《农家媳妇》荣获河南省第一届县（区）级戏剧大赛金奖和河南省第三届“黄河杯”戏剧金奖、最佳叫座奖以及剧本、谱曲、舞美、伴奏、灯光、演员等共14项大奖，可谓实至名归。这样优秀的剧作的出版，也会给更多的戏曲爱好者、基层院团以及戏曲研究机构提供一个学习和摹唱的样本。在全面推进两个文明的建设中，它不仅是有益的，更是必要的。

但是，有人提出，戏曲是好的，但出版是否必要？能不能有读者？因为看戏的人与看书的人毕竟是两类人。我则认为，这是一部河南豫剧的剧本集，收入的是资深编剧李泓先生豫剧代表作《农家媳妇》《农家嫂子》《农家巧妮》三台大戏以及十余部豫剧小戏、话剧小品等剧本。这些剧本，全部为排演过的成熟剧本，其中有多个剧目荣获多种奖项。剧作家李泓自述，其创作一生不离农业、农民、农村，写老百姓喜闻乐见的戏，在演戏中传递健康的三观，优化观众的看戏体验与实际生活的关联，与中国传统戏曲最初的“高台教化”功能始终一致，而又始终站在观众之中，春风化雨，寓教于乐，深得群众喜爱。且剧本内容紧贴当下生活，语言充满机趣，除了作为演出底本，其文本的可读性亦可作为戏曲爱好者的文娱普及读物。李泓的豫剧现代戏在当代河南的戏曲演艺史留下了属于自己的芬芳一页。在建设社会主义新农村的大事业中，各地的戏剧院团、农家书屋、机关单位及中小学校都需要这样成熟的剧本。

现代戏作为一种文本价值高、创排成本低、群众易接受的艺术门类，是文化下行的产物，其创作者将戏曲的焦点对准普罗大众的当下生活，数十年来，现代戏取得了令人瞩目的成就。豫剧现代戏《朝阳沟》《倒霉大叔的婚事》《人欢马叫》等已经成为经典，屡屡被其他艺术门类转化、再创作，不拘一格的广泛传播，验证了其艺术上旺盛的生命力。李泓先生在这条路上的辛勤耕作着。这些剧本的出版，将为戏曲从业人员、爱好者和研究者提供一个抓手。

在该书付印前，我的同事积极联络馆配，令人欣喜的是，各地图书馆预先订购了1500册。也就是说，这本剧作集将如小编设想，成为各界人士了解戏、学习戏、评论戏、研究戏的一个实物资料。李老师不仅留下了优秀的剧作，还培养了优秀的继承人。中国戏曲百花齐放，剧本的出版锦上添花。

作者系河南文艺出版社编辑

与作者“不欢而散”

况正兵

编辑家们回忆往事，都爱提学识渊博与道德高尚的作者，礼尚往来的交往，如沐春风的交谈，是生命中美好的片段，是记忆中美丽的画卷，当然应该公之于众，树立典范。但这样的作者肯定不占多数。对多数编辑，尤其是对小社的编辑而言，日常所急，是如何对待那些水平有限但要求颇高的“普信”作者。对此，我愿贡献我的“智慧”。

1

我的编辑生涯中，与两个作者有过“不欢而散”的冲突。两次冲突都发生在我编辑生涯的早期，那时我还是助理编辑。

第一次冲突发生在2007年。当时社长交给我一沓旧稿，告诉我：这个书稿已经耽误了好几年，没人看，你来处理它，争取年底出书。我接过一看，是一部古籍整理的书稿，密密麻麻的竖排繁体小字，全是辑录的中医药理论文字。粗略一翻，许许多多的缺字黑块，似乎是完全没处理过的样子。

与作者的联系一开始就剑拔弩张。他是高校教授，见了此稿，很不高兴地说，这分明是未经修改的初稿。三年前他看的校样，不是这个样子；他费力修改过的地方，完全没体现到书稿上。特别是缺字的黑块，他明明已经一一写在校样上。

“你们工作怎么能这么干？”他质问道。

我灰溜溜地拿了书稿回来。到排版部去查询，电脑中只有这个版本。事隔数年，分管领导、编辑部主任、编辑、排版员……参与此书的人员都换了个遍。作者所说修改过的稿子是否返回，又给了谁，被问者均茫然。我自知理亏，想来想去，觉得最好的办法是一一核对原文，把缺字都补足，调整好之后出一份新校样再去找作者。好在每段文字都标明了出处，找到原文并不困难。于是我花了几个月时间，把所有的缺字都照着原文补好；有些缺字符并不是生僻字，很容易打出，不理解为何会是黑块。我又发现多处引文与核对的文献字句有出入，逐一核对，全部改正。我确实花了大力气，把校样寄回给作者时，得意扬扬，以为会收获一些表扬。

几天后，作者给我打电话，语气中并无表扬：“谁叫你乱改的？全都改错了！我的原稿是有版本出处的，一字一句都有来历，你为什么要改？必须照我的笔迹改回去！”我在惊恐忐忑中等待书稿返回，打开一看，修改的字句他基本上都划掉了，旁边注明“版本不一，不要妄改”。但有些字修改非常奇怪，比如他圈出“敬”字，一条斜线引出一个圆圈，圆圈中写了一个缺了最后一捺的敬字；圈出“弘”字，同样改为缺了最后一点的弘字。

我忍不住给他打电话，询问原因。他语气很不友善：“这是避讳字。要跟底本保持一致，异体字、避讳字，都要一模一样。你懂不懂文献学？”我先愣后怒，认定他才是不懂文献的人，心理和语气同时失去了恭敬，立即表示：“异体字我可以接受，避讳字绝不能照你意见改。”理由有三：第一，缺笔字，质检会当成错字，算一个差错；第二，造字一个字五毛钱，这个钱谁出？第三，本书的造字，已经很多，造字的编码都快不够用了，后期很麻烦，造字错位就更麻烦。最后我补了一句：“大宋、大明、大清都亡了几百年了，你还为封建规矩招魂呢……”

他“啪”地挂断了电话，强烈的声音通过座机传递到我的耳朵，令我感受到了巨大的不满。

我的不满在他之上。

几个月后，作者主动联系我了，说：年底快到了，希望这本书能够年底出来，好递交学校算成果。他语气舒缓，我也就当没事发生，告诉他：编校工作按部就班进行，清样快好了，年底出书应该来得及。他说："希望能看一下清样，毕竟是署自己名字的书，如果错误太多，影响不好。"语气中分明的不信任。我回答：可以，这是你的权利。

我们约在工商银行的大堂里见面。为何选这个地方，是因为他说他忙，只有在银行排队等候办事的时间里，才有空跟我见面。银行大堂的座椅上，坐了七八个等待叫号的顾客。我把书稿交给他，坐在他旁边。他翻稿子，翻着翻着就开始指责我："这里怎么能这么改？这里又弄错了！你们认真一点行不行？"我装作聆听他的意见，频频点头，心里想的却是："半吊子水平还想教我？选这个地方讨论古籍用字问题，其他人会不会觉得这两个人有毛病啊？"

突然，他霍地站起，把稿子往地上一砸，怒气冲冲地说："不看了，都是错，受不了你这个宝器！"然后大踏步走开。我愣了一下，第一反应是低头环视，似乎周围的人都在看我。我突然意识到：大事发生了，作者冲我发火了，我脸丢大了。最好的办法是迅速离开，免得周围的人记住我。但稿子是最重要的，必须捡起来带走。

我一言不发，快速捡起散落在地白花花的稿子。我尽量面无表情，心里却很慌，尤其是要蹲下、伸手到座位底下捡稿子，头触碰到顾客的大腿，却不敢开口请人让开，生怕一口气没憋住，哇的一声哭出来。我捡完稿子，快速离开大堂，全程没看任何人，包括作者。

回来以后，我定了定神，跟同事讨论此事。我说："我全程都没有说话啊，只管听，不知道哪里惹怒了他。"同事说："你自己不知道而已，你的喜怒哀乐都写在脸上，人家只要不傻，一眼就能看出来。"并教育我，"表情管理，是很重要的技能，成大事者，喜怒哀乐都要不形于色。你还得修炼……"

2

第二次冲突发生在2009年。

2008年底，社领导叫我接待一个来自区县宣传部的作者，该县想出一本宣传本地抗震救灾先进事迹的书，由当地宣传部出钱。那时地震的余波尚在，全四川都在忙着灾后重建。我一听来意，顿时心生不满：重建尚未结束，你们竟然开始表功。等到看到书稿，更加无奈：这本书就是把各个记者写的宣传稿未加任何修改就汇集起来，有报道，有特写，还有散文诗歌；国家领导人和县长、县委书记同框的照片，也很多。我已经预感到这是一项艰苦的工作，不仅因为书稿的繁杂和粗糙，还因为这个科长作者似乎已经习惯了唯上的工作方式，对某些修改意见置若罔闻；他只有一个要求，要在一周年纪念日前出版此书；同时又指导我：你们作为印刷厂，赶紧批个书号去印书，哪来那么多意见？你最好啥也不干，我是搞文字工作的，能处理好。

在后面的编辑工作中，这位科长事必躬亲，足称典范。他经常来社里，来了之后就加新文章，因为不断有新闻产生，也就不断有新文。他亲自坐到排版的小姑娘旁边，盯着她调版式、改文句、换顺序……弄得差不多了，就打印一份纸质稿带走。这些事情，他并不通知我，所以几天后社里审过的校样返回来修改，面对的是面目全非的排版文件。他要求做样书，装订成册，好提交给领导审阅，毕竟领导需要有直观的感受，不能交一沓纸上去。一而再，再而三，我从劝说，到无奈，到愤怒，心中渐渐积聚了层层岩浆，火山一样，就等爆发。

某一天，他要求做第四次样书，这次要加上彩色插图。我告诉他，做一次样书挺贵的，这真是最后一次了，后面不能再做；同时，希望你们领导不要再加任何文章了，定稿遥遥无期，出版也就遥遥无期。他再一次答应。在做彩色插图的时候，我问：插图有的并无图注，请问要怎么处理。他说，你随便挑一个其他的图注暂时放在那里，填个空，领导看的是形式不是内容。

十余天后，他带回样书，坐到排版员旁边，要求改稿。我得到消息，冲了下来，翻着改成花脸猫的样书，克制着说：你说过不会再改的。

“有错怎么能不改？”他生气地说，接着开始一个个指出问题，“这个错了，这个也错了，难道能不改吗？”最后他指着彩插中一张总理的照片说：“这个更离谱，这明明是领导人的重要照片，文字却毫无关系。你们是怎么编校的？”

这句话点燃了我。我猛地一拍桌子，站起来指着他：“明明是你要求的，我照你的要求做，你还有脸来怪我？”事后，近在咫尺被吓傻的排版小姑娘告诉我：当时你声音真的很大，满脸通红，仿佛要吃人，头发好像都在一抽一动。

科长同志与我对骂，但声势上明显输于我，毕竟我是主场作战，而且年轻气盛，嗓门比他高，脸皮比他厚，用词比他狠。他怎么还击的我已经不记得，只记得最后他一边骂一边往外走：“我去找你们社长投诉。我不信没人治得了你。”

我嘴上说：“你去告啊，我不怕。”心里却着实有些恐慌。

3

两本书，后来都出了。教授作者无奈接受了不造避讳字的“蛮横”建议。他花了春节假期的时间，认真把书稿过了一遍，体现了对文字的敬畏和对名声的爱护，令人佩服。科长作者，此后没敢再加新文，书按时出版。——适当的发疯果然有助于解决问题。

两次冲突，一次是作者先失态，一次是编辑先破防。总结起来，似乎“先声夺人”的人，好比战争中“先发制人”的人，要背负激化矛盾的责任，道义上处于下风。比如第一次冲突，作者是个教授，尽管我有错，但失态的是他不是我，责任仿佛没落在我身上，回想起来，坦然得多；第二次，我就羞惭一些。站在对方的角度来看，他也只是个弱势的公务员，出不出书，怎么出书，很多事情由不得他，我把怒火发在他身上，不免有欺软怕硬之讥。我应该打电话去骂他的上级处长，方显出无畏的个性，但我明显不敢，可见正直得有限。

对编辑而言，作者是掌握资源的上帝。作者若不慷慨赐稿，编辑就成了无田可耕的农夫，失业而后失所，后患无穷。不管因何而起，在冲突发生时，编辑已经输了。当然，世上作者成千上万，秉性各不相同，编辑一生中总要遇上几个奇葩。有的作者一贯骄横，有的作者不知他人苦，适度的冲突，正好是适当的教育，有助于改良社会风气，谁曰不宜呢？忍无可忍之时，不妨痛快一骂。污言秽语，与其憋在心里伤身，不如吐出来伤人。但要注意适度，比如我这两次冲突，止于口角，未上升为拳脚，就很好地维护了文明的底线。

我与两位作者，后来都再也没有见面，从此相忘于江湖。对科长同志，当时恨得牙痒，如今连名字也忘记了。不知对方是否还记得我，是否还记恨我。再剧烈的波澜，站远了看，也不过是平缓的涟漪，并不要紧。我当时的委屈、慌张、愤怒，现在看来，显得多么可笑。诚恳地说，最好再不相见；如不得不见，我也愿真诚道歉。

这些曾令我不快的人，何尝不是一种良师益友？

作者系浙江人民美术出版社总编辑

飞翔，风马牛不相及

袁　楠

这篇稿子，是从在李敬泽老师新书《空山横》发布会上的致辞中延伸出来的。诚如徐海总所说，它传达了编辑、出版社和杰出作者间真挚的交往与情意，然而当要作为文章发表时，却迟迟未敢落笔。直至某天半夜醒来，看见主持人发来栏目导语——导语已成，文章竟还未成，那个后半夜，就一直半梦半醒。清晨想，跟敬泽老师交往这么多年，怎么没学到举重若轻呢。是为题记。

从外国文学到原创文学

敬泽老师是著名评论家，大家又赞他是文体家、博物学家、考古学家。记忆浮现，画面落到20余年前的一个午后，拥有诸多大头衔的敬泽老师悠然坐在桌前，身边一摞《人民文学》杂志，阳光温煦，满屋子都高高地堆着书。甫出校园入职场，莽撞去拜访权威期刊主编，我有种无知无畏，敬泽老师则是宽厚温情的。他说，你是新编辑，那我们是同行啊。

此后，无论见缝插针的会议间隙，还是轻松愉悦的饭局小聚，敬泽老师微微的笑意间，这样宽厚温情的底色不曾改变，更令人印象深刻的却是不经意间锋利睿智的棒喝和一语中的的指点。心底感谢敬泽老师的支持帮助，同时也深深明白，这后面是他对译林出版事业的支持，对译林品牌和团队的高度认同。

译林社从外国文学起家，最初去拜望敬泽老师，是因为外国文学出版。研讨会、发布会、朗诵会，在传统书店现场，在外国文学迁徙落地的过程里，他以丰厚的阅读量和深远的见识，为我们推广卡尔维诺、奥兹等世界作家做出了卓越贡献。译林社 30 周年社庆活动上，敬泽老师赞赏译林社及其图书在一代代人对文学和世界的认识产生变化的过程中的重要作用。“对我们这代读书人或者文学人来说，译林出版社当然也包括它的前身《译林》杂志，曾经有力地塑造了我们的文学观念和视野。译林社引进的外国文学作品，使我们对文学的理解变得更为深刻。”而他对于外国文学的理解和传达，其实也一直在启迪着编辑。我作为雷蒙德·卡佛作品的责编，特别清晰地记得他在一场天色渐晚的活动中，缓缓讲述卡佛作品“让很多人真正感知到自己生命中确实有一种荒凉的、令人胆寒的巨大沉默”，在文学批评充满大词术语的那时，意义仿佛突然被拽回大地，“巨大沉默”的走心表达，以及敬泽老师说话时的神态和语调，让我真切感受并由此关注到作品和它的读者之间那种无言的深深的共鸣。

2015 年前后，译林社顺应发展需要，决定开创并深耕原创文学出版，我们去请教敬泽老师。他认为，这个方向是正确的，但也是一条可能充满荆棘的艰辛之路，译林社将从单一翻译类出版社向综合性出版社转型。欣喜且更幸运的是，他始终身体力行地关心爱护和鼎力支持译林原创文学出版。

译林社进入原创文学之初，非常有趣或者本该如此的是，我们首先出版的国内一流作家作品，几乎都来自热爱外国文学、大量阅读外国文学甚至写过诸多精彩外国文学评论的作家，抑或原创作品本身具备了世界文学的格局与精髓，而这恰好符合译林社对自身的定位。敬泽老师《青鸟故事集》、格非《望春风》《登春台》、刘亮程《捎话》《本巴》、邱华栋《空城纪》、叶兆言《璩家花园》，都是其中的品格与品质担当。敬泽老师谈过，现代以来，我们一直在世界文学背景下看待自身。世界文学在中国的意义不断发生变化，我们曾怀着巨大的饥渴去拥抱世界，但是，我们要意识到，中国文学在世界，而不是单向地走向世界。我以为，这是世界文学与中国读者的关系，也是中国文学与它身在其中的世界文学的关系。译林社在做原创文学的努力中，证明着自己也是中国文学的一部分。《青鸟故事集》交由译林社出版，敬泽老师认为图书别致精当，颜值甚高，当他说“他们（译林社）真的使我通过这本书获得了写作的热情，获得了写作的信心”时，忍不住真心为“新锐作家”鼓起掌来。

2014 年到 2024 年，敬泽老师是译林社原创文学出版从萌芽到进步的见证人。在中国作协创研部、南师大和译林社联合成立的世界文学与中国原创文学研究中心开启仪式上，敬泽老师和学者们评价说，译林社原创出版进入国内第一方阵。那时，我们充满了信念，也充满了感激。

从《青鸟故事集》到《空山横》

《青鸟故事集》成为敬泽老师首先和译林社合作的作品，是顺理成章，也是缘分注定。首先，这本书非常适合译林社来打造，代表了译林社当时的出版愿景：在东西方之间，本土异域之间，古代现代之间，愿为青鸟使者，将人类文明文化文学优质内容引进给国内读者，同时助力具有国际视野的一流中国作家走向国际文坛。译林人要做的不再是欧洲文学、亚洲文学、美洲文学、非洲文学，而是世界文学。其次，《青鸟故事集》是一部文学“微观史”，敬泽老师不以教科书姿态进入历史，而像青鸟般自由飞入历史的暗处，探勘真相、探索真谛，尤其观照历史细部不曾被重视、不曾被照亮过的人和事。文学需要平民史观，从这个角度来看，《青鸟故事集》虽已出版七年，依然是一部不断更新，具有强烈当下性的作品。听说敬泽老师有意添补青鸟的翅膀，我很期待看到它全新的样貌。

跟《青鸟故事集》相比，《空山横》代表了未来的面向，这是为这个时代而书写的书，让读到它的人们不必急于自洽，而在观察世界中完成自我。可能与不可能之间、雅与俗之间、已知与未知之间、我们和他者之间……鲜有其人可以游走两极、调配平衡，而敬泽老师的行进恰到妙处。我知道法国人亲切地称呼敬泽老师"博学李"，《青鸟故事集》第一个海外版是法文版，由于"博学李"这部书翻译难度大，历经三任译者，花费近十年才出版；后来《青鸟故事集》有了西班牙语版、意大利语版、波兰文版和阿拉伯文版，真正做到了从东方飞往西方，再飞回东方。

《空山横》是15篇真实的演讲和一篇想象中的结集，每一篇都值得好好琢磨，它凝结了作家常在的思考与凝望，更指示了我们需要的放松与旷达。它告诉我们世上看似无关的事物其实可以活泼地联系起来，从北京雨燕到鲁迅、曹雪芹，从跑步、鹅掌楸到文学。它指出人的一种姿态，i人内向的驱动力和e人外放的表达力结合，不仅青春勃发飞在"云路"，而且脚踏实地走在人的"本路"。由此意义，我更愿意称敬泽老师为先锋性的古典"述者”，他不仅仅在现代尺度里看待生命和世界，而且试图在更长的文明尺度上，讲述着、创造着。

风马牛不相及

敬泽老师对译林人说过：“这片树林尽管已经根深叶茂，但是我坚信你们还有莽莽苍苍、郁郁葱葱、无穷无尽的未来。”越重越飞翔，是他对译林社寄予的厚望。对这个充满了不确定的世界充满了好奇，这也是敬泽老师的某种价值观吧，“于是就飞翔起来，看看会落在哪里，看看这个世界会有什么样即兴的、偶然的、隐秘的联系，让我们一个接一个，点燃文明的一盏盏灯”。

敬泽老师不仅是凤凰和译林的作家，更用作品、言语和行动指出我们的方向。他一直关心扶持凤凰原创文学出版，在欢畅迷人的“凤凰文学之夜”抒发精彩篇章。特别是关注更大范围内文学编辑的成长。今年北京国际图书博览会，我们推广首批凤凰出版子品牌，敬泽老师褒扬“凤凰文学奖”对于文学创作出版的独特意义，鼓励它在未来岁月持续闪耀光芒、持续向远方飞翔；又回忆起《青鸟故事集》的“青鸟奔凤凰”，同时对科技社的“青鸟新知”科普表达兴趣，赞赏这个融媒体品牌在此地和远方间的飞跃。飞翔，是未来出版的重要路径。

无数个场景、无数次闪回、无数句金句让我们确信，在往昔的日子、现在的日子和未来的日子，敬泽老师一直是我们的理想作家。感谢敬泽老师！

其实想说的还有很多。提笔的时候，除了想起他与译林和凤凰的故事，在记忆深处还有一条围巾，一支烟斗；有一间小馆子，一场跑步；有一个斜睨而慈祥的眼神，一声嗯哼嗯哼而气定神闲的语调，一种一只手插在口袋里、另一只手指点山河的模样。它们淡淡地镌刻在叙述背后，构建了仿佛怀旧的场景，添上了人世间的温度与亮色。围巾烟斗跑步眼神与文学、与他的作品不相及吗？也不是，它们是鸟无论在哪里飞翔都有的那种姿态吧。也象征着《空山横》的“横”字读四声时，那颗拿得起又放得下、悲悯又自由的内心。

回望现场致辞，将它落实为一篇文章。《空山横》是讲演辑录，敬泽老师描述这个过程说，对于记录稿，你再继续修改、继续充实，等于跟着声音走。“我甚至有时候觉得像飞，声音是有一种飞翔感的，你就感觉到随着声音抑扬顿挫地飞，这个过程我也很享受。”

那么，就飞一飞。是为后记。

作者系江苏凤凰出版传媒有限公司副总经理

理想、选择与坚守

肖风华

徐　俊

刘佩英

姜小青

黄立新

梁晋华

陶振伟

李　岩

宫晓卫

王保顶

一场遗憾的坚守

肖风华

一

算起来进入出版这个行业已经整整20年，见证了它的辉煌和荣耀，经历了身份角色的裂变与唏嘘，当下也正在努力带领企业转型，得失之事颇多，无望与希望共存，印象深刻的人和事随着时间流逝愈发清晰。曾经满怀理想色彩的编辑，做过一个品牌，其实也早就猜到了结局。写下这篇小文，不仅仅是回忆和消愁，或许我内心还有一个冲动，时过境迁，它能否以另外一种形式获得延续呢？

进入出版是从方志编辑室做起的，说实话，当年心高气傲的小编当然不甘心就做点合作项目、纯粹的文字搬运工，还有着用文化引领社会、用思想改变世界的理想好像是理所当然的事情了。很幸运，我的主任余小华女士是老中大哲学系的，通透乐观，颇具侠士风范，管得不严，但在人脉和学术资源上对我提携有加，也不太计较经济效益，容我试错，给了我一个宽松的成长空间。《新史学丛书》这个品牌就是在这样一个环境里诞生的。

《湘声报》的主编向继东先生在合适的时候出现了，对于我们的相识和“臭味相投”促使他写过一段文字：

> 再次与广东人民社接触，得感谢我所尊敬的一位前辈。2004年11月底……这位前辈先生告诉我，他编著的一本书由广东人民社出版了，他会让责编寄我一本。不久，我收到此书，见责编是余小华。还从电子邮箱收到他转来肖风华先生就此书写的一篇文章，并说：“这是广东人民出版社小肖写的书评，看看是否适合《湘声报》副刊用？审阅情况，请直接与作者联系。”从此，我知道肖风华为该社方志室编辑，是余小华主任让他写的稿子。就这样，我和余小华、肖风华联系上了。方志室主要编地方志图书。此外的书，他们有兴趣就做一点，以示作为一个出版人的坚守与存在。

2007年，经过多方努力，其中曲折无数，在当时上级领导和社领导支持下，当然也是在余小华和我不断软磨硬泡和承诺坚决把好关的基础上，《新史学丛书》正式启动了。对于这个品牌的理念和内涵，向继东老师和我并没有达成一致，2008年9月10日我在邮件里写道：

向兄好！这套书我想12月份一起推出来，以便参加明年1月北京的订货会。之所以一起推出，一是从销售方面考虑，二是不至于后面的出版工作拖拖拉拉。这套书我想以后范围广点，先分两个系列，适当加一些国外的著作。一个系列以人为主，一个系列以事件为主，大概分一下。新史学是个模糊的命名，继法国年鉴学派后这个名称被广泛使用，上海译文出版社1989年推出了国外的《新史学》，台湾也有《新史学》杂志，在总序上我们应该把这个大致的定义和范围界定一下，是在怎样的意义上来用这样一个概念。这样可能对整套书的品牌建设有好处……这是我个人的一点不成熟想法。

后来想想我还是太年轻了，希望有一个旗帜鲜明的品牌理念，向继东先生是想借用这个“名头”来界定丛书定位：“新史料”和“新见识”，还要可读好读。求同存异，我们并未在这块发生大的分歧，能出来就好，这是当时最朴素最可行的路径。

二

2008年12月至2009年1月，《新史学丛书》第一辑八种，其中包括杨奎松著《民国人物过眼录》，高昌著

《公木传》，陈国钦、袁征著《瞬逝的辉煌——岭南大学64年》等。这辑顺利面世后，媒体和市场反响也相当热烈，也成为当年出版行业的关注焦点。这里顺便提一个趣事，因为不太熟悉物流，我给杨奎松老师寄过去的样书到了上海郊区一个非常远的仓库，仓库又不提供上门服务，害得杨奎松老师横穿大半个上海去取书，老师宽容虽无责怪，但我自责不已，从此以后寄样书只用邮政快递了。

首战告捷，我们都非常兴奋，特别是向继东先生，用现在的话说叫铆足干劲加油干，2010年1月第二辑五种又出版了。后续我们又陆续推出赵晓玲的《卢作孚的选择》、萧功秦的《危机中的变革：清末政治中的激进与保守》，等等。

说实话，这些图书的面世，得益于许多良师益友的肝胆相照和担当（不便列名），也取得了非常好的经济效益和社会效益，品牌价值外溢已经体现，对于我们组稿有莫大帮助。但是我们也是非常理解生活和工作中不断发生的变化的，学术有自由、出版有纪律的原则我们必须遵守。我们必须与时俱进，时刻关注责任的变化和读者的新眼光，遵守严格的出版纪律。2011年，我们经过一段痛苦的挣扎与思考，决定暂停这套丛书的出版。2012年我走上了社领导的岗位，余小华主任退休，向继东老师退休后被我社返聘做策划，这场遗憾的坚守就此画上了句号。

三

时至今日我一直在思考一个问题，编辑或者出版存在的意义在哪里？人工智能迭代这么快，未来还需要编辑吗？

回答这个问题，当然可以洋洋洒洒写上一大篇，但我觉得，没有思想和创意的岗位或者行业，一定会被淘汰的，在文化并不是刚需的现实社会，没有产品影响人的内心世界，没有主动寻找和创造改变世界的精神资源，二传手式的行业可以寿终正寝了，当然，有些门槛可以让这个行业还有利润，有些领域还能为这个行业生存背书，但编辑呢？

我希望能有机会延续上一场有遗憾的坚守，把《新史学丛书》这个蒙上灰尘的品牌重新擦亮，新的角度，新的叙述方式，新的表现形式，都可以，或许它会变为视频、音频、课程，等等。但我们想为世界提供另外一种可能性的冲动永远不会改变，这不仅仅是为了一个产品，更多是为了自己，为了我们编辑的尊严。

作者系广东人民出版社社长

将学术引向大众的最初探索

——20年前，中华书局的一次新生

徐　俊

周日晚枯坐岱北山居，突然微信声响，本家海总发来凤凰书评“开栏的话”三篇，接着又推给我克勤兄《怎么找到最合适的作者？》和为松兄《从〈战上海〉到〈火种〉》，还有一篇凤凰少儿陈总的《“转行”做编辑》，说“想在4月份要到你的大作”。当时看了一乐，海总一句白话却用了一个很偏的古语，“要”就是“约”，吐鲁番契约文书中常见；转念一想，“要约”还是一个法律术语，正合了海总的专业。语言多奇妙，其实“要到你的大作”根本就是海总的家乡话——镇江东乡话，因为我们的同乡之谊，海总特地弃用了日常官话而已。

第二天我们古工委班会诸同行有荆楚三日行，参访了古工委最年轻但也是最年长的理事单位崇文书局，说最年轻是因为崇文入会最晚，说最年长是因为崇文诞生在晚清出版业新旧交替的时代，是晚清四大官书局之一。一路上参访交流，“老”与“新”、“大”与“小”、“专业”与“大众”几个词不时闪过脑际，于是就试着用“将学术引向大众的最初探索”为主题，来回应海总的“要约”吧。

今早翻朋友圈，满屏《风继续吹》，对张国荣的追念带我们回到那个年代，友邻接龙贴出《愚人节故事》，于是我从停更的微博找到了十年前的今天写自己20年前的今天的“愚人节故事”，就是张国荣纵身一跃的同一天。十年前的微博是这样写的：

十年前的今天，周二，一周一次的上班日。下午正上一节叫“××研究通论”的课，课间接到一个电话，很像愚人节的玩笑，于是不容多想去赶车，赶上了开往太西里38号的返程车。

转了这条微博到微信，补足这一条愚人节故事：

看到十年前微博说自己的愚人节故事，现在又过了十年，再说一遍。20年前的今天，本徐正在建内5号上文学史研究通论课（大家分段合开，三年只上过这一次课），下课看到手机有多个未接电话，稍后再接，知道是朝阳门CPG打来的，问愿否重回六里桥。下午李黄二兄到建国门约见，在长安大戏院内渝信，一杯清茶，半日枯坐，于是有了后来大家20年同舟共济的人生。

我迄今40年的出版生涯，就在这一天分为前后两个20年，后面这个20年经历了中华书局起死回生后的各个阶段，李岩总引用当时著名的电视广告词说：“我们一直在努力！”过来人都能体会到其中的悲怆，一直在努力，循环往复。

李总带领大家走过的这20年中兴之路，起始于2003年11月20日以“回归传统，重塑品牌”为主题的朗润园座谈会，中华书局在出版了“中华时尚”、“旅游指南”和大批量中小学教辅等出圈品种，市场化试水差点被淹死的时候，重新回归专业化道路。最初的举措是向学术界征求古籍图书重印书目，以解燃眉之急。以专业出版求生，谈何容易！彼时最大困境是品牌受到伤害，好的作者、好的选题流失殆尽，面对读者市场，缺乏有效产品，更遑论产品板块和产品线了。

第二年，2004年国庆节前，阎崇年先生《正说清朝十二帝》上市，打响了古老中华冲向市场的第一枪。阎先生在百家讲坛的“清宫疑案”在中华书局编辑手中变成了“正说历史”，这不只是重起一个书名那么简单，是准确理解当时大众的阅读需求，包括当时大家对满屏戏说历史的逆反心理，20年后我们可以做出更深刻准确的研判，但那是事后，事非经过不知难，还是看看我们的责任编辑宋志军当时的认识——书上市三个月，小宋在《中华读书报》发表了编辑感言——《将学术引向大众——〈正说清朝十二帝〉编辑感想》，“将学术引向大众”，这个话题现在也不过时！《正说清朝十二帝》国庆上市，到年底三个月销售十万册，兹后陆续策划出版的“正说”系列10种，销售码洋总计超过 3000 万，着实让大家吃了一惊。从小宋文章的标题就不难看出，中华书局在新一轮改革探索中，对脚下的传统文化大众出版之路可谓旗帜高举，信心满满。

就在朗润园座谈会上，袁行霈先生给我们提出了“守正出新”的期望，过后我们特地请袁先生用大字书写，张挂在每月召开中层例会的大会议室，成为中华书局 20 年来的局训。守正——就是要坚守中华书局古籍学术出版的核心，出新——就是要大力推动传统文化大众出版。在 2004 年全年利润总额只有 150 万元的条件下，2004 年 5 月召开了局内范围的“二十四史”修订工作座谈会，立项调研启动；2005 年 1 月在获知原有意向的出版社放弃顾颉刚先生著作出版的消息时，我们毫不犹豫地一步到位签下了《顾颉刚全集（全 62 册）》的出版合同。一批古籍整理学术著作，陆续进入年度选题计划。

专业的才是大众的，这个题目的句式，来自我们耳熟能详的一个口号——民族的才是世界的。中华书局的大众出版，是学术内容的另一种出版呈现，但毕竟一个灶台要炒出两样菜来是困难重重的。要改变我们的生存环境，不如先改变我们自己。去年收拾办公室，看到了 2004 年 2 月 27 日市场分析和选题分类研讨规划会我手写的小结发言，小结用了两段凤凰卫视的栏目口号，既要“实干创未来”，更要看到“思想有多远，行动就有多远”，让“思想力”带动“行动力”。

对于要做的事，首先要自己理解认同，认同是思想统一的前提，思想和目标统一是转型的关键。随着工作的全面展开，“重大项目引领”+“基本书理念”，成为我们回归专业出版之路、拓展传统文化出版的理论支持，这两个理论支点来自业界先进企业的经验，在中华书局的出版实践中得到了印证。重大项目的品牌支撑、方向引领、团队培育，对中华书局这样的传统品牌社至关重要；基本书理念则在产品板块和产品线这些产业概念之上赋予了学科逻辑上的学理，使中华书局人找到了边界感。基本书理念和实践的目标是：中华书局在传统人文学科的每一个分支，都要有体系完备的产品。拿文物作比喻，既有一级品也有普品，选题立项不只限于头部产品，还要赋予头部产品庞大的品种基础。对市场而言，头部产品要起到率兵上阵的作用。过去的20年，随着传统文化的持续升温，读者数量不断扩容，读者水平不断提升，古籍元典学术整理本也成为普通读者追逐的目标——这一点我有切身的体会，我们的“二十四史”修订本各史1版1印都采用了编号发行方式，《史记》首印两万套，其他各史首印一万套，都在一年内售罄，每次上海书展首发，都有长长的队伍等待我和修订主持人签名。我自己暗想，这些等我们签名的显然不会是专业历史研究者，而是遍布民间的历史爱好者、传统文化爱好者。在这样大的阅读背景下，我们将“基本书理念”的范围从古籍整理推展到古籍普及图书，将传统文化大众出版的持续探索作为十几年来全局编辑工作的最重要方向。在中华书局110年局庆的时候，我们的传统文化大众出版规模已经超过了古籍整理板块，古籍出版中心和基础图书中心成为书局最先实现年发货两亿码洋规模的部门，专业与大众，双峰并峙！而对于读者来说，如果你研究传统文史学术，如果你喜欢中国传统文化，中华版古籍总有一款适合你。“基本书理念”施之于古籍整理+传统文化普及，使得基本书有了更广的工作面向和产品平台。为新时代中国人的传统文化阅读提供基本书，是一片广阔无垠的沃土。

“基本书”原则也适用于学术出版，学术基本书与古籍基本书一样有持久生命力。2021年某一天的ERP系统发印审批环节，同时出现了《唐长孺文集（全八册）》第5印、田余庆《秦汉魏晋史探微（重订本）》第14印、葛兆光《宅兹中国》第13印的印单，当时非常感慨，在学术出版基本靠资助的大环境下，这些不间断重版的学术精品就是一片幽暗中的光芒啊！同老（胡宝国）在罹病三年后于2023年2月9日离世，次日布衣书局上架了《将无同——中古史研究论文集》第5次印本，《将无同》刚编就的时候，同老预想了一个场景：他在弥留之际，我在他耳边告诉他出版了……后来他不仅看到了书出版，还看到了一印再印，三年五印，还去书店签了名，同老应该无憾了。学术书都有自身的专业范围和读者圈层，好的学术著作除了自身专业的价值外，一定具有更宽阔的辐射范围，具有普遍的认识论方法论价值，一部突破自身圈层进入更多读者视野的学术书，就会有更多更久的市场影响力。

迄今为止，出版界还在着力追求学术大众化，有所谓“学术普及”“轻学术”等品类。我以为学术是出版高度的标志，学术著作自有其应该有的模样，不是“任人打扮的小姑娘”。学术出版的误区是把学术著作降格为一般大众读物（以为因此可以获得销量），又有大量应命应景应付之作被装扮成学术著作，这是专业出版与大众出版的错位。

扩展专业书的读者群，专业图书不可能勉为其难地变成大众图书，但是专业话题可以引发更多非专业读者的兴趣，一本书的读者有可能超出本专业范围，这本书就可能获得超出专业图书销售的倍量。学术大众化，不是以学术内容的减量和变形为代价，而是以提炼推广其超专业价值为指归，让更多的人获得专业阅读的尝试。

“所谓的大众，就是精准的小众”，这是我特别信服的朋友、古籍出版同行姜小青兄的话。选题方向和出版物定位，都不能追求泛泛的大众读物，要有准确的读者对象。读者对象不能是传统选题表发稿单上的“传统文化爱好者”“高中以上学历”，要放到市场同类型书、同内容书的坐标上去检验，在市场对照中找自身产品的位置，实现你无我有、你有我优。我体会，细分市场才是“精准小众”最贴切的解释，细分市场位置决定了你是领跑者还是跟跑者。细分市场是有效规模的标志也是路径，细分市场处于领先位置，你在细分市场的规模就是有效规模、稳定规模。你有一排树，我有一片林，这才符合“基本书”原理。

最后回到“专业与大众”这个主题，出版的专业分工是新中国成立初期确立并遵循至今的原则，对于新中国出版格局起到了决定性的作用。也许可以说，改开以来出版的改革和繁荣是从打破专业分工开始的，那么能不能说，出版的高质量发展，要从“回归专业出版”或者说要从“坚守出版的专业化”重新开始呢?

作者系中华书局原党委书记、执行董事

作者与出版人的奇妙关系

刘佩英

所有的书商都是魔鬼，必须给他们单独造一间地狱。

——歌德

我感恩能拥有一位出版人；生活在有出版人的世界，是一件幸事。

——沃尔夫冈·克彭

作者与出版人之间并不总是温情脉脉的关系。作者把出版商告上法庭，或者在网络上口诛笔伐，甚至宣布断交的事情时有发生。出版人对作者亦是又爱又恨，比如，当说好的书稿一拖再拖，当作者咬定一个要了出版商老命的版税不再松口的时候。

作者与出版人之间奇妙的关系，来自出版工作的特殊性：出版是一种商业行为，而他兜售或者说销售的对象是“神圣的商品——书籍”，也就是说，他必须把他人的思想和买卖捆绑在一起。

1913年，阿尔弗雷德·德布林用他的方式描述了这一情形：出版商用一只眼睛盯着作家，用另一只眼睛盯着读者，但他的第三只眼——智慧之眼——总是目不转睛地盯着钱囊。

这句半揶揄半挖苦的话，倒是很形象地描述了出版人的角色冲突感。出版人不仅要为他的行为承担政治责任、文化责任、道德责任，还要承担全部经济责任。纽伦堡的出版商约翰·菲利普·帕尔姆被法兰西军事法庭判处死刑，理由是其“撰写、印刷和传播对领袖大不敬的污秽文章”。著名出版人、社会活动家邹韬奋先生也曾因出版被国民党当局关入牢狱。而生产高水准的、不被社会良知诟病的图书作品，是出版人首当其冲的文化责任。在道德责任方面，出版商经常被认为在剥削作者，“他们用忍饥挨饿的作家们的头盖骨啜饮香槟”。而事实是否如此，天知道。经济责任更是压弯了出版人的肩膀，要使出版成为可能，出版人必须有一个以营利为目的的企业。不挣钱的图书，既对不住作者的血汗，也使出版行为难以为继。出版人必须使出浑身解数，研究读者的需求，引发他们的掏钱行为。

然而，出版人对自己角色或者出版身份的认同也是分为不同类型的。有些是从纯粹的文学爱好层面出发，从事出版行业；有些是从技术层面，认为做书的过程是一种乐趣，并在其中追求工匠精神和价值感；有些则完全是从经济层面，把出版当作一门纯粹的生意；更多更成功的出版人，则把出版当作一种情怀。据说，有一篇海外论文《出版人的职业理想和主要准则》首次提出了“出版人类型学”，他认为不能简单地对出版人用“商业 / 文化”模式来进行分析，而应该对其有更为精细的族群观察。这种分析应该更能解释作者与出版人之间时暗时明的奇妙关系。不同的身份认同，会造就出版人与作者之间不同的关系。

但总而言之，据我的体会和观察，有情怀的出版人，总是可以把与作者的关系处理得更好更紧密，更能获得作者的理解和支持。那么，情怀是什么？出版人应该怀有怎样的情怀呢？

汉语词典里说，情怀是充满某种感情的心境。这个太宽泛了。我对邻居的大别墅充满嫉妒的感情，这种心境是不是情怀？自然不是。看过很多其他关于情怀的解释，我觉得都并不到位。

到目前为止，我认为最好的解释是：当你做一件事或从事某项职业，认为这件事或这项职业更多的是对社会有益，而不是对你个人有益，就算自己受到某种损失，也要把它做下去，这就是情怀。

因此，可以说，情怀是一种高尚的心境、一种高雅的情趣、一种自我牺牲的胸怀。一个 985 院校毕业的高才生，放弃大城市的白领职位，申请到落后山区支教，以自己的微光照亮孩子的未来，这是情怀。一个企业家把每年赚到利润的较大比例投入科研中以攻克某项医学难题造福病患，这是情怀。

出版行业是一种特别需要情怀的行业。出版具有某种公共职能，掌握着整个社会知识生产、更新、传播的权力。相对应的，出版人具有某种程度的“社会地位”，而具有“社会地位”的人，是需要满足社会对你的某种期望的。比如，一个政府官员，社会对他的期望是廉洁奉公、高效行政；一个教育工作者，社会对他的期望是身正师范、博学多才；一个医学工作者，社会对他的期望是品德高尚、医术高超。一个出版人，社会对他的期望是文化脊梁、学术良知。

一个编辑领着微薄的薪酬，却依然热爱出版事业，孜孜不倦地审阅每一本图书里的每一个文字、每一张图片，以免这些图书给读者带来不利的影响或错误的信息，这是责任，也是情怀。一个出版人，以传承文化、促进学术为己任，立志为读者提供自身成长以及应对世界变化的知识和情感产品，这是生意，也是情怀。

2018 年，我从上海交通大学出版社调任中国出版集团东方出版中心，在摸清东方出版中心的历史与发展过程后，我涌起一种“东方，不仅应该是中国的东方，也应该是世界的东方”的志向，认为东方出版中心应该为读者提供一种“立足东方，影响世界”的文化产品。当时文化强国的建设已被一再提起，我认为文化强国的建设，不应该把香港、澳门等地区的学人及其思想撇在外，我们应该成建制、成体系地把香港、澳门的作品引进到内地出版，以促进与内地学者的交流。而香港学者也大都更具有国际眼光，学术思维方式也更西方化，这种交流能更好用其所长、促进内地学术的进步。

以此为出发点，我策划了一套“香江书系”，包括香江哲学、香江文学、香江经济学等，作者对象都是香港、澳门地区一流的学者。要组这套书稿，必须在香港找到既有学术地位、又有号召力的学者作为总主编和主理人。最终，我从香江哲学入手，把香港中文大学的黄勇教授作为邀请对象。我的这个想法，得到了黄勇教授的赞许和大力支持，他认为我是“有情怀”的人。很快，黄教授帮我约到了香港多所大学哲学方面杰出的学者作为第一批撰稿人，而我申报2020年的国家出版基金，这批图书也成功入选。目前，这批图书书目已达20余本，且还在持续发展之中。香江文学系列，也在陈建华教授的主理下茁壮成长，已约到了李欧梵、黄运特、陈国球等多位学者的作品。

这两位总主编从未在经济方面提过任何要求，而是孜孜不倦地把这套书延续下去。在共同的文化理想面前，作者和出版人是可以很好地肩并肩站在一起的。

当然，除了情怀，沟通技巧也很重要。被称为“法国文学的同义词”的伽利玛，在20世纪里出版了法国文学中被认为最好的四分之一的书。其创始人加斯东·伽利玛有一个很有天赋的本领，就是给他心仪的作者写信。普鲁斯特对此印象很深刻，他曾对加斯东说：“你用最简单最有效的词语驱散了我淡淡的精神痛苦，我真诚地感谢你。”

但是，比技巧更重要的是真诚和渴望。加斯东是如此求贤若渴，他觉得所有优秀的作者都应该在他的麾下出书，看到名作家在别的出版社出书，他会感到耻辱。

作者与出版人的关系，就是这样，既超出了商业的关系，也超出了文化的关系。身处其中，既痛苦，又甜蜜。就像现在的我，早上起床写这篇文章，一晃快11点了，但我得赶紧结束文章，因为与一个作者约了中午一起吃饭，迟到了要罚喝三杯酒的。

作者系中国出版集团东方出版中心副总编辑

风物长宜放眼量

——凤凰出版社更名前后

姜小青

徐海兄主持《文艺报》“编辑故事”专栏，风生水起，所见撰稿者，皆卓然成家的行业大咖。但我想，这肯定是件苦差事，否则，也不会拉我这样的碌碌之人充数。因与徐海兄有乡谊，不敢违命，勉力写一点自己在出版社更名前后的经历吧。

2002年底，江苏古籍出版社更名为凤凰出版社，今年刚好是以凤凰社名义出书的第二十个年头，经查出版社书目，以凤凰社社名出版的第一本书是王兆鹏、刘尊明先生主编的《宋词大辞典》，时间是2003年9月。兆鹏兄收到样书，在10月15日给我的信中说：“印制颇精美，只是‘江苏古籍’金字招牌换了后，新社名要被人认同还有段时间。”此书的编辑工作完成于更名前，受更名影响，未及付印。书稿是我在吴小平、卞岐二兄指导下，沿他们策划、编辑出版的《唐诗大辞典》《元曲大辞典》思路，向王兆鹏兄约稿，日前翻检出兆鹏兄1996年11月15日的来函，谈对我邀约编纂《大辞典》的回复以及体例中所要考虑的问题。现在想来，这种快乐的时光，在出版社更名后的15年里，真是少之又少。

出版社更名后，在我自己还没有弄清什么缘由的情况下，由原江苏古籍出版社副总编辑一职被指定为凤凰出版社古籍部主持工作的副主任（除“古籍部”，也没有其他部门），并要求于2003年7月开始主持工作。人员从原古籍社60多位职工中，结合本人意愿，留下18人（班子3人、发行2人、仓储1人、财务3人、文字编辑7人、美编1人、行政1人），其他人员分流到集团各出版社。我当时考虑一些延续性项目需要人手，特别如《全元文》这样的大型在编项目，便擅自做主，上报名单中多加了一位编辑，被时任集团总经理电话中批“胆子真大”，并要求立即去掉。2004年4月，集团授权“古籍部”社级经营权限，2006年初，我被任命为凤凰出版社总编辑、法人代表，主持工作。日前，有出版史研究性刊物，鉴于不少出版社更名，准备组织相关专题稿件，向我约稿，不敢贸然答应，一是怕不知内情，所述有违事实，二是自己也不愿再回首曾经的经历。2018年10月，我卸任凤凰社社长兼总编辑，友人问及15年的感受，答复六个字：不值得，不后悔。

出版社更名后，首先面临定位、选题、人员三大问题。出版社更名并不鲜见，如古籍出版同行中，就有山西古籍出版社更名为三晋出版社，但其古籍专业出版的性质和定位没有变。我们更名遗留下来的问题要复杂得多，大家都弄不清为什么要更名。当时，我们班子在出版社未来定位上，并无多高思想境界，但有三点共识，一是江苏古籍出版社的历史和优势应该继承，二是江苏需要一家专业古籍出版社，三是留下的18位员工，都是自愿且能够从事古籍出版的。因此，我们决定，坚持古籍专业出版方向和定位。最初几年，学术界对此是有些疑问的，当我们向作者约稿时，常有这样的尴尬，他们大多会问：既然你们仍是做古籍出版，又为什么要改名？这期间，就有学者对与“古籍部”签订出版合同有疑虑，把几与江苏古籍出版社签约的选题撤走。可能是被之前更名、变动吓怕了，我说过一句极端的话：凤凰社的古籍专业选题，要专到集团所有出版社都不能做，甚至连书名都不知道什么意思，或许才有存在下去的理由。说这句话，有个缘由，2004年，周勋初先生为鼓励我们坚定信心继续从事古籍出版，将已基本完成编校的《册府元龟》(整理本)，交给当时还称作“古籍部”的我们，2007年，该书获首届中国出版政府奖，是古籍类四个正奖之一，集团主要领导来电，询问“册府元龟”四个字的意思。更名后的头几年，出版社经营规模，年销售不到1000万元，相比之下，集团内许多出版社一个编辑室的年销售，可能就是我们的好几倍，从这个角度说，我们始终有被重组的担忧，但内心又有所不甘，所以，除了加快如《全元文》等一些在编项目的出版进度，在经济状况十分艰困的情况下，又签约《册府元龟》《清词珍本丛刊》《阳明后学文献丛书》《金圣叹全集》等大型古籍整理选题，并在宁召开了古籍学术界专家座谈会，征集选题，当时一个想法，就是要尽快把凤凰社古籍专业出版的声势造出去。我曾在公开场合说过，自己是一个胸无大志的人，如果要说还有什么理想，那就是恢复江苏古籍出版社社名。不但嘴上说，甚至付诸行动，曾书面向集团打了报告，结果可想而知，被斥之为“翻烧饼”。现在想想，确实有点“不懂规矩”。

如今的凤凰社，在古籍专业出版道路上，越走越扎实，越来越被学术界和出版界认可，已经成为能够承担各类大型，甚至超大型古籍整理图书的编辑出版，并具有自己优势内容生产板块的专业古籍出版社。

在出版社定位问题上取得共识后，面临的另一个困难，就是缺少选题。由于受更名影响，出版社一年多时间没有正常开展编辑业务，造成选题断档，留下来的 18 位人员中，甚至连负责印制的也没有，致使更名前已完成编校的书稿也无法付印，缺少新书。2003 年是出版社自 1984 年成立以来出版新书最少的一年。为了解决选题缺口，当时我们想了几个救急的办法，一是将更名前出版的几部大型古籍整理图书，稍加改造，以影印的方式，作为新书出版，如《清诗纪事》《冯梦龙全集》等。《清诗纪事》由著名学者钱仲联先生主编，全书22册，近1000万字，单册定价，1987年至1989年陆续出版，是江苏古籍社当时规模最大的单体古籍整理项目，1994年获首届国家图书奖提名。我们将其扫描、拼页，改成16开4册，附加若干勘误及索引，整套定价，于2004年影印出版。2003年12月4日上午，倪培翔兄到苏州钱府送该书合同，钱先生躺在床上签字盖章后，培翔即返，尚未登车，接钱先生门人罗时进教授电话，先生去世，享年96岁（我成了与钱先生签约的最后一人，签字时间是12月2日）。《冯梦龙全集》由上海古籍出版社原社长魏同贤先生主编，也是22册，单册定价，1993年出版。我们也是通过对内容稍作归并，重新分为18册，整套定价，于2007年影印出版。另外，为了尽量增加图书品种，节约成本，对一些即将到版权期的大型古籍整理项目进行重印，如《宋诗话全编》，该书由吴文治先生主编，10册，约800万字，1998年出版。吴先生对我们的做法非常生气，现在看来，当时的做法有点欠妥。解决选题的第二个办法，就是把江苏古籍社几个系列性选题再继续下去，这些选题成熟度高，不需要再花时间去论证，例如《中国地方志集成》、“江苏学人文集”、“历代诗话全编”等系列。《中国地方志集成》启动于20世纪80年代，是由巴蜀书社、上海书店出版社、江苏古籍出版社联合出版的超大型古旧方志集成性项目，根据协商，各社承担十个左右的府县志。我们更名前，从1991年到2002年，十年出版府县志五辑，分别是江苏、江西、安徽、湖北、湖南，共计371册。2003年下半年，我们决定，首先将这个项目接续下去，2004年就出版了95册的山东府县志，其后每年一辑或多辑，至2014年全部完成，十年从未间断，共计出版915册，其中府县志14辑602册、省志24辑151册、善本方志2辑162册。另外还出版了《范仲淹全集》（2004年）、《金圣叹全集》（2008年）、《辽金元诗话全编》（2006年）、《宋金元词话全编》（2008年）等，这些延续性选题，对凤凰社古籍专业选题进一步确立，起到了很好作用。第三种做法，就是着手开发出版相对比较快的新选题，从“一大一小”着手，所谓“大”，就是规模较大的影印项目，如《清经解·清经解续编》（13册，2005年）、《清词珍本丛刊》（24册，2007年）等。记得为了节约成本，《清经解·清经解续编》底本，是我与王华宝兄一起到集团原图书馆，在封存已久的书库中找到的，当时两人被弄得灰头土脸。所谓“小”，就是传统文化普及性选题，如由当代名家选注的《历代名家精选集》（20种，2006年）等。

上述做法，初步解决了受更名影响缺少选题的情况，也使我们认识到，出版专业化的定位，必须有专业选题作支撑，方能可持续和走得更远。自此，制定古籍专业化选题，就成了凤凰社最重要的工作，一个不到20位编辑的出版社，“十二五”“十三五”国家重点出版规划项目、“2011—2020年国家古籍整理出版规划项目”分别达到20、19和50余项，在全国也是排在前列的。当然，这也超出了出版社自身的编辑出版能力，有的项目至今尚未完成。但在当时，就是想通过多多益善的专业重点选题，来确立和带动出版社古籍专业出版的定位和发展的可持续。得失之间，对于当时的在场者，是很难明辨的。

第三就是人员问题。出版社更名后18人的局面一直维持了近三年，这在全国可能是比较少见的。2006年，因为有了出版社经营权，我们首次单独招聘编辑，其后每年参加集团统一招聘，逐步解决人员紧缺的问题。结合我们对专业选题的思考，考虑从多方面获取选题资源，在招聘编辑中，除对应聘硕博生专业背景有所要求外，还考虑能否有利于多渠道获取选题资源，所以，除了南京大学、南京师范大学两所本地院校外，我们尽可能把招聘对象的学校面铺得开一些，先后录用了北京大学、复旦大学、武汉大学、山东大学、暨南大学、上海师范大学等外地高校毕业生，对拓宽选题来源渠道取得了一定效果。例如，现已是出版社副总编的韩凤冉，硕士毕业于复旦大学历史地理所，2007年入职凤凰社，2010年前后，策划了由该所著名学者周振鹤先生主编的《明清之际西方传教士汉籍丛刊》，项目入选国家重点图书规划，获得国家古籍出版专项经费资助，在学术界引起非常好的反响。这些来自不同高校的年轻人，通过在专业选题编辑出版中的锻炼，如今，他们中的许多人，已经成为凤凰社古籍专业出版的中坚和主力，多人入选国家、省部级人才工程，三人走上出版社领导岗位，2009年以前进社的编辑，均获评编审职称。

当年更名留下的18位员工，陆续到了退休年龄，出版社历史上一段特殊经历，也将随之渐行渐远，并终将被忘却。谈这个本不愿回顾的话题，实在不是件愉快的事，何况“文不逮意”，只能就此向徐海兄交差了。

作者系凤凰出版社原社长兼总编辑

好书突围、立足之道

——理想、品牌与坚韧

黄立新

最近，接到徐海兄安排的任务，要我写一篇关于出版的文章。按理说，对于干了一辈子出版的人来说，写一篇出版方面的文章，应该是驾轻就熟的，但实际未必这么乐观。从大环境来说，各家面临的问题都差不多，从具体来讲，又各有特殊性。想来想去，似乎可以将近几年的一些思考及做的一些事情，借徐海兄的“园地”作一简单的介绍，以求证于同行。

作为出版人的理想

无论是当编辑还是当社长，我认为，首先得是一个出版人，并将“做好书”作为起码的追求。这一点，无论是在什么样的环境下，都是不可更易的。有人认为，工作首先是完成任务。这一点我不否认。但有什么工作能把人局限到仅仅为了完成任务，而不带任何的感情色彩、人生追求？那样的世界有什么意思？对于一个行业的从业者来说又有什么意思？无疑，把自己锁定在“任务”这个维度，这是对自己职业、工作的矮化。一个没有情怀、没有追求的人，很难有所担当，而没有担当，又如何把事情做好？

每一项工作，都不可避免地带有主事者的主观性，主事者会赋予这个工作以色彩。任务是底线，追求是高度。取法乎上，才仅得其中。要把职业做成事业，没有一点追求，不具一点情怀，是不可能做长远的，更不可能百折不回，坚韧不拔。

抱着这个基本想法，我担任社长以来，一直在寻求突破。在地方社，经常会有一个观念、一种认识，那就是，不只是在业务上在地化、地方化，而且在资源上、内容上，也退守一隅。还经常会在我们周围听到这样的话：他们可以，我们不行。对这句话，我时常感到疑惑。什么叫“我们不行”？一个人如果丧失了主观能动，那这个事业要做好，怎么可能？再回到“地方”这个话题，我们如果不去回归事情本质，回到我们在“好书”这个层面来琢磨事情，这实际就背离了我们干这行的初衷。而要说“好”，就需要我们去拓展，去融入，去与全国的甚至是世界的一线的作者打交道。当然，这首先就是我们得知道什么叫作“好”。这也是我们需要不断修炼的内功。内功弱，就容易被忽悠。

记得之前看到三联的社庆，他们请了一些他们的作者录制视频。其中，著名学者甘阳说到作者和出版社的关系，并不仅仅是一个纯商业的关系，而且是有一个共同的感情基础在维系。这不禁让我想起范用老爷子和昌文沈公，说出版就是吃吃喝喝，这是说明一个出版社和作者的关系，是一个观念和感情的共同体，而不仅仅是金钱的关系。也只有在这个共同体之中，才可以随时跟他们请教，了解现在的动态与前沿，知道并且把握什么是“好”的内容，而不是闭门造车，自我想象。

所以说，突围首先是观念的突围，只有在观念的突围后才有行动的突围。对我们来说，无论在哪个品类，哪个领域，我们都要去找“好”的作者、“好”的选题。对“好”的评价，可能因人而异，但我们要多维度地来综合衡量。首先是就选题本身，其次，是目前的市场。必须综合评定，不能标准单一化。如果单一化，会让我们错过很多优质选题。

以品牌为突围

作为一个具有一定历史传承的综合性出版社，品类繁杂是一个常态，要想在现有的基础上迅速聚合起品类，不是那么容易的事情。而在近几年兴起的出版品牌化的趋势，给我们提供了很好的思路。在 2018 年的一个场合，我与一位对学术出版情有独钟的年轻人封龙见了面，在聊天的过程中，能感受到他对学术出版的浓烈的兴趣，并且，他对学术界、学术领域的熟悉程度，也很让我意外。四川人民出版社曾经推出了不少优秀的学术书，但没有成系统、成产品线来做。如何延续这样一种好的传统，统合我社学术出版资源？于是，我就决定以这位年轻编辑为依托，创立一个品牌，以专做优秀的学术著作为宗旨。

但事情并非如此顺利，一开始社内外就出现了不同看法，并不看好我们要走的这一步。我们的学术团队组建后，我对团队小伙伴们说："不管外面有什么说法，既然想好了要走这条路，我们就坚定地走下去。"我们为我们的学术品牌取名为"壹卷 YeBook"，意思就是一本一本地踏实把书做出来，拒绝花哨与浮夸，而这，也成为"壹卷 YeBook"的品格。

我们的学术出版团队紧锣密鼓地拜访了许多学者，包括葛剑雄、甘阳、李伯重、耿云志、张海鹏、桑兵、杨念群、何俊、刘小枫、干春松、王家葵等，又去找了谭徐锋等知名学术出版人策划系列丛书，这才有了现在大家看到的"论世衡史""艺术史：事实与视角""经典与解释论丛"等系列。就这样，"壹卷 YeBook"这个品牌开始按部就班地依照规划，一步一步前行。

在"壹卷 YeBook"品牌运行中，我们不但抓好选题，同时还不断拓展发行渠道。除了和社内的发行配合交流，我们的团队也在向外扩展，向一些实体书店、行业前辈请教，不遗余力地推广“壹卷 YeBook”的产品。于是，才有我们看到的实体书店给“壹卷 YeBook”设立专柜专架，在冒着经营风险的情况下，和我们签署全品种采购的合作协议。他们不仅对现有的品种进行全品种采购，而是对未来的品种，只要是“壹卷 YeBook”的产品，照单全收。这是“壹卷 YeBook”团队和社里营销中心共同努力的结果。这是以品牌为“突围”的开端。

逐渐地，品牌效应显现出来，学者们会经常提到“壹卷 YeBook”的产品。同时，网上也有人为此而欢呼：“一直都觉得四川的学术出版在学术界的地位与其拥有的高校规模和质量不匹配，现在四川人民出版社开始做自己的学术品牌，必须支持。”

至今看到网友、读者的这些留言，我都依然会感动。读者在期待，读者有眼光，是我们辜负了读者。好在现在逐步扭转了这种被动局面，我们在继续做下去。“壹卷 YeBook”作为一个初创的学术品牌，从经济效益来讲，虽不如其他品类的效益可观，但是，整体上保持了盈利。我们近一半的图书实现加印，一些大家觉得不会卖得很好的图书，都实现了增长。比如，葛剑雄的《中国人口发展史》。最开始签下合同，是在2019年初，到稿是2019年上半年，那个时候人口问题还没有显现出来并成为一个广泛热议的话题，加之这本又是再版书，谁都不敢保证最后的销量。但我们坚信，从内容来说，这是重要的学术著作，它不一定短期内卖多好，但一定会长销。这个坚信，来自经验，来自“文化自信”，不是数据分析，当时也没有数据可供分析。整个市场上，30年来，就这一本通讲中国人口发展的专著。这本书在2020年出版时，人口问题突然成为全国各个层面都在热议的话题，这本书一下变成“生逢其时”，上市仅一月，就实现加印，在两三个月的销量就突破一万册。当然，这跟畅销型的图书依然没办法比，但是，与我们最初对这本书的心理预估和期望来比，实在是出乎意料。很快，全球知名的学术出版机构泰勒–弗朗西斯还引进了这本书的版权，出版英文版。

当我们的产品陆陆续续面世的时候，又有一种观点认为，“壹卷YeBook”的这些书，虽然广受好评，受读者的欢迎，但是属于“非主流”，不能满足“主流”的期待，说得直白些，就是不能拿大奖。而事实并非如此，2022年，“壹卷YeBook”推出的孟宪实的《武则天研究》斩获一系列大奖：《中华读书报》年度十大好书、中国历史研究院“五部优秀著作”、文津图书奖、中华优秀出版物奖等。另外，孙卫国的《大明旗号与小中华意识：朝鲜王朝尊周思明问题研究（1637—1800）（修订版）》获得韩国“亚洲图书奖”中国出版图书提名；李虹的《死与重生：汉代的墓葬及其信仰》获第十五届书业年度评选“年度历史类图书”等。

在2023年的BIBF期间，“壹卷YeBook”与施普林格旗下的麦克米伦公司签约，由麦克米伦公司整体引进“壹卷YeBook”的“论世衡史”系列。麦克米伦公司每年会在“壹卷YeBook”所出版的图书中，选择合适的品种进行立项，在购买我们的版权后进行翻译，在欧洲出版，将我们的学术研究成果介绍给全球学界。这既是国际学术出版市场自主选择的结果，也是对我们出版价值的一种认可。当然，我还记得，今年11月，我在伦敦拜会泰勒-弗朗西斯出版集团全球图书业务总裁贝谨立先生，告知他我们的“论世衡史”系列整体和麦克米伦签约时，他表示很遗憾。我赶紧告诉贝谨立先生，我们还有很多其他的学术图书系列，同样非常优秀，我们也期待与泰勒-弗朗西斯出版集团建立更深的合作关系。

目前为止，“壹卷YeBook”储备了非常丰富的选题，已签约待出的各类作品即有160余种。而且，“壹卷YeBook”已经布局了十个系列的产品，如：论世衡史（中国的优秀历史学研究）、往事与随想（学术随笔、回忆录)、近观(日本的中国学)、“经典与解释”论丛(西方古典学研究)、国学新知(中国传统文化、国学研究)、艺术史:事实与视角(艺术史专题研究)、知道 Know(西方现代哲学、人类学、社会学)、走向中国(近代日本或欧洲关于中国的史料与专著)、励耘(公版书－现代学术经典)、壹卷精选(学术大家、经典著作、最新力作,以及优秀的文化普及类读物)等。

以“壹卷 YeBook”为例,一个品牌的发展过程中,会经历各种各样的质疑,但在质疑中,我们要有超常的定力,才能不断地坚持下去。

以“好书”立足

我们作为一家综合性的地方党社,无论是主题出版、学术出版、大众出版,都要以追求“做好书”来作为一贯之道。也只有不断地推出好书,我们才能在行业内真正立足。我们去看上海人民出版社、江苏人民出版社等,他们就是在严把图书质量的前提下,逐步成为行业佼佼者的。而在最初,谁也不会认为江苏人民出版社的“海外中国研究丛书”可以长销 35 年,影响几代中国知识分子。作为地方人民社,更要集中精力,在“好书”上不断琢磨,心无旁骛,这样积累五年、十年甚至更长时间,才能筑牢根基,在全国占有一席之地。而“好书”的标准,则需要我们不断地揣摩，只有把握本质，知止而后定，这样才有可能突围，也才能真正立足。

作者系四川人民出版社社长

编辑工作的乐趣

梁晋华

一转眼，从事编辑工作已满30年。回想起来并没有什么千辛万苦取得的成绩，30年的时光就这样轻飘飘地溜走了。唯一欣慰的是，这么多年编过的书稿大部分在自己的兴趣范围之内，为之付出得心甘情愿还充满乐趣，可以说编辑这个职业一点都没有亏待自己。在编辑工作中寻找乐趣，一直觉得我的工作与《论语》所说的“从心所欲不逾矩”非常契合，也就是把党和国家的出版方针政策与编辑自身专业特长、兴趣爱好结合起来，找到适合自己的出书方向，在工作中既能尽情享受个体创造力的充分释放，又不辱使命，不辜负编辑肩负的社会责任。

古人所谓“一言兴邦，一言丧邦”，也可以用来形容出版物对社会的巨大影响。每一位编辑必须清醒认识到社会责任的重大。出一本好书，对国家、社会都有利，自己也通过创造性的劳动享受到巨大的成就感，这种收益是金钱无法买到的，是人生中最值得珍惜的东西。例如，江苏人民出版社的“海外中国研究丛书”，自1988年出版以来，几代出版人一以贯之、薪火相传，至今已出版200多个品种，对于国内学术研究而言善莫大焉。许多学者谈起这套书，都说是自己学术之路上不可或缺的。这套丛书对社会的贡献与口碑，是图书社会效益最本质的体现，参与其中的每一位编辑能为如此重大的文化工程付出心血，其生命价值感也会由此得以提升，这是对出版人最大的奖励。随之而来的各项荣誉，只是社会效益实现之后的副产品，而不是社会效益本身。出一本坏书，轻则把有用的纸变成无用的书，浪费社会资源；重则造成精神污染，给国家和人民带来直接危害，编辑自身的生活与工作也同时留下阴影。

叔本华在《论学者》中说过："一个人只有真诚地热爱一件事，才会对它有直接而浓厚的兴趣，才会因为喜欢它而献身于它，才会不懈地探求其奥秘而只是为了爱好。正是这些人，而不是那些为金钱而劳动的人，才创造出最伟大的作品。"如果我们把工作仅作为获取薪水的手段，与生活割裂开来，试图用工作的苦，换取生活的乐，那我们一生的大部分时间将充满痛苦。因为对于一天而言，除了吃饭睡觉，绝大部分时间在工作；对于一生而言，最宝贵的年华也是在工作，工作几乎就是在书写我们每个人的人生轨迹。如果不能在工作中找到安身立命之地，发掘出生命的乐趣，那么我们的一生还有多少时间是属于自己的？是为自己而活的？还能有多少时间留给自己，体味人生的快乐？

邹韬奋先生在《生活史话》中说："做编辑最快乐的一件事就是看读者的来信，尽自己的心力，替读者解决或商讨种种问题。把读者的事看作自己的事，与读者的悲欢离合，甜酸苦辣，打成一片。"编辑工作最大的优势就在于能充分发挥编辑个人的创造性，从选题策划到编辑加工，从装帧设计到营销宣传，无不饱含编辑的心血。一本印制精美的新书，捧在编辑手中，他收获的是婴儿孕育诞生般的至真喜悦，如上帝造人般体味着创造的欢愉。这时，工作就是生活，工作就是享受。这也就是编辑最大的"快乐源泉"。

投资办企业有一句俗语："做生不如做熟。"但人们总会忍受不住潮流、时尚和贪心等的影响，结果偷鸡不成蚀把米。编辑策划选题，亦是如此。在自己熟悉的领域，编辑自身有专业特长，了解其发展的现状与趋势，同时也积累有广泛的人脉资源，拥有强大的作者队伍，更容易发挥其专业潜能，策划出好的选题。选题运作成功后，逐步推开，扩充根据地，做大做强就成了水到渠成的事。

山西人民出版社的围棋类图书，正是循着这样的思路，逐步发展壮大的。2001年开始出版的《围棋教学习题册》系列，是山西人民出版社围棋图书的起点。作者是从未出过书的围棋职业三段胡晓苓老师，职业棋手在我们这些业余棋迷眼中都是令人尊敬的老师，因为可以在棋艺上高屋建瓴地指导我们。她当时烦心的是怎么才能减轻给学生讲课时需要大量复印习题的困扰，这一点又恰恰是最真实的市场需求信息。当时我们的编辑部主任姚军（2019 年任社长）是业余围棋五段，太原市的业余围棋高手，我们编辑部办公室也成为太原市业余高手下班后的聚集地，职业棋手也不时过来指导一下，在围棋上实现了“谈笑有鸿儒，往来无白丁”。这种自由与真性情的氛围，对于出版社这种需要策划、创意的文化单位而言，非常重要。正如钱穆先生在《论语新解》中解读“子之燕居，申申如也，夭夭如也”时说的，孔老夫子也“并非整天作古振今，老是一副紧张面孔和圣人气象。后世假道学却往往如是，令人望而生厌”。

胡晓苓老师与姚军是多年的好友，她的苦恼与姚军一番诉说，立刻诞生了出版一本围棋教辅读物的选题。过了一段时间，胡老师抱了一堆“书稿”来了我办公室，打开一看，好家伙，有复印的，有剪贴的，有手画的，乱七八糟。胡老师呵呵一笑，就这么多东西，你看着弄吧。这下可好，我这个责任编辑第一项工作就是给原稿排序，编页码。接下来又转战排版公司，与排版工人一起研究如何排围棋稿件，主要是如何录入棋谱。工人不懂围棋，我不会排版，取长补短、齐心协力，终于搞清楚排版软件棋牌插件的用法。工人在录入棋谱时因为不会围棋，只能数着横竖棋盘线去摆棋子，错误百出，我索性亲自上手把棋谱上的棋子一个一个摆上去，省得看稿子的时候再去标红。当时的排版软件非常落后，棋谱图和文字是分离的，不能自动调整，就像以前的铅字排版一样，一旦删掉一个就得把后面的棋谱依次手动调整。所以我经常把胡老师也喊去排版车间一起干活，遇上需要补图的地方，现场出题补图，省去来回推版的麻烦，我们由此也结下了深厚的战斗情谊。书出版之后，利用胡老师在全国职业棋手中的人脉资源，进行宣传营销，从一开始每年销售三五千册逐步发展到《围棋教学习题册（入门）》单品种一年销售10万册以上，至今累计单品种销售150万册，成为围棋培训市场不可或缺的教辅读物。这种全生命周期，打造一本畅销图书的乐趣，对于编辑而言，非亲身经历不能体会。

等到编辑江苏围棋队主教练丁波老师的《围棋教学习题册（中级、高级）》时，我的棋力有了质的飞跃。丁波老师是职业五段，是我国著名的金牌教练，曾经带领江苏队在中国女子围棋甲级联赛中拿下八连冠。他选编的习题非常经典，适合业余四段以上使用。我作为当时接触书稿时业余二段左右水平的编辑，并没有能力想明白每道习题背后复杂的变化，为了发现书稿中的问题，硬生生对着答案把书稿中的习题做了多遍，对于每道题的答案都在反复琢磨：如果不这样走会有什么变化。居然发现了不少原稿问题。这股子认真劲得到了丁波老师的高度认可，我们亲密合作 20 余年。书出版后，我发现自己在棋盘上再也无惧战斗了，成了棋盘上的“力战派”，因为编书过程中强制做题，极大地提高了自己的计算力和对棋形要点的感觉。孔子说，三人行必有我师。编辑这个职业最好的一点就是，总在与不同专业的高人打交道，潜移默化中自己也得到不断提升。

20 多年来，山西人民出版社深耕围棋出版，不断推出新书，形成了“书海围棋”品牌，许多偶像级的围棋职业棋手都成了我们的作者。我社先后出版了陈祖德、聂卫平、马晓春、俞斌、江铸久、芮乃伟等中国围棋界老一辈顶尖棋手以及韩国曹薰铉、李昌镐等世界围棋风云人物的著作，每一个名字都是一座高峰、一段传奇。

2012 年我们出版了《陈祖德围棋二十名局》。陈祖德是 20 世纪 60 年代第一个在中国击败日本九段棋手的中国人，也是中国棋院院长、中国围棋协会主席，1980 年在与胃癌病魔斗争中撰写自传《超越自我》，激励了一代围棋爱好者。2012 年陈祖德先生又罹患胰腺癌，消息传来我们作为棋迷心里都十分难过。当时姚军已经是山西人民出版社总编辑，他义不容辞地去看望了陈老，希望能够出版代表陈老一生辉煌的对局集，并且婉转地提了一个要求，希望陈老能够挑选各个时期自己最喜欢的照片作为每一局棋的配图，陈老作为早已勘破生死的豁达之人，当然清楚出版社的心意，欣然同意。于是一部经典再现20世纪六七十年代中国围棋开始由弱而兴、赶超日本围棋的艰难步履的著作诞生了。作为责编，我在编辑过程中充满了使命感，也深为自己作为一个普通围棋爱好者能为中国围棋出一份力感到骄傲。最终，陈老在住院期间，于病榻上审定书稿，见到了即将付印的样书。

芮乃伟老师，是我个人心目中的偶像，她是中国少有的能够一以贯之地、纯粹地生活在围棋世界中的神一般的存在，不受世俗的羁绊，至今仍然能够驰骋于围棋赛场。作为吴清源先生的关门弟子，她真正传承了棋道精神。《芮乃伟国际大赛对局精选——吴清源大师评点》《风中的旅人》等都是由山西人民出版社出版的。一般职业棋手认为职业围棋是个残酷的胜负博弈场，而芮老师却完全不同，她用史铁生《病隙碎笔》中的话来解释自己对围棋的执着："约伯的信心是真正的信心。约伯的信心前面没有福乐作引诱，有的倒是接连不断的苦难。不断的苦难才是不断地需要信心的原因，这是信心的原则。从约伯故事的启示中，我知道：真正的信心前面，其实是一片空旷，除了希望什么也没有。"芮老师说，把句中的"苦难"换成"失败"，把"福乐"换成"胜利"，就是她对围棋的信心了。我自认为自己也曾在哲学上下过一些功夫，同样也为史铁生从自我真实存在的人生去思考去阐释的哲理所折服，但是芮老师的话还是如闪电般击中了我的心魂，哲理在她这儿不再是空洞的概念，而是一盘盘呕心沥血、落子无悔的棋局，一步步信念坚定地走过的人生。编辑工作何尝不是如此，如果我们不是专注于所编书稿本身的价值，而是被外在的利益、荣誉所引诱，难免会陷入马克思所批判的拜物教的窠臼。

依托围棋图书在国内围棋界形成的影响力，2019 年山西人民出版社（书海出版社）与路鑫集团共同出资组建山西职业女子围棋队——山西书海路鑫队棋队征战多年，终于在 2023 年获得了中国女子围棋甲级联赛的冠军，成为中国女子围棋甲级联赛历史上第三个冠军，也是山西围棋第一次夺得职业联赛冠军，还是山西职业体育历史上继山西女篮之后的第二个冠军。山西人民出版社的编辑团队也在全国的新闻媒体围棋比赛中屡获佳绩，在 2019 年第三届全国新闻媒体围棋精英赛中更是荣获团体冠军。

纵观 30 年的编辑工作，似乎一直是为了自己的兴趣而工作，一直在做让自己“快乐”的事，回想起来特别感谢出版社这么好的平台，感谢编辑这个职业！

作者系山西人民出版社总编辑

破碎的奖杯，温暖的记忆

陶振伟

自1984年创刊以来，《全国优秀作文选》已走过了40载光阴。40年间，这片文学的沃土见证了无数少年的成长，见证了梦想的萌发与绽放。曾任主编的我，倍感荣幸能在其中参与并见证这一段光辉历程。借创刊40周年之际，我愿与诸位分享一个关于编读互动的温馨故事。

一通电话

那是一个再平常不过的日子，2019年11月10日，秋风微凉，阳光透过窗棂，洒在办公室的地板上，带来一丝温暖。我正埋首于厚厚的稿件中，长时间的审阅工作已使双眼疲惫不堪。此时，电话铃声骤然响起，打破了这片静谧。我拿起话筒，本以为这是一通寻常的读者来电，电话那头传来的话语竟深深触动了我的内心。

来电者是一位带着浓重东北口音的女士。她的声音中透着一丝焦急，夹杂着几分期盼。她开门见山地问我，能否为她补做一个十几年前发给她女儿的奖杯。听到如此请求，我不禁愣了一下：这位母亲为何对一个奖杯如此执着？

随着交谈的深入，事情的来龙去脉逐渐清晰。原来，这个奖杯是她女儿在我们刊物举办的“雨花杯全国十佳文学少年”评选中获得的荣誉，象征着她在文学创作上的初步成就。然而，在一次搬家过程中，这个陪伴了她多年的奖杯不幸损毁。如今，女儿已远赴美国求学、工作、成家，离家千里万里。这位母亲不忍告知女儿奖杯损毁的消息，却希望能为女儿保留这份珍贵的记忆。于是，她怀着一丝希望，拨通了我们的电话。

为爱而行

听完她的诉说，我心中不禁涌起一阵感动。作为编辑，长期以来我们早已习惯于在书稿、赛事、评选的繁忙工作中穿梭，往往忽略了这些事背后所承载的情感与意义。然而，这位母亲的故事让我猛然意识到，我们所选的每一篇文章、发出的每一份荣誉，都在读者的生命中留下了不可磨灭的印记。

尽管时光荏苒，主编与编辑已几易其人，想要查找到十几年前的奖杯承制厂商，已是难上加难，更遑论复制出一模一样的奖杯。然而，我们深知，这不仅仅是一个奖杯的问题，更是我们作为出版人对读者情感的回应与责任。

我们决定全力以赴，帮助这位母亲实现她的心愿。

我们开始四处打听，努力在档案室中寻找当年的记录。同时，我们仔细比较了几家承揽奖杯制作的公司，希冀找到一家能够复刻出类似奖杯的厂商。经过几番波折，我们终于找到了一家技术精湛、口碑俱佳的公司，并根据那位母亲的描述，定制了一个玻璃奖杯，上面镌刻了“第十届雨花杯全国十佳文学少年”的字样，镌刻上她女儿当年的荣誉与梦想。

奖杯制作完成后，我们原计划通过快递将这个承载着爱与回忆的奖杯寄给那位母亲。令我们意外的是，她婉拒了这一提议，坚持亲自从哈尔滨飞至南京，亲手接过这个奖杯。她的执着令我深感触动，这不仅是对奖杯的珍视，更是对女儿那份深沉母爱的表达。

相逢南京

2019 年 12 月 19 日，南京初冬的寒意渐浓。当那位母亲出现在编辑部门口时，我看到一位面容慈祥的老人，她眼神中满是期待与感激，仿佛这趟千里之行承载的不仅仅是一个奖杯，更是一段跨越时空的情感。

我们几位编辑特意放下手中的工作，与这位远道而来的母亲共进午餐，听她将女儿的成长故事娓娓道来。她讲述着女儿自幼喜爱读书、写作，在学校文学社中崭露头角，因参与我们刊物的作文比赛而获得人生中第一座文学奖杯。这份荣誉对她女儿而言意义非凡，正是这个奖杯点燃了她对文学的热爱，激励她一路追寻梦想，最终考上北京大学，并继续在美国深造。

母亲的言语中充满了自豪与幸福，那一刻，我仿佛看到了她女儿在我们刊物陪伴下一步步成长的足迹。这个奖杯不仅象征着一份荣誉，更承载了一个家庭对文学梦想的执着与坚守。

午餐后，我们带她参观了编辑部，详细讲述刊物的发展历程与背后的故事。她听得津津有味，不时点头称赞。在这短暂的相聚中，我深刻感受到了编读之间那份难以言喻的默契与温暖。最终，我们依依不舍地送别了这位母亲。她带着那个沉甸甸的奖杯，踏上了归途。

编读情深

故事虽平凡，却深深触动了身为主编的我。作为出版人，我们每日精心审稿、编稿，悉心组织各类作文比赛。然而，很多时候我们并不清楚这些努力会给他人带来何种影响，又会如何助力他们的成长。而这位母亲的女儿用她的经历告诉我们：我们的努力是有价值的，我们的工作是有意义的。

这位母亲虽与我们素未谋面，但见到我们的第一句话便是“谢谢你们”。这简单的四个字，让我们感到所有的付出都是值得的。能帮到读者，实属幸事——这不仅是一句感慨，更是我们每一位编辑内心深处的真实写照。此段回忆，不仅温暖了我的编辑生涯，更使我深刻体会到作为出版人的价值与幸福。

40 年来,《全国优秀作文选》见证了无数少年的成长与蜕变。我们也从一个小小的编辑部发展成为一个拥有广泛影响力的文学平台。在这一路上，我们收获了无数的欢笑与泪水，积累了无数的感动与温暖。

这份温暖，正源自编读之间的互动与理解。每一个读者的来信、来电、来访，都让我们感受到那份沉甸甸的责任与使命。我们深知，工作的意义不仅仅在于出版一本刊物，更在于点燃每一个少年心中的文学梦想，陪伴他们走过成长的每一个阶段。

作者系江苏凤凰报刊出版传媒有限公司副总编辑

学术交往、泽润心灵

——优秀作者永远是出版社的源头活水

李 岩

从古至今，人类知识与智力成果的传承与传播，都是依托出版这个媒介来完成的，这也是出版的初心使命。正是在这个意义上，我们认同孔子是早期中国的杰出编辑出版家和史学家，正是他开启了对先秦思想文化与文献的汇辑、编纂与集成，并成功地将先民的思想理念，借助历代王朝统治者的推动，铸造成为以儒家文化为代表的中华优秀传统文化的核心内容。而古代文献典籍聚散流变的核心轴便是对儒家经典乃至先秦以来的文献加以诠释解读并赋予新的使命（冯友兰先生所称“旧邦新命”）。

个人有幸在1987年研究生毕业后入职中华书局，成为以传统文化读本为品牌出版标志，以传统古籍出版重镇为出版使命的著名出版机构中的一员。中华书局的编辑养成史素有传统，加入学会，深度交往，提升视野，审读稿件，组织学术传播与知识生产，成为学术界中坚力量和顶梁柱。我所服务的中华书局和我所熟知的赵守俨、傅璇琮、程毅中、周振甫、李侃等先生，即这一传统的代表。

中华书局有一个好的传统，要求入职后的年轻编辑们一定要加入各个学会，加强与学术界的深度交往。我因为学隋唐历史文献学，所以很快就在先生们的推介下加入了中国唐史学会、中国宋史研究会和中国历史文献研究会，并与这几个学会的几位会长、先生们都有深度的交往。

第一位要提到的是漆侠先生。记得是 1992 年下半年，我刚到总编室担任负责人，就受傅璇琮先生的委派，参加在保定河北大学由中国宋史研究会举办的国际宋史学术研讨会。在这次的研讨会上，有幸结识了包括漆侠、张曦、王曾瑜、裴汝诚先生等一大批知名的宋史研究学者。特别是漆侠先生，他把我放在特别重要的位置上。他说，小李，你不是代表你个人，你是代表中华书局、代表中华书局的总编辑傅璇琮先生来参会的。临行的时候，他专门把我叫到身边，嘱咐我一定要向傅璇琮先生问好，表达学术界对中华书局的向往，以及期待在中华书局出版学术论文集的愿望。后来这次国际宋史学术研讨会上相关学者的重要论著由中华书局另一位资深编辑汪圣铎负责出版，保持了书局和学者的交往热度。

中国历史文献研究会也是我加入的重要学术团体。中国历史文献研究会在厦门同安举办了一次年会，当时张舜徽先生和北京师范大学的刘乃和先生都参加了。会上，张舜徽先生详细询问我的学业师承，他们两位先生和我的导师吴枫先生都很熟。我记得刘乃和先生还说了一句话，“哎呀，吴枫先生很厉害啊，他把自己的两个弟子都推荐进了中华书局。”我和我的师兄王景桐当时都供职于了中华书局。张舜徽先生当时就问我：“你想不想继续深造，读我的博士生？”后来由于机缘未至，这个愿望没有实现。但是后来我和他的很多位博士生如周国林、傅道彬、王国华、陈虎等诸位先生都成为学术界的好朋友。

对于宋史学界另外一位巨擘邓广铭先生，我们更是仰慕已久。他的很多学生都在中华书局担任编辑，所以我们和邓先生一直保持着密切的交往。我记得当时探讨邓广铭先生几部大传出版的事情，时任三联书店的总编辑李昕专门给我打电话，说希望中华书局退出竞争，由三联书店出版，并且一定会出好。我就此专门和邓小南先生打过电话。邓小南说，这两家出版社都是和他们关系非常好的，她难以割舍，由我们来决定，只要把书出好就可以了。这是一段学界交往的佳话，也是我们保持和这几位学术界大师深度交往的佐证。

中华书局的这一传统，是由我们的前辈先生们留给我们的丰厚遗产。像赵守俨先生在主持“二十四史”的编辑出版工作中，与祁龙威、唐长孺、王仲荦、陈仲安、王钟翰、启功等诸位先生的友情，我们都曾口耳相传或是听前辈们反复提及。再如程毅中先生和古典小说界、古典文学界的前辈学者们翰墨酬和与交往。特别是傅璇琮先生，他和老一代学者程千帆、漆侠、蔡义江、倪其心、褚斌杰、金开诚、沈玉成、罗宗强、曹道衡、周勋初等先生涵泳蕴藉，相互推重，在唐宋文史界与同辈学者大家们共同推动唐宋文史研究向纵深挺进。此外，特别是他奖掖扶助中青年学者的廓大情怀让人难忘。他对晚辈后学的提携奖助，对晚辈的求助从不拒绝，这一点我觉得弥足珍贵，也时时从旁印证着。这种学术界与出版界的深度交往，共同助推文史学界呈现勃勃生机、学术新意盎然。

除了通过参加学会结识大家名家作者外，保持与名作者在工作乃至生活上长期不断的深入联系，也是中华书局维护作者资源的重要优秀传统。

还可以举著名学者、“红学家”冯其庸先生的例子。那时候我们和冯先生关系相处得非常好，每年的春节前几天是冯先生的生日，我们一定要在春节前几天到他家里去拜访。我记得当时是中华书局的资深编审柴剑虹、朱振华两位经常陪同我们，后来还有徐俊、顾青一道到冯先生家去拜访。冯先生特别高兴。有一度他要出版他的全集，当时也面临着多家出版社竞争，我们也多次表达了出版的意愿。后来，青岛出版社抢在了前面，他们提的很多条件及服务细节，让冯先生很满意。我和傅璇琮先生参与了冯先生全集的编辑出版过程，我们也作为编委会的成员，承担其中的部分工作，帮助把这本书出版得精美典雅，全集也获了大奖。冯先生一直很感激我们这种无私的友情，并在日常的交往中屡屡提到。

我看首届茅盾文学奖得主、著名作家李国文先生的作品较早，在大学期间；认识他本人则是遵桂晓风署长之嘱，在1997年底，先生转型散文随笔写作之后，为他购买打折的“二十四史”。其后《通鉴》《通典》等史书，以及大量史料笔记都是我主动送上门的，从此成为家中常客，每年三五次探望聊天都是无比兴奋。李先生说唐、说宋和重新评点《三国演义》都是我主动为中华书局邀约的稿子。李先生经常讲一生中始终伴读的两种书：《红楼梦》和鲁迅杂文集，对我辈也深有影响，甚至是终身受益。在我人生中面临几次重大选择的时候，我都要打好电话到李先生家中长谈，一杯手冲咖啡、一杯清茶，每次都是如沐春风，教益良多。在李国文先生的追思会上，我发言时数次哽咽，情怀难禁。

还有一个重要的例子，就是与中央文史馆馆长袁行霈先生的交往。袁先生和中华书局的情谊更加深厚，他和程毅中先生是前后的同学，经常听他提及程先生和傅先生，这两位先生都是他的学术诤友。袁先生在写作《陶渊明传》的时候，在研究文学通史的时候，他的许多文史图书及国学研究杂志的出版，都请中华书局的资深编辑参与其中。他主持海外汉学家研修活动，主持中央文史馆的《中国地域文化通览》和《传统文化百篇赏析》两部皇皇巨著，中华书局也都参与其中。

这两部巨著，都是由袁先生主编的。他把编辑出版的工作交给了中华书局，表现了对我们充分的信任。当然，袁先生生日前我也都要去探望或者电话问讯，表达我们的诚敬。有一次我到袁先生家里，袁先生和我、徐俊还专门合影留念。袁先生的夫人杨老师主动说，李岩，行霈听说你来，他特别高兴，在你来之前专门给你写了幅字。袁先生的这幅墨宝，我一直珍藏着。袁先生轻易不赠人墨宝，但是他对我们这些晚辈特别厚爱、关切与慷慨，让我们感佩、铭记于心。

还有两位先生，也特别值得一提。一位是大艺术家韩美林先生。我们是韩先生在北京的艺术馆的常客，他在宁夏、江西、浙江开分馆的时候，我们都有幸参与其中。韩美林先生和他的夫人周建萍女士与我们都是挚友，韩老师每年的书画展我一定要参加。他的著作《天书》也是我力促由中华书局再版的。韩先生的传记，包括周建萍女士记述他们生活的一些图书，也都由中国出版集团旗下的另一家出版机构华文出版社来出版。这也印证了韩美林先生和周建萍女士与我们持续十余年的深厚情谊。

我们也时常到韩先生家里去探望，享受韩家宴的美味，感受艺术家的人格魅力。每次到访，韩先生都特别高兴。他在青岛举办的书画展，我们也专门陪同参加。包括在外地的大篷车活动等，只要我们有时间，一定会陪同他们去。这些体现了一位艺术家对我们晚辈、对于出版人的深情厚谊。韩先生很关注自己作品的印制出版，对中华书局很多编辑同仁和雅昌文化的万捷、何曼玲都充满了无限关怀与深情厚谊。

最后讲到一位先生，阎崇年先生。阎先生多年深耕清史领域，特别是清朝入关前后清初的历史，是该领域国内外顶尖的学者。他和中华书局的老一代，特别是李侃先生保持了密切的学术交往。他经常给我讲这个往事，当时中华书局正在出版吴晗先生整理的《朝鲜李朝实录中的中国史料》，尚未出版只是清样的时候，李侃先生就允许阎先生到中华书局查看有关的清样，誊抄这部分史料。

《正说清朝十二帝》(原名《清宫十二朝疑案》)是由当时中华书局的一个年轻编辑，现在也成了优秀出版人的三联书店总经理宋志军发现的。宋志军发现这部书稿后，就报告了我。我和中华书局的另外几位同事顾青、沈致金、宋志军，四人由我开车直接到阎先生家里争取这部稿子。当时已经有 30 多家出版社在竞争，但是我们的诚意深深打动了阎先生，阎先生和夫人解老师决定把稿子交给我们。书名是我们请示杨牧之署长之后，确定下来的。

《正说清朝十二帝》成为一部改变历史类图书阅读习惯、引领学术风尚的新书，引导了一系列“正说”系列。中华书局及更多出版社出版的“正说”系列，整个销售应该在千万册以上。中华书局这本《正说清朝十二帝》也成为经典之作。阎先生在2024年中华书局出版《正说清朝十二帝》（20周年纪念版）的序里讲了这段故事，讲了这个书名和作者与学者、出版人之间的交往佳话。阎先生一直保持着跟我们的深度交往，中国出版集团旗下的华文出版社也出版了阎先生的著作集。他的大部分著作都由中国出版集团旗下出版社出版，这是我们和学者之间深厚友谊的见证。

我举早年间在中华书局供职时这些出版界和学界交往的例子，是想说明优秀的出版物，它的创作与生发来源于作者，来源于作者和出版人之间深度交往过程中的发现。我认为，一个时代的成长进步，一个时代的递进发展，离不开作者，包括以艺术家、科学家、作家们为中心的知识生产服务和人类智慧的结晶，离不开我们这些知识人、出版人，离不开优秀作者的增进人民福祉的智力成果的汇集。我们作为人类知识生产与传播的专业化社会组织机构中的一员，特别是优秀的出版人，要发现这些成果，并把他们传播传承出去，以最好的载体形式呈现给读者、民众，这就是出版人存在的意义和价值，也是我们需要恪守的永恒不变的职责。

从业三十七八年，常感慨编辑生涯最值得骄傲的事是有一两本好书流传下来，成为架上庋藏之物，并时时引以为荣。机遇从来都是提供给有准备的人，准备接受上天礼物的人整日里虔敬勤恭克俭地工作，与人广泛交往期盼着有好书的降临。那些心有千壑、胸中万卷的作者何尝不是日夜逡巡地观望着考察着，反复斟酌探讨才把那绣球抛出来，交给他们认可合适的出版社合格的编辑出版人。我们常常艳羡那些出得好书的优秀出版社、出版人和知名的图书品牌，其实包括科学家、艺术家、作家和知识传承传播者在内的优秀作者，才是并且永远是优秀出版社优秀图书的源头活水和亿万读者朋友的福音。

作者系全国政协委员，中国出版传媒股份有限公司原总经理

那年，获准出版《金瓶梅》

宫晓卫

在新中国古典小说整理出版史上，20世纪80年代批准整理出版《金瓶梅》，无疑是其中特别令人瞩目的一节。1985、1986、1988三年里，人民文学出版社整理本《〈金瓶梅〉词话》（删节本）、齐鲁书社整理本《张竹坡批评〈金瓶梅〉》（删节本）和《新刻绣像批评〈金瓶梅〉》（足本）接连获准出版，在学术研究界、出版界曾有着堪称“轰动”的影响。那个阶段，正处在改革开放不久，国家对古旧小说的出版管控尚严，人们聊起被习惯视为“禁书”的《金瓶梅》整理出版“开禁”，自然会联想到思想解放。

我1985年入职齐鲁书社，成为该社文学编辑室的编辑，亲历了两种《金瓶梅》和与之相关图书的出版过程。从协助老编辑看《金瓶梅》清样，到参与选题策划、任责编，乃至负责校点整理部分项目，得到了方方面面的编辑历练，留下了个人出版生涯的一段特殊记忆。

一、张竹坡批评《金瓶梅》

1986 年 4 月，山东出版总社向国家出版局呈送了《关于出版张竹坡批评〈第一奇书金瓶梅〉的请示报告》，报告说该书整理者王汝梅历经五年，“对《第一奇书金瓶梅》的删秽和校点工作已告结束”，出版条件已成熟，故再次上报，申请由齐鲁书社出版。

1986 年 5 月，国家出版局下达《出版张竹坡批评〈第一奇书金瓶梅〉的批复》（[86] 出版字 456 号），“批复”称：

> 《金瓶梅》版本繁多，张竹坡批评《第一奇书〈金瓶梅〉》在体裁、回目、文字上自成特色，具有一定的学术参考价值。经研究，同意齐鲁书社出版王汝梅的整理删节本。印数不要超过一万部，由齐鲁书社内部定向对口发行。

这是继 1985 年国家刚批准人民文学出版社出版《金瓶梅词话》后，紧接着批准的第二种《金瓶梅》整理本出版。其校点是以清康熙刊本张竹坡批评《第一奇书〈金瓶梅〉》为底本，参校多种“张评本”版本及《新刻绣像批评〈金瓶梅〉》完成的。整理者王汝梅先生时为吉林大学教师。

张竹坡批评《金瓶梅》是清代影响最大的《金瓶梅》版本。在《金瓶梅》版本流传过程中，“张竹坡批评本”（以下称“张评本”）与“词话本”分属两个版本系统，快速同意另一种不同系统《金瓶梅》版本的整理出版，人们看到的是国家顺应学术研究需求和呼声的开明态度。

印象里我知道齐鲁书社将要出版“张评本”《金瓶梅》的消息，还是在华东师范大学中文系读研时。记不清是 1983 年还是 1984 年，中文系黑板报上发了一则简讯，称人民文学出版社将出版校点本《〈金瓶梅〉词话》、山东齐鲁书社将出版校点本张竹坡批评《金瓶梅》。处在 20 世纪 80 年代初那个书荒时期，一部不乏自然性行为描写，而被目为“淫秽”受到“禁毁”的著名古典小说将要出版，虽然只是简讯，信息的量却很大，让人过目不忘。这条信息于我的另一层意义，是让我知道了家乡还有这么一家出版社，从此增加了一分对这家出版社的关注，以致对它的认可，竟成了自己毕业分配时的职业选择。

一条尚不确定的消息能早早出现在大学的讯息板上，可以想见当年学术界对这种消息终会实现的信心。消息的来源已无可考，但后来我知道，齐鲁书社早在 1982 年就向国家出版局报告过要整理出版《金瓶梅》的意向，因为《金瓶梅》是古代名著，书中含大量山东方言，写的是山东事，作者“兰陵笑笑生”有着明显山东地域指向，实属典型的山东地方古籍。齐鲁书社 1979 年成立，作为山东的专业古籍出版社，围绕地域古代小说的整理，此前出版了 24 卷本《聊斋志异》和《醒世姻缘传》，均获得极好的市场反馈。再策划古小说选题，将《金瓶梅》纳入出版思路，放在那个年代，想法虽然有点大胆，但不意外。1982 年的报告未获允准，消息却是真实的，不是什么秘密。且从后来的二次申报获批，知道最初虽申报未成，但希望之门却没有堵死。

当然，如果说消息是源自 1980 年曾在华东师大参加“中国文学批评史”培训班、对张竹坡和《金瓶梅》的研究即始于此的王汝梅先生，或者是 1983 年到华东师大中文系参加过第一次全国词学讨论会的齐鲁书社文学编辑室主任、也是“张评本”《金瓶梅》责任编辑的任笃行先生，也都在情理之中。

1986 年，齐鲁书社作为一家新兴的地方古籍出版社，能在国家队人民文学出版社之后被批准出版《金瓶梅》，不免惹人艳羡。记得当年总有人喜欢问个为什么。梳理个中原因，肯定是多种因素交织的结果。而我以为其中很重要的一点，是这家出版社建社几年来，用出色的出版业绩所树立的学术品牌和赢得的学界口碑起到了关键作用。1984 年齐鲁书社建社五周年社庆，一大批顶流学者云集济南，所谓“文兴齐鲁，功在学林”，是与会学者对齐鲁书社的一致褒扬。良好的声誉，也促成了1986年由齐鲁书社承办的改革开放以来第一次全国古籍出版工作座谈会，这次会议后来被推论为延续至今的古籍出版社社长年会的首届。在这样的时间节点上获准出版“张评本”《金瓶梅》，显然不是偶然的。在1982年，一个新建社即提出出版《金瓶梅》这种敏感选题的报告，不被认可实属正常，出版社几年来的快速成长、成熟，立住了形象，方能被信任。

从1986年5月拿到批文，到1987年1月“张评本”《金瓶梅》见书，仅半年多时间。在铅字排版年代，一部百万多字、精装两册、彩色插页，须往返多次看样推版改版的古籍图书，能有这样的高效率，必须承认这是借助了计划经济时代本系统合力的优势。彼时山东虽然已成立了多家专业出版社，但还是实行出版总社编、印、发、供统一管理。是山东出版总社的统一协调，特事特办，各相关单位一路绿灯，促成了本书的顺利出版。当然，全书52个印张加17个彩插，又是限量出版、内部发行的特殊图书，初版定价只有25元，显现的也正是计划经济不甚讲究供求关系的特征。

“张评本”《金瓶梅》的出版，意料之中地影响火爆。记得那时与友人见面、通信，几乎言必称《金瓶梅》。由于按批文要求的初版限量印制一万部，与市场需求太过悬殊，即便当年又获准加印一万部，仍做不到购者有其书。

书是在山东出版总社大院门对面一路之隔的山东新华印刷厂印制的，于是乎就有了系统内不少人知道的一个小秘密：在出版社买不到书，到工厂找人却能搞得到。不过那只是私下里的小动作。山东人敦厚、本分，不大干破规矩的事，不随便擅自加印，让“张评本”《金瓶梅》卖方市场的好日子持续了几年，直到后来大量盗版书的出现，才完全打破了这种供求关系。

20 世纪 90 年代中期，随着整个古典小说图书市场的式微，齐鲁书社版“张评本”《金瓶梅》与《明代四大奇书》一并停止了重印。岂料这一搁置竟近 20 年。直到 2013 年，新闻出版总署批准了齐鲁书社提出重版《明代四大奇书》、须重印“张评本”《金瓶梅》的申请，更换了开本、插图，重新加以修订的“张评本”《金瓶梅》，才于 2014 年 12 月以新的面孔再次面世。只是时过境迁，新版书的登场，早已没有了当年的新鲜，昔日的风光泯然矣！

二、《新刻绣像批评〈金瓶梅〉》

在“张评本”《金瓶梅》出版后，1988 年 6 月，新闻出版署又批复同意了齐鲁书社出版《新刻绣像批评金瓶梅》的申请（[88] 新出图字第 597 号）。在有多家出版单位有此出版意愿，并提出申请的前提下，唯独批复同意一家地方古籍出版社连续出版两种《金瓶梅》版本，齐鲁书社何其有幸！

著名“金学”家王汝梅先生说：“《新刻绣像批评〈金瓶梅〉》崇祯本，据现存词话本改写加评语而成，又是张竹坡据以评点的底本。处于《金瓶梅》版本流变的中间环节，承上启下，至关重要。”（《〈金瓶梅〉版本史》）齐鲁书社获准整理出版这个版本，除了其独有的版本价值，还有一个让世人特别关注之处，就是这部《新刻绣像批评金瓶梅》（简称“崇祯本”），是第一次不加任何删节的校点整理足本《金瓶梅》。新闻出版署批文中说：

> 《金瓶梅》一书已出版了万历词话本和康熙张评本两种删节本，因此，再行整理出版崇祯本，就不能停留于只为读者提供一个较为通顺可读的本子，而应更多地从有利于研究工作的实际需要加以认真考虑。应尽量搜集崇祯本的国内外公私藏本，经比勘研究，选择其中最好的刻本为底本，与其他刻本进行互校、参校，务求完善。……不仅为研究工作者提供了方便，更是弥足珍贵的研究资料。

按以上要求，该书的整理，以北京大学图书馆藏《新刻绣像批评〈金瓶梅〉》为底本，并据当时可知有价值的各版本做了全面校勘。为尽可能保留底本原貌，采用繁体竖排，并于各卷后附有“校勘记”，是一部内容最全、学术性很高的整理本。整理者仍以王汝梅先生为主。初版印数 8000 套，于 1989 年 6 月出版。随着这部整理本“崇祯本”的面世，一般被学术界认为《金瓶梅》最具研究价值的三个版本：明代万历词话本、崇祯本和清康熙张竹坡批评本的校点整理本出齐。

据笔者所知，在 20 世纪 80 年代，关于《金瓶梅》的整理本，国家只批准了这三种出版（1988 年 6 月，新闻出版署 [88] 新出图字第 610 号文曾批复同意浙江古籍出版社将《金瓶梅》纳入《李渔全集》出版，但要求“于 1990 年以后，将《金瓶梅》崇祯本纳入《李渔全集》，出版少量删节本”。故这里不把浙古本算在 20 世纪 80 年代本中）。短时间里三种整理本《金瓶梅》的问世，成为那个时期古典小说出版的一大热点。而齐鲁书社在其间“三分天下有其二”，尤显突出且不易。

“崇祯本”作为第一种整理本足本《金瓶梅》的面世，其影响绝不亚于此前的“词话本”和“张竹坡批评本”。考虑到“足本”的特殊性，书是放在当时位于莱芜山坳里、属于国家小三线厂的山东人民印刷厂印制的。厂区远离城镇、独立封闭，保证了图书印制的严密管理，不出差池。那种严控阵仗，对于所有的经历者都是第一次。

该书的发行对象也被严格限制，从现存文档中看到的齐鲁书社“遵照上级对该书‘严格控制，内部定向发行，主要对象为较高层次的教学、研究工作者’的要求”，制定的《关于校勘足本〈金瓶梅〉发行办法的通知》，可知该书的发行对象为，1. 大学文科教授、社会科学研究机关研究员以及文联、作协等有关专业机构的相应人员；2. 大学及研究机关研究中国古典小说的副研究员、副教授；3.《金瓶梅》学会会员；4. 省级以上图书馆；5. 有关领导部门（宣传部、文化部、新闻出版署）的部级、省级以上领导干部。在当年高级职称学者数量有限的年代，这个发行范围是很小的。但即便如此，加之此书又是罕见的自主定价——175 元一套实属高昂，足以让一些有资格的购书者望而却步，实际上却还是一书难求。笔者当年只是一介普通编辑，自是难以满足友人购书之需，个中尴尬，至今难忘。

“崇祯本”整理本为一套精装两册，铜版纸印制，即便放在今天，书的装帧设计和印制质量仍不失其高端精美。因系唯一的排印本足本且限量出版，大陆又只印制了这一版（后来曾向香港三联书店版权输出），三十几年过去，好品相的一套书，早已是图书收藏者眼中的珍品。

三、《〈金瓶梅〉续书三种》和《明代四大奇书》

那个时期，围绕《金瓶梅》的整理和研究，齐鲁书社策划出版了一众出版物，其中《〈金瓶梅〉续书三种》和

《明代四大奇书》是最有影响的两种。

《〈金瓶梅〉续书三种》，1987年经新闻出版署批准整理出版，1988年见书。1988年新闻出版署下发《关于整理出版〈金瓶梅〉及其研究资料的通知》（[88]新出图字602号），其第四条为“关于《金瓶梅》续书及资料”：

> 《金瓶梅》续书中有价值的不多。山东齐鲁书社经认真筛选，提出其中三部：《续金瓶梅》《金屋梦》《隔帘花影》，1987年经我署批准，出版少量删节本，内部发行。以上三书，不再批准其他出版社重复出版。

“续书三种”是对《金瓶梅》数种续书的首次集中出版，精装，上下两册。书名系冯其庸先生题签，“前言”是黄霖先生撰写。初版四万部，也是仅印了一版，此后市场上出现过《续金瓶梅》单品种书，但三种合出，这是唯一一版。

笔者以为，《〈金瓶梅〉续书三种》出版的学术贡献和最大意义，在于其对文学研究的资料价值。此以《隔帘花影》为例。鲁迅先生在《中国小说史略》中谈到《金瓶梅》续书之一的《隔帘花影》，说“书末不完，盖将续作，然未出”。笔者责编的图书中，就遇到过有研究者持相同观点，认为《隔帘花影》书“未成”，虽已向其指出，仍坚持不改的事。可见《〈金瓶梅〉续书三种》的出版，将三种续书全貌展示，事实上也起到了某种纠偏作用。

《明代四大奇书》，是将《三国演义》《水浒传》《西游记》《金瓶梅》四种文学名著组合出版。由张竹坡批评《金瓶梅》延伸到《明代四大奇书》的选题创意，是齐鲁书社建社以来最成功的选题策划之一。“四大奇书”的概念，古人原有不同认识，然自清初以降，称《三国演义》《水浒传》《西游记》《金瓶梅》为“四大奇书”，基本已是论者共识。现在提“四大奇书”，已经是一个平常认知，但在当年能借“张评本”《金瓶梅》的“第一奇书”一说，提出编辑一套“四大奇书”的想法，却是具有一定学养的灵光一现。这里面，获准出版“张评本”《金瓶梅》是前提。有了这个前提，才有了开展“四大奇书”选题策划的基础。

与“张评本”《金瓶梅》配套，“四大奇书”其他三种选的同是著名的批评本，分别为毛宗岗批评《三国演义》、金圣叹批评《水浒传》、李卓吾批评《西游记》。三种书的组织校点工作历时两年有余，直到排版看样完成，始向新闻出版署提出重印“张评本”《金瓶梅》，将之与另三部名著配套出版发行的申请。1990 年得到新闻出版署批准。

1991年《明代四大奇书》面世。全书精装八册，彩色插图，每种均请学术名家撰写“前言”，由启功先生封面题签，全套锦缎盒装，尽显高端大气。该书当年即在广州第四届全国书市上大放异彩，广受关注；次年又在成都的第五届全国书市上获评最受读者欢迎的十种图书。在全国风潮渐起的古代小说整理出版板块里，一时风头无两。

《明代四大奇书》的策划，打破了齐鲁书社古典小说整理出版一直不成系列、以单一为主的瓶颈，带动了本社古代小说类选题拓展的一发不可收。此后，成系列出版的古代小说，既有与《明代四大奇书》同等开本和装帧效果的《清代四大小说》《全本三言二拍》，也有与装帧豪华、适合高端图书市场相对应的版本推出，其定价低廉、主打大众普及，用小五号字排版，即所谓“小字本”“中国古典小说普及丛书”。高、低两端市场反馈均佳，尤以“小字本”表现出奇的好。这些古代小说以其规模效应，数年里都是齐鲁书社图书发行的基本盘，是稳住那一时段出版社经济效益的主要支柱。

在20世纪还强调出版社专业分工的时代，齐鲁书社是较早把古代小说选题板块文章做足、创获颇丰的专业古籍出版社。这中间，“张评本”《金瓶梅》的获准出版，属实有着启动开创之功。进入20世纪90年代，随着市场经济的深入推进，古代小说市场快速饱和，盛衰似乎就在转瞬间，让齐鲁书社人一时极度不适应。至此，齐鲁书社集中发掘出版古代小说的那一页，已基本翻篇。但齐鲁书社版《金瓶梅》和《明代四大奇书》的话题，似乎没有老去。盖因它们古代名著的不灭光环和当年那道独有的出版风景，已经深深印在了那一代人的记忆里，至今依然会被时常谈起。（说明：上文中批文的机构名称和引述的相关文字，均为原貌实录）

作者系齐鲁书社原社长

“熬”了17年！对《法国通史》以及“大国通史丛书”的坚守

王保顶

作为“大国通史丛书”之一的《法国通史》最近出版了。该项目2007年启动，走过了17年，此前已出版《英国通史》《德国通史》《日本通史》，《俄国通史》《美国通史》待出版。

2024年是中法建交60周年，也是中法文化旅游年。法国是第一个同中国正式建交的西方大国，是第一个同中国互办文化年的国家。60年来，中法关系创造了很多个“第一”和“最早”，始终走在中国同西方国家关系前列。5月，习近平主席应邀对法国进行国事访问。11月19日，习近平总书记在G20峰会期间会见法国总统马克龙时指出，两国关系具有独特的战略价值和全球意义，并强调，中法要持续深化文化、教育、地方、青年等人文领域交流合作，促进中法民心相通。在这种背景下，2024年11月，6卷本《法国通史》由江苏人民出版社出版，不仅是对法国历史的一次回顾，更是对中法文化交流的一次深化；不仅总结了近200年来我国的法国史研究成果，更是展现了世界史领域的中国学派风采。

《法国通史》作者团队由法国史研究领域的顶尖学者沈坚教授领衔，汇聚了一批深耕法国历史研究多年的专家学者。各位专家学者历时十余年，几易其稿，精雕细琢，付出太多的心血与汗水，最终共同完成了这一重大学术工程。当去年沈坚教授把打磨好的书稿交给我们之后，我们十分激动地看到，呈现在我们眼前的这样一部结构全面、论述严谨的法国通史，是一部惠泽流芳的学术精品。

《英国通史》《日本通史》《德国通史》《法国通史》以及未来计划出版的《俄国通史》《美国通史》，为读者提供了一个全面了解世界各国历史的平台。特别难能可贵的是，丛书强调中国学者的原创性研究，既是对近200年来中国大国史研究的总结，从而构建中国学术的话语体系和话语方式，也推动了国内世界史学科的发展，是学科体系、学术体系、话语体系三大体系建设的典范性项目。

钱乘旦教授作为“大国通史丛书”的总主编以及《英国通史》的主编，耗费了巨大的心血，付出了艰辛的劳动。钱老师对江苏人民出版社的出版工作十分关心，除了“大国通史”之外，十余年来为我们提供、组织了一系列世界史方面的图书，如钱老师主编的《世界现代化历程》

《英帝国史》，杨栋梁教授主编的《近代以来日本的中国观》，以及去年出版的陈志强教授主编的《拜占庭帝国大通史》，等等，受到学术界和出版界的关注。马克垚先生在总结中国的世界史研究历程的文章中，肯定了这些年江苏人民出版社的世界史图书出版成绩。

事非经过不知难。我们今天的这些成绩，是经过近 20 年不懈努力而取得的，是学者和出版者默默坚守、密切合作结出的硕果。

2007 年，“大国通史丛书”在钱老师的统筹之下启动。开始是分头拜访各位主编。第一位拜访的是王新生老师，清楚记得在北大静园第一次见王老师的情景。接着到武汉去拜见吴友法教授和邢来顺教授，在上海拜见冯绍雷教授，到杭州拜见沈坚教授。

班子组织起来之后，我们开了五次主编会议。第一次是 2008 年 1 月 9 日在北京召开；第二次是 2009 年 3 月在无锡鼋头渚召开，樱花时节泛舟太湖，在游船上热烈讨论；第三次是 2010 年 3 月在南京召开；第四次是 2013 年 2 月 20 日，江苏人民出版社 60 周年社庆的时候在南京召开；第五次是 2016 年 11 月 11 日在南京召开。

除了主编会议，各书都分别召开了写作讨论会、推进会、审稿会、定稿会。

2010 年元宵节，在西湖边上召开《法国通史》推进会，沈坚老师吟诵了“月上柳梢头，人约黄昏后”的诗，当时情景犹在眼前。《英国通史》《德国通史》《日本通史》出版之后，我们陆续召开过一些座谈会。2017年11月17日，我和时任江苏人民出版社社长、现任集团总编辑的徐海总参加在上海师范大学召开的《英国通史》研讨会。在那个会上大家力劝李剑鸣教授主编美国史，当时他没有答应，过了七年后，前不久他终于答应了。2019年10月25日，德国史学会在四川大学召开《德国通史》研讨会；2023年5月23日，在北大召开《日本通史》研讨会，气氛十分热烈。17年来，在南京紫金山中、玄武湖畔，在北大校园，在华东师大丽娃河畔，在武汉桂子山的华中师大校园，在四川大学的校园，专家、学者、编辑相聚畅谈的往事历历在目。

2007年这个项目启动时我刚过不惑之年，到《法国通史》出版的时候发现我的职业生涯已时日无多了。17年刹那闪过。

学术研究和学术出版都是“熬”出来的，需要学者、出版者长期坚守、奉献，与当下学界、出版界的追求网红、博流量是不可同日而语的。——“井蛙不可语海，夏虫不可语冰”。对学术研究和学术出版而言，时间是最公正的判官。每年出书十来万种，而真正能够留下来的非常少。相信“大国通史丛书”系列图书，在未来

50年、100年甚至更长的时间里，能使后来者通过阅读、使用，从中获得有益的东西，就是我们今天工作最终极的意义。

作者系江苏人民出版社社长

伴书成长

曾　偲
陈文瑛
府建明
胡久良
戎文敏
张　洪
张延安
吕　健
周敬芝
强　薇
徐　海

当阅读从爱好变成工作

曾　偲

从开始做编辑的那一刻算起，我进入出版业已经快九年。九年，正好是义务教育的学年，是把一个懵懂的孩童教育为初步形成自我价值取向的青少年的法定年份。这大概正是一个隐喻，从业这九年，我也逐渐从一个单纯的阅读爱好者变为一个有自己倾向和职业能力的阅读产品生产者。

从报社到出版社，从输出到输入

在做图书编辑之前，我是一名记者，终日奔跑在新闻现场，见不同的人、聊不同的事、写不同的报道。从事记者工作的我，见过火灾车祸现场的生离死别，写过催人泪下的感动中国人物，既在敞亮的写字楼里写光鲜的都市新闻，也曾驻扎在黄土高坡体味过边支教边采访的生活……固然记者工作让我与人直接连接起来，我也因为文字获得了许多赞誉甚至是朋友，只是一页一页的报纸翻过去的时候，我感觉人生也随着翻页翻篇了。那时候，每天的行为模式非常固定：找选题、约采访对象、采访、写稿，周而复始，我陷入了一种长期输出（output）的状态，文字在键盘上翻转，而我永远在奔波。

做了两年记者，我选择休息一段时间，给自己放了长假，休息了一年。那段时间，我囿于厨房与山川，靠着一些约稿赚点稿费维持生计，身心俱在流浪，唯有阅读这件事一直是确定的存在。

有些事仿佛真的是念念不忘，果然必有回响。在我辞职半年之际，正在张家界的大山里吭哧上下时，报社的同事给我发来了凤凰出版集团的招聘信息，让我试试。我完全没有犹豫，买了回南京的机票参加了一系列的笔试、面试。每一次流程间隔时间都有两三个月，每当我忘记这件事时，又会有通知抵达——恭喜你，进入下一轮。就这样拖拖拉拉到了2014年6月，我终于正式入职江苏人民出版社，成为一名图书编辑。

真正来到了出版社，对我冲击最大的是工作模式的转换——从output（输出）到input（输入）。做记者时，我必须所有感官大开，随时随地接收信息，转换成新闻稿，每日截稿时间就是我当天的“圣旨”，没有什么可以阻挡我交稿——我在出租车上、马路旁、华山脚下甚至大山里的猪圈旁都写过稿。而在出版社，一切都慢下来了，我必须让自己沉静下来，认真地读每一个字，确保我接收的信息无误，修改稿件时也必须做到心中有尺、笔下有度。出版社的工作是一份持续的输入（input）状态，编辑必须时刻保持学习的自觉，学习包括而不限于当下编辑的文稿本身、作者的研究领域、书稿引证是否正确、相关参考文献、学科最新动向与发展趋势，等等。

责任编辑的“责任”到底是什么

做记者有记者证，做图书编辑也有图书编辑证。入职一年后，我如愿持证上岗，能真正在书上署名“责任编辑”，至于这个“责任”二字到底意味几何，我也是在工作中才逐步了解。

很多人确实对“图书编辑”的工作内容有很多枯燥或浪漫的遐想，比如认为编辑就是找错别字的，每天的工作就是看书；或者认为编辑就是“谈笑有鸿儒，往来无白丁”；新媒体营销兴起后，编辑又似乎成了朋友圈里疯狂转发卖书的人。

编辑的工作到底是什么，我想用“产品经理”来做概念解释最合适，编辑是为终端用户（即读者）服务，负责产品整个生命周期（图书编印发）的人。“责任编辑”之“责任”对于一本书来说，可以说那就是负全责。内容上如错别字、知识性错误那固然是编辑的责任，形式上选择什么样的设计师、达成什么样的装帧效果也是编辑的职责，印厂有没有如期交货、印装工艺有没有做到位还得编辑多盯着多交代，后续上市宣传选择什么渠道、用什么文案那也是编辑工作的应有之义……一本书里的每一个标点符号、每一滴油墨、每一张纸都是编辑之责任。

没做编辑之前，我自然也无法想象原来在出版社也会遇到提出要求“五彩斑斓黑”的甲方，也会有胡搅蛮缠而又自信文章天下第一的作者，甚至还可能和一些单位机构产生长久的拉锯……我常常自嘲，“声色犬马”这四个字，前两个字倒是没怎么见过，后两个字却是每天都在践行。可做编辑的幸福之处在于，当你拿到自己倾注心血、投入感情做的图书实体时，当你接收到来自读者的反馈时，一切都值当了。

做一本图书就好像朝虚空里扔了一个漂流瓶，你不知道它会抵达哪里，但你知道它一定会引发波动，也许将来某一天，这个漂流瓶又会带着别的信息回到自己手上。

我时常收到这样的漂流瓶。

在《我们深圳四十年》新书发布会的现场，我碰到了看到目录便轻轻吟唱的读者，那是因为这本带个人色彩的主题读物，采用编年体形式，每年的标题便是当年最流行的歌曲名，时代亲历者自然能一眼识别；《退休后：50岁之后该如何生活和老去》出版后，我接到了一位新加坡华人作者委托亲友打来的电话，后来我们互通邮件，探讨起国人的退休生活该如何规划；《中国古城墙》在北京国际图书博览会参展，在《新闻联播》里一晃而过，我高中的地理老师看到了，等图书上市了她特地买了一套……更别说因为编辑这个职业，我与许多作者成为忘年交。90后的编辑与“30后”的作者battle（网络流行语，意指战斗、搏斗）起来，可一点不会气短甚至还会绝不让步，于是有了《我与译林：半生书缘一世情》《面孔：1950—1980年代》《运河两岸有人家》这些融合了两代人审美趣味之书。

一本书被看到、被理解甚至被误读，都有思想在流动，而编辑最终的“责任”就是不曲解地呈现作者的意图，甚或借助编辑手段和呈现形式来加上自己的信息。

作为内容从业者，永远面对“有无价值”的拷问

选择做记者和选择做图书编辑的理由一样，我喜欢和这个世界直接产生关系。写一份报道，它会被人看到，它可能感召某些人做出某些决定；编一本书，它会流向市场，被人捧在手里阅读，也许它能普及一个知识或提供一个启发。

作为内容从业者，永远需要经受的折磨是，你必须问一问自己：你在做的事情有没有价值，你的工作对这个社会是有意义的吗？不夸张地说，我时常陷入自我信任危

机，特别是在不确定性激增的这三年，作为人文社科图书的编辑，免不了会想：我们出这些书有用吗？既不能治病，也不能充饥，看多了还惹人胡思乱想，摆在哪都占地方。最终还是读者给了我们勇气，还有人在买书，还有人在给出评价和感受，还有人会找到我说“喜欢这本书”，还有人会追着新书预告问什么时候出版……这些来自读者的善意，确证了我们不是在做无用的事。

做编辑带给我的是什么，是一份获取劳动报酬的工作，一个能与人发生思想连接的物质载体，一份终身学习吸收未知的通道；甚至它还给我带来了一些不可逆转的习惯——让我的精神和躯体都十分“突出”——信仰科学与知识，以及承受腰椎间盘突出症带来的疼痛。我正是躺着写完了这篇稿子，但身体可以躺平，而精神永不。

作者系江苏人民出版社副编审

“转行”做编辑

陈文瑛

曾经看过余华的一个视频，讲他们四个作家参加文学论坛，以“我为什么写作”为题发言。余华说是因为“不愿意做牙医”“想睡懒觉”“想不上班写小说，稿费还归自己”。莫言说“想给自己弄一双皮鞋”。王朔也说了类似的故事。他们三位说的，都跟伟大、热爱以及对文学的深刻理解毫无关系。苏童原本准备的发言稿“很正经”，从自己上大学的经历讲到如何因为热爱而走上了文学道路，但他听了前面三个人的发言，死活也不愿意念自己准备的稿子了，因为他觉得自己那样说“很丢脸”，也应该像余华他们那样“瞎编一个”——其实余华说自己从牙医转行当作家的经历全是真的，只是别人听着像段子。

我当编辑已经整整30年了——干这一行年头多了，免不了会被问到“为什么会当编辑”“怎么当上编辑的”之类的问题。我也挺认真地想过，老实说，也确实说不上什么“高大上”的理由，我当上编辑的那些事，也特别像段子。

跟余华一样，我也是转行来的，但我转了两次。

研究生毕业前一年，我特别紧张忙碌，不仅要写毕业论文，还要给本科生上公共课，而且也要考虑毕业后的去向。父亲是一个传统的知识分子，他早早就给我规划好了未来：读师范、当老师、回到他身边安安稳稳过日子。那时我内心十分抗拒他对我命运的安排，但又不想伤他的心，只能软抗。我先是填报高考志愿时故意没填他要求的历史系而是填了中文系，大学毕业也没有如他所愿乖乖回老家的中学教书，而是选择了读研。我一心想摆脱家里的束缚，至于摆脱后具体要做什么，也没有明确的想法。

谁知到了秋天，发生了一件事。

那个学期，我们要外出访学。我原本的计划是和几位同学一起走，先坐火车到成都，再从成都到重庆，然后乘船顺流而下，经武汉、南京到上海，从上海返回西安。

但是计划没赶上变化，我出发时耽搁了一天，没跟上大部队，只好独自踏上访学之路。在南京上岸那天已近黄昏，我从码头出来，乘公交车到山西路附近找了家旅馆住下，吃晚饭的时候，在书报摊上买了一份当天的《扬子晚报》。报纸上有篇关于江苏古籍出版社高纪言社长的报道，占了大约半个版面。读了这篇报道，我发现在学校里每期必读的《古典文学知识》杂志竟然是这位高社长出版的。说来真是凑巧，这次出门，我还专门从图书馆借了一本《古典文学知识》带在路上读。我当即决定第二天要去拜访一下高社长，不为别的，纯粹是想当面表达一下一个读者对出版者的崇敬之情。

第二天一早，我便带着报纸来到位于玄武门的江苏古籍出版社。高社长特别和蔼可亲地接待了我，那天聊了什么，我已经不记得了，只记得最后他随口问我："愿不愿意毕业以后到出版社来工作？"我懵懵懂懂地问："我可以吗？"他怎么回答的我也不记得了。那时候的大学生，毕业后由国家统一分配，师范生一般会被分配到学校里当老师，很少有干其他行业的。那时我对出版社工作也没什么概念。

拜访了高社长后，我完成了后面的行程回到学校。寒假过后，就是论文答辩和毕业前的各种事情。我导师建议我毕业后先找个高校当老师，同时再读个博士学位，然后回母校跟着他做研究。到了 1993 年的春天，我已经落实好了毕业去向。谁知 3 月的一天下午，学校突然通知我去领接收函。我疑疑惑惑来到系里，把接收函仔仔细细看了几遍，竟然是江苏古籍出版社发来的！

此后，我当上了江苏古籍出版社文学室的编辑。一进社我就跟着白发苍苍的编辑前辈编《冯梦龙全集》《全元文》《近代词钞》……同时还编上了我喜欢的《古典文学知识》。我适应很快，对于那种人家感到厌烦的千篇一律的工作状态，我竟然特别满足，就像一个老农满足于自己家门口有块好地可以种各种蔬菜那样，甚至在心底做好了就这样干到退休的准备。我每天乐此不疲地在我的一亩三分地上耕耘，甚至接手了为《古典文学知识》画版的工作，并且画得不亦乐乎。然而，天总是不遂人愿，就在我全心全意在古籍社当编辑的第十个年头，我又不得不“转行”了。

2003 年上半年，江苏古籍出版社被整编了。当时的情况是，绝大部分人员要被分流，“江苏古籍出版社”这个名字将成为历史。即将被分流的人，像菜场打烊前卖剩下的蔬菜一样，被搭配起来打成大大小小的包，由接收单位抓阄决定去向。有四五个编辑加两三个行政人员的“大包”，也有三四个编辑加两个行政人员的“中包”，还有两个编辑加一个行政人员的“小包”。我就这样被打进了一个“小包”里，最终被江苏少年儿童出版社“抓”走了。

对这次转行，我心里非常失落，很长的一段时间里，我都是处于沮丧状态的，感觉命运把我弃之道旁了，前十年的努力全部归了零，一切都要从头开始。

为适应新岗位，我像刚被移栽的绿植，努力适应环境，寻找适宜的生长空间。然而对于少儿出版，我几乎无从下手。就在这时，我八岁的儿子“拯救”了我。

儿子特别爱读书，还喜欢跟人讨论。我给他买了很多少儿图书，也会经常带他去书店和图书馆。那时的他，每天放学后最开心的事，就是在我们过道的书堆里翻书，偶尔还会扒出几本纸张发黄，甚至已经绝版的少儿图书。平时我们俩一起做得最多的事就是津津有味地读这些书，对它评头论足，有时还会为了书中的某个细节争得不可开交。慢慢地，我好像找到了对少儿图书的感觉。就这样过了大半年，忽然有一天，儿子写的一篇作文被老师表扬了，他写的是《我的妈妈》，我拿过他的作文本一看，有一句话下面画着红色波浪线：“我的妈妈是个工作狂。晚上我睡觉了，她在灯下看稿子，早上我睡醒了，她还在灯下看稿子……”老师问我他写的是不是真的，我想告诉她是真的，但我没说。

曾经的失落和沮丧就这样在不知不觉中淡去，一片新的蓝海在我眼前徐徐展现，我再一次成功“转行”。

我的两次“转行”，看似偶然，其实和中国社会的发展变革有着必然的联系。命运的安排也许无法预料，但我相信，无论处于何种境地，只要努力，该来的风景都会在路上。

作者系江苏凤凰少年儿童出版社副总编辑

与作者共成长

府建明

我从事编辑出版工作近40年，回想起来有不少值得记取的事，但最难忘的还是与作者的相处。因为与编稿、发稿等枯燥的事务相比，跟作者的交往则是活生生的，通过与他们的相处和交流，受到的教益也最多。就我自己而言，后来一直抱有学术兴趣并做一些学术研究，多是受一些作者的影响；而不少作者的研究课题和著作，也是在我“偶发奇想”的触动下推出的。所以，当徐海同志约我写一篇编辑随感，我首先想到的是“与作者共成长”这个题目。

当然，这个“共成长”仅局限于比我年龄稍长或与我年龄相仿的学者，那些学术大家如赵朴初、季羡林、任继愈、周绍良、杜继文、楼宇烈、方立天、杨曾文、叶秀山、李学勤、张海鹏，等等，虽与我多有接触，有的还成了忘年交，但我始终以“高山仰止”待之，断不敢用“共成长”这样的话。只是学术乃薪火相传之事业，通过编辑这些大家的著作或主持的项目，逐步结识他们的弟子及再传弟子，由此通过这样的学术生态链，得以与许多学人切磋学术，结成长久的友谊，实是一件可慰平生之事。

一

我于1984年大学毕业，分配到江苏出版总社。其时正值出版业大发展之际，许多专业社从人民社中分出，独立建社，急需人员，我即被分配至当时刚成立的江苏古籍出版社（后改为凤凰出版社）。被分配至古籍社的缘由，盖因我是哲学系毕业的，而古籍社缺少哲学专业的编辑。但实际上我在大学时的兴趣是西哲和马哲，毕业论文做的也是关于青年马克思思想的，所以当时对这一分配颇感不适。更为突然的是，我甫一到社，领导安排给我的第一本书稿是《佛教常识答问》，乃赵朴初先生所著。佛学在当时尚属被批判的唯心主义思潮，我们大学时的中哲史课也只是约略带到，所以我对此完全是懵懵懂懂。但也许有一种不服输的性格，我硬着头皮编辑此书，同时寻找相关资料补充这方面的知识。后来在一些老先生的影响下，我自己又制订了一个更宏大的阅读计划，涵括中国传统典籍与相关学术研究著作，以此提高自己的知识水平，工作的兴趣倒也渐渐浓厚起来。

《佛教常识答问》出版后反响很好，我鉴于当时其他宗教的知识性读物尚属空白，而读者对此方面的兴趣浓厚，就提出拓展开来做一套“宗教常识答问丛书”，包括基督教、伊斯兰教、道教，等等。社领导对这个主意很是赞成，就让我独自去约稿。而我大有初生牛犊之慨，决心找最权威的专家，如基督教方面的找了时任中国基督教协会会长的丁光训，伊斯兰教方面的找了时任江苏省伊斯兰教协会秘书长的郑勉之先生，道教方面的找了时任四川大学宗教研究所所长的卿希泰先生。我给这些先生写信，有的还登门造访。这些先生对我这个20来岁的毛头小伙子竟给予热情的回应，如郑逸之先生决定亲自写；丁光训先生因为事务繁忙，推荐了金陵神学院的副院长陈泽民先生来承担，并亲自作序；卿希泰先生则带上他的博士生唐大潮、王志忠两位一起写，有提携后学的意思。在这套书的编辑出版过程中，我对宗教学的知识渐渐丰富起来，初步算是入得堂奥了，同时与该领域的学者也有了更多的交往。现在回想起来，我后来的学术方向转向中哲史和佛教史，应该是那时埋下的种因。

也就是在编辑“宗教常识答问丛书”时，社里邀请任继愈先生主编《佛教大辞典》。可能因为我是当时社里对佛教唯一有所了解者，领导就安排我担任这部大型工具书的责编。编辑这部书前后历五年之久，其辛苦繁难自不必说，但收获也是巨大的，首先是让我接触到了国内一大批佛学研究专家，对此一领域的学术动态有了较全面的了解，由此深发开来，可策划出不少高质量的学术著作。

记得当时我得知杜继文先生（时为中国社会科学院宗教所所长）正在撰写《中国禅宗通史》，我感觉这是一本非常有价值的学术著作，即向社领导汇报，将其列入我社出版计划，并亲自担任责任编辑。后来在与杜先生的学生魏道儒博士接触时，得知他有意写一本《中国华严宗通史》，我觉得同样是一个很有意义的选题，并由此生发了做一套“中国佛教宗派史丛书”的想法。因为对佛教宗派的分类研究，在当时国内外学术界尚属空白，而学术发展的走向又势在必行。我就此向任先生和杜先生请教，得到了他们的赞许，于是经社领导同意，在《中国禅宗通史》和《中国华严宗通史》的基础上，组织编辑、出版这套丛书。约请的作者当然都是学有专攻的，不过有的已是学术名家，如潘桂明、陈扬炯；有的则是中青年学者，如董群、杨维中；有的刚刚博士毕业，如吴忠伟、王建光。这套丛书出版后，在佛学研究领域产生了较大影响，而从学术成长的角度看，对那些年轻学者起到的作用更大，确立了他们在该研究领域的学术地位。如魏道儒兄，当时也不过四十出头，后来成了中国社会科学院学部委员。董群、杨维中、吴忠伟、王建光等，目前也是我国佛学界的成名人物了。至于我自己，也是通过策划、编辑这套书，当然还包括编辑《佛教大辞典》等，学术的重点转到了中国佛学上，为此我在已是正高的情况下，止不住技痒，在职攻读了南京大学赖永海教授的博士。

说起赖老师，我与他的相识其实早于任先生、杜先生等。大概在 1987 年，他主编的《禅学研究》丛刊在我社出版，我作为责任编辑就与他多有往来。我记得当时我俩多次去排版公司改样，中午就一起在台阶上蹲着吃盒饭。后来我俩还多次结伴参加过相关的学术会议，颇多有趣的事情在此不备细讲述。当时的关系用“亦师亦友”来形容是不为过的，只是后来我考入其门下，成了他的学生，便再不敢以“友”妄称了。当然，因着前述的这些缘分，当赖老师主编的国家级重点项目《中国佛教通史》(15 卷)启动时，其出版任务自然落在了我任职的江苏人民出版社。而参与该项目的作者，由于多为赖门弟子，我与他们更有着一份亲切感，交流的话语除了学术，还包括生活等方面。一些比我年轻的学者，甚至视我为老师辈，经常就相关学术问题向我请教，我也尽我所能给予帮助。另外，我也经常应邀参加一些大学的研究生答辩，并担任研究生导师，带出了多名学生。在即将退休之际，我算是实现了从出版人到学者的角色转化。

二

人们常说编辑是“杂家”，这是由于编辑要接触不同类型的稿子，有时是跨度极大的稿子，知识积累难免驳杂。这一貌似贬义的称号，如果从另一个角度理解，其实也有褒义的成分，因为编辑可以接触到更多领域的学者，具有更开阔的视野。当然，这一切都是要“有心”为之的。

我在出版界工作了近40年，其中一半时间在江苏古籍出版社，一半时间在江苏人民出版社。在这两个社，我都编辑过许多类型的书稿，也接触过许多不同领域的作者。如在江苏古籍社时，我就主持编辑过“中国古文献研究丛书”（金开诚主编）、“敦煌文献分类录校丛刊”（周绍良主编），等等。在编辑这些重点项目时，我除了接触到不少著名的老专家，也接触到不少崭露头角的年轻学者，如中国社科院的刘跃进、北京大学的荣新江、首都师大的郝春文等，他们当时都是30来岁的年轻人，比我大不了几岁，如今都是各自领域的学术大咖了。至于现任中国社科院文学所副所长的刘宁，当时还是北京大学中文系的研究生，完全是一副青涩的模样。

相对于在老先生面前的拘谨，我与年轻学者的相处自然更感轻松。记得有一次在北京，是几位作者请我吃饭，席间有沙知、宁可等老先生，我与荣新江相挨而坐，因为年龄相仿，聊得极为投机。新江兄对敦煌学的国际动态极为熟悉，所谈的事情也深深吸引了我，以至于我后来恶补过敦煌学的知识，对我的学术研究大有帮助。刘宁由于比我小了七八岁，在当时看来比我小了半辈，我只与其父沈玉成先生有过交往，跟她则是从未接触。直到 2018 年，我们在北京的一个学术研讨会见了面，聊起前事，终于对上了号，彼此似乎是久已熟识的。她对我们当年能出一个研究生的著作（尽管是合著）很是感激，我则表示一直注意她的学术发展，并从中受到很大启发，这自然也不是简单的客套话。后来得知她的夫君是北京大学的李四龙教授，而四龙与我早有交往，我责编的《佛教征服中国》正由他领衔修订再版，由此感到学术的圈子真小，绕来绕去竟都是熟人。

我于 2003 年调到江苏人民出版社，单位虽是变了，工作的性质却没有变。只是人民社出书的范围广、选题宽，因此我的作者群也大大丰富起来。如在统筹编辑八卷本的《西方哲学史》时，我与叶秀山、王树人等老一辈学者及周晓亮、谢地坤、尚杰、江怡、黄裕生等一批中青年学者都建立了密切的联系。叶先生自不必说，我只要去京拜访，便会时加请益，话题从美食、音乐到人生世态，当然更多的是我们共同感兴趣的中西哲学会通问题。谢地坤的博士论文《走向精神科学之路》，则是我那时抽空任责编出版的。黄裕生比我小三岁，我一直觉得他是个天生的读书种子，对学术的执着是年轻学人中少有的，有一次我们在所住的宾馆里随意聊起康德的“自由意志”，竟不知不觉直至深夜。

“海外中国研究丛书”是江苏人民出版社的传统品牌，原来一直由资深编辑周文彬老师负责，周老师退休后，就由我负责。由于该丛书的主编刘东是我在南大哲学系读书时的师兄（他比我高三届），我们交流的话题因着共同的人事越来越多，甚至可以说是无话不谈。说句不恭维的话，刘东是我见过的最好的丛书主编，不仅对丛书工作高度负责，而且对学术葆有持续的热情。至少在我与他相处的近 20 年里，他虽由中年渐变成老年，但学术成果却越来越多，这是让我深为感佩的。

负责这套丛书让我获得的另一个收获，是结识了一大批学有专攻的学者，包括海外的学者，如日本的滨下武志、美国的周锡瑞、德国的薛凤等，颇开阔了我的眼界。记得在 2010 年左右，滨下武志来南京，通过南大的一位老师提出要专门来拜访我，我在凤凰台饭店与其品茗聊天，他操着一口不甚流利的中文，谈到赴世界各地收集资料的情况。他说这次来南京，也主要是查阅资料，所以我们仅仅喝了个茶，他就动身去了中国第二历史档案馆。

跟周锡瑞的见面，是在 2018 年“海外中国研究丛书”出版 30 周年座谈会上，他是应我们的邀请专程从美国飞来的。他一见到我，就操着流利的普通话表示感谢，说是我们为他买了头等舱，让他免去颠簸之苦。他称呼我时一口一个“府总”，这从一位高高大大、留着大胡子的美国人嘴里吐出来，实在让我有些称奇。

负责“海外中国研究丛书”时，我结交更多的当然还是中青年学者，因为他们是这套丛书翻译的主力军。其中不少人当时未曾谋面，但我与他们都有书信和电话往来，所以日后偶遇竟也似老朋友重逢。记得 2007 年我去参加德国法兰克福书展，得知北大哲学系的杨立华也在德国海德堡大学访学，他当时正在为我们翻译瓦格纳所著的《王弼〈老子注〉研究》，而我俩此前只有通信未曾谋面。我告知了自己的行程，立华就专程坐火车到法兰克福见我，并请我在美因河的一个餐馆吃饭。我原本肚子不饿，叫他不必破费了，喝杯咖啡、聊聊天就行。立华说能在异国与我见面是有特殊意义的，于是我俩吃了上好的牛排并喝了点酒，然后尽欢而散。这件事如今想起来，确实是别有情趣的。

三

前面说过，由于编辑涉及的门类多，所需的知识应该较为广博。但我同时认为，要成为一个优秀的编辑，至少在某个领域有深入的研究，说是成为“学者型编辑”也行，这样才能体会到研究与撰著的甘苦，也才能更好地判断一部书稿的优劣。我从事编辑工作以来，不间断地做一些学术研究，部分是因编稿驱使而激发了本人兴趣，部分就是出于这方面的考虑，我称之为“编研相长”。以前许多出版前辈为我们树立了榜样，现在似乎少有人提倡了，但我认为这一传统还是值得继承的。

我个人走上佛教史和中国哲学史的研究之路，是有着所谓的特殊因缘的，这在前面已经说过了。正是因着这份兴趣，我到苏人社后策划了“新版宗教史丛书”“凤凰文库·宗教研究系列”等，产生了良好的反响。另外，早在编辑学术版《西方哲学史》时，我也产生了组织一套新的学术版《中国哲学通史》，以形成西哲、中哲两翼发展的格局，使苏人社成为哲学类图书出版的重镇的想法。缘于此，我找过一向熟悉的任继愈先生，希望他来主编这样一套书，因为他时任中国哲学史学会会长，也是此前四卷本《中国哲学史》的主编。任先生对我的想法很是赞同，但表示年事已高，难以胜任了。他同时推荐了武汉大学的郭齐勇教授，认为郭齐勇年富力强，且武大的中哲史团队齐整，可以尝试一下。

对于郭齐勇的大名，我当然是早就听闻的，而且大约在 1991 年的一个学术会议上彼此见过一面，他后来的学术发展我也时有关注。鉴于此，我于 2006 年给郭老师写了一封信（当时还是纸质的），详述了我的想法。郭老师很快给我回了信，态度热情而谨慎。热情是他认为新编一套《中国哲学通史》(他称为“大通史”)很有意义，谨慎是他觉得这样的大项目难度很大，需要与他的同事好好沟通。恰在此时，我们集团正在组织出版“凤凰文库”，需要邀请一些学者做学术委员，我就把郭老师也请上，并在会议期间与他做进一步的沟通，其意当然是说服他。我又把我社已出的和将出的同类重大项目向他做了介绍，以取得他的信任和理解。郭老师显然受到了鼓舞，回去后再与我反复交流，最后达成了出版意向。

此套十卷本的大书从立项到最终出齐，前后历 15 年之久，其间的繁难与波折不足与外人道也，但我与郭老师及其写作团队结下的学术友谊则是可以一表的。

为了这套书，郭老师与我通过许多的信，初是纸质，后是电子邮件，再后多是微信了。郭老师来信总是以“建明兄”相称，显得十分谦和，遇事也是以商量的口气。我因郭老师年长我 15 岁，且与我的老师赖永海教授乃同辈学人，当然不敢坦然应承，总是以学生自况。至于与吾淳、丁为祥、胡治洪、吴根友、龚隽、萧洪恩、丁四新等，因年龄大致相仿，时常是以兄弟相称的。事实上，我们平时尽管联系不多，但如果见面(譬如在学术会议上)，都是十分亲切的。我也欣喜地看到他们的新成果不断推出，并从他们那里学到了许多宝贵的知识和学术见解。譬如萧洪恩兄的少数民族哲学研究，填补了中哲史研究的空白，对我而言也是好好地补上了一课；吾淳兄的中国科技哲学研究，其观点精辟，多有发前人所未发，时常令我醍醐灌顶。我在近期写作相关的论文时，时不时会参考他们的成果。

记得这个项目启动之初，我与郭老师商量在武汉开一次会，主要就体例、内容、规模等统一意见。我为了激励各位参与者，特意说了这样一番话："别看现在做这个项目难度大、辛苦多，一旦出来后，会奠定大家在各自领域的学术地位，这对年轻的学者更是如此。"事实上，书出一年有余，从学界的反映来看，我的话大致不虚。而对我个人来说，通过策划和编辑这个项目，对中哲研究自然也有了更多的体会，这也是所谓的"与作者共成长"罢！

作者系江苏人民出版社原总编辑

八年只编一部书

——关于出版大工程的五个关键词

胡久良

从事出版工作已有二十几个年头，至今能拿得出来说一说的也就是《中国运河志》这个大项目了。

出版社每年（特别是在五年规划之初）都有申报重大出版项目的任务和计划。凤凰集团各类申报入选的品种数多次名列前茅，经过不断建设、积累、发展，历年来推出了不少精品力作、皇皇巨著。

2012 年初，《中国运河志》项目立项启动。2019 年底，全志出版发布。9 卷 11 册 1400 万字的首部运河通志，集聚国内 100 多位运河专家修纂而成，全面记述了中国运河的河道变迁、水利工程、运营管理、漕运通航、沿线重点城镇、社会文化现象、重要历史人物等。连头带尾八年时间，我们团队就做了这一件事情。自此，我的职业生涯也就紧紧地与“运河”这个主题联结在一起，密不可分。

回顾这段经历，就用几个关键词来表述。

创新。这是《中国运河志》项目的第一大难点，同时也是其价值之所在。历朝历代的各种文献典籍，对运河的疏浚、修造、管理以及相关的重要活动进行了记载，也形成了一批重要的研究论著。但为运河修纂一部专门的通志，尚属首次。由于无先例可循，编纂之路可以说是在摸索之中前进，步步荆棘且颇多变数。套用一句话说，我们的专家来自五湖四海，为了一个共同的目标走到了一起，这一走就是八年。围绕这个目标，从分卷的设置到各卷的篇目，专家们反复讨论（争论）、沟通、打磨。不仅仅是编一部书，重点是创新构建中国运河通志的知识框架体系。来自复旦大学、北京大学、清华大学、中山大学、山东大学、聊城大学等高校和中国地方志指导小组办公室、中国文化遗产研究院、中国水利水电科学研究院的专家们，无私地奉献了他们专业的学养、创新的智慧。

好的选题创意因其创新价值而具备成为重大出版项目的潜质，而真正成就“重大”的，必须是好的专家团队。

协同。大型出版工程的建设，编纂组织工作是重中之重。作为凤凰集团的“十大出版工程”之一，《中国运河志》修纂的时间跨度长、参与人员多，组织管理工作非常繁杂，协同管理至关重要。项目的总体策划、政策扶持、资金保障、重大问题协调等，志书的顶层设计、框架制订、出版规划、工作推进、稿件组织等，都需要仔细谋划、有序推进。从江苏凤凰出版传媒集团到江苏凤凰科学技术出版社再到编辑部门中国运河出版中心，均协同作战投入项目运作。出版团队一次次奔波于各作者单位，与每一位参编专家面对面沟通，与有关部门点对点协调，全程参与各次会议讨论，与专家深入沟通，交流反馈信息，协调各分卷编纂工作的稳步推进。

长时间的编纂过程中，协同管理成为解决问题的常规机制，并不显山露水。《中国运河志》项目出版工作后期，本就规模大、专业性强的编辑审校工作，因为多了一个倒计时的出版时限，极大地增加了完成任务的难度。实事求是地说，仅靠一个编辑部门是无法按时完成的。当时，徐海总编辑召集了专门的会议，抽调凤凰传媒旗下四家出版社的资深编辑，来了一场跨社协同的“出版大会战”，确保了《中国运河志》按时保质完成出版。集中力量办大事，关键时刻有大作用。

成长。重大出版项目的确非常锻炼人。可以说，整个项目的实施运作就是一个不断解决各类问题、应对各种情况的过程，倒逼着我们不断提升自己。常规的编辑业务，在大项目里对编辑人员的专业能力要求更高，例如需要更多的知识储备才能与顶级专家对话，需要更高的视野才能综合处理多卷本的交叉重复，需要更科学的组稿方式才能在长时间里、多人参编的情况下保证稿件的质量。例如我们专门编写了《编纂工作手册》，分发给 100 多位参编作者，以提高编写工作的规范性。还有更为繁杂的事务性工作，大大小小的会议，各种各样的材料，上下左右的协调，还有不时冒出来的各类突发状况……事非经过不知难。从某种意义上讲，这大大拓宽了我对编辑工作范畴的认知，且默默地增强了我的抗压能力。

值得一提的是，全程参与更早时候的同类型大项目《中国长城志》，帮助我积累了不少的经验，也不算是完全的“白手起家”了。

品牌。经过国家出版基金管理办公室的验收，《中国运河志》以“优秀”等级结项，这标志着我们较好地完成了首部运河通志的创新性出版工作，也意味着我们在运河出版这个细分板块初步建立了自身的品牌。而更为重要的是，我们通过这个项目团结了一流的运河专家团队、集聚了丰富的运河内容资源，为继续在这个领域耕耘打下了基础。实际上，单体的重大出版项目所形成的品牌影响力，可能会造就一个多元的出版产品体系。

重大出版项目完成之后的路怎么走，算是一个看起来不像难点的难点。运河出版这个主题有点“小众”，那么“后运河志时代”我们该何去何从？这其实在项目结项前的一年就提出来了。幸运的是，大运河文化带和国家文化公园建设成为国家级战略，而江苏是重要的试点省份。这正是顺势而为、乘势而上的好机会！于是我们重新出发，三线并进。

第一条线瞄着大运河文化宣传普及的方向，主打通俗读物。代表作是2022年度“中国好书”的《大运河画传》，该书的执行主编，正是《中国运河志》的重要作者。第二条线是探索融合出版，建设“数字中国·大运河知识服务平台”。这个方面的进展超出预期，在此基础上形成了新的、长期运作的重大出版项目——“大运河文化数字传播工程”。第三条线是国际出版。《中国运河志》声传海外，我们与内河航道国际组织的多位专家建立了友好联系，共同策划了新项目《世界运河文丛》，这是首次尝试国际组稿，直接由来自六个国家的运河专家撰稿，计划中英文同步出版。

大工程的红利不仅仅是评奖，更在于资源的聚合，以及对资源进行垂直化、专业化、体系化的持续开发，进而形成、巩固、提升出版品牌。

乐趣。编辑这项工作不仅仅是职业行为，其实也是我们出版人的一种生活场景、生活方式。在《中国运河志》的出版过程中，我真正找到了编辑工作的乐趣，甚至在一定程度上影响了我的人生观、价值观。

最大的乐趣莫过于跟专家们相处。开会讨论、田野考察、日常聊天，在先生们的身边，能时刻感受到他们的深厚的学术素养和强烈的人格魅力。对大运河历史文化的认知在这样的交流中逐渐深入，偶尔还能找到“博采众家之长”的感觉。还有很多有意思的收获：有时能听到邹逸麟先生讲他少年时（民国时期）的见闻，有时李孝聪教授会回忆在侯仁之先生身边求学的故事，而张廷皓老院长曾经的考古经历往往还带有一点传奇色彩……

这八年中，我还感受到专注于做一件事的乐趣，也通过自己的努力得到了专家们的认可。从马斯洛需求层次理论的角度，我在《中国运河志》的出版工作当中找到了自我价值实现之路。

作者系江苏凤凰科学技术出版社运河出版中心主任

我在美国做出版

戎文敏

2014 年，凤凰出版传媒集团的子公司江苏凤凰教育出版社以 8000 万美元并购了美国 PIL 出版公司，完成了中国出版业最大的跨国并购案。2017 年初，我被苏教社派驻美国，担任新成立的 PIP 公司（Phoenix International Publications, Inc.）副总裁，开启了两年在美国的出版之旅。

最早接触美国出版业，是在 2007 年。凤凰集团选派第一批编辑（15 人）去美国佩斯大学参加出版专业的短期培训班。佩斯大学设于纽约，名气不怎么大，但出版专业还是很有特色的。我们的课程分图书和杂志出版、实地参观考察三类。佩斯大学出版系主任拉斯金教授是个犹太人，对我们很友好。由于部分同学的英语不过关，系里还专门请了练小川教授做我们的翻译。培训班时间不长，但大家初步了解了美国出版人对出版事业的热爱、出版计划的长远和周密、编辑和营销间紧密的沟通，等等，这些都在我于美国工作期间，得到了进一步的印证。

PIL 公司成立于 1967 年，总部设在芝加哥北郊，主要从事儿童图书、烹饪图书和大众图书的出版和销售。PIL 年销售收入为 1 亿多美元，虽然规模并不算很大，但其实是一个成熟的跨国公司，除了非洲外，子分公司遍及世界各大洲 20 多个国家和地区，构建了成熟的海外运营网络，以英、法、德、西班牙等多种语言出版儿童读物，年销售童书 2300 万册。并购时，剥离了童书以外的业务，因此新成立的 PIP 公司是一家纯童书出版公司。

绅士CEO

PIP 公司的 CEO 是原麦格劳·希尔童书部主任文森特先生，他自己也创办过一个小型出版社，是个非常有经验的职业出版人。第一天，我到办公室，刚坐下来，他就一个人笑眯眯地走进来，说："我叫文森特，你是马克西姆吧，欢迎加入我们的团队。"然后，就带着我去每个部门熟悉情况。文森特平时说话不紧不慢，给人印象最深的是一年四季都穿西装，而且每天都换，一年下来，西装的干洗费用不菲。

钱不够花的运营部主任

PIP 公司主要由四大板块构成：创意部（也就是国内通常说的编辑部）、营销部、运营部（包括制作、物流、仓储等）和国际部（负责全球市场）。创意部的负责人是詹妮弗，是个典型的美国白人女性。创意部负责全年的选题策划和图书编辑，因为 PIP 的产品有七成以上来自迪士尼的品牌授权，所以每年还要跟迪士尼有多次沟通协调。因为迪士尼授权图书的占比很大，所以 PIP 的经营跟迪士尼的电影火爆程度有极大的正相关。迪士尼管理非常烦冗，合同的每一个细节，编辑过程中的每一处改动，都要经过他们反复地推敲、审批。特别是要赶在电影放映前拿到有关素材，素材能使用到什么程度，需要跟迪士尼团队不断协商。由于迪士尼图书的成本相对较高，所以近年来，PIP 也在逐渐加大自主图书的研发力度。美国的编辑在策划选题之初，就要跟营销部和运营部进行充分、反复的沟通。沟通的内容涉及选题的方方面面，包括内容、形式、开本、出书日期、价格，等等。因为 PIP 公司大多数产品都是有声图书，各种不同的书，根据内容，还要配小吉他、小喇叭等，这些配件，涉及成本、安全性、生产周期等，都需要跟运营部提前沟通协商。运营部负责产品的制作和仓储物流。PIP 绝大部分的产品都要在中国制作，主要是在广东省，很多电子配件需要香港的厂家提供，因此还要提前安排海运，不同公司的报价相差较大，需要货比多家。每年 PIP 都要跟广东的多家印厂协商印刷价格，因为 PIP 从不拖欠印刷款，印刷量又大，每年印刷费用都在数千万美元，所以基本能拿到比较低的价格。运营部的负责人叫迈克，中等个子，长得很结实。作为公司高管，迈克的日子好像过得紧巴巴的，公司一般都是周四签字报销发票，有次迈克私下问我，能不能提前签字报销，钱不够用了。我拿来发票一看，才200多美元，不知道为何窘迫至此。

严肃活泼的营销部主任

营销部是出版社最重要的部门之一，PIP也如此。公司的营销主要按照渠道划分，COSTCO、WALMART都是PIP的大客户，每年都会为了圣诞节签一个大单，有时候一个大单就有500万美元，又是包销不退的，所以每年业务员为了大单都要绞尽脑汁，提前大半年跟大客户的图书主管沟通，介绍我们的重点新品。PIP的业务员都非常敬业，熟悉产品，尤其擅长与客户沟通。2016年，我带团去PIP学习考察的时候，给我们上课的业务员叫斯科特，他是PIP最有经验的业务员之一，看到母公司来的同行，显得非常开心。他不但准备了内容丰富且非常精美的PPT（PPT的背景都是PIP最畅销的产品，如小丑鱼等），还自费给我们准备了美国人最爱吃的甜甜圈。斯科特特别幽默，看到我们一行时差没倒过来，昏昏欲睡的样子，跟我们开玩笑，你们坐飞机过来十几个小时，我的课时间不长，不到十个小时就讲完了。玩笑一开，大家的睡意就全没了，用心听他讲课。斯科特对业务非常熟悉，公司的经典产品、新品、客户的需求、市场的热点，他都了如指掌。在跟编辑沟通时，经常能提出独到的建议，但遇到他不认可的选题，他也会毫不留情地否决。有一次，我拿了一套能发夜光的幼儿图书，一套给幼儿洗澡时看的书，斯科特很认真地研究了我的两个选题，找了很多同类的参考书，把我喊到他的办公室，一通分析之后，一改平时嘻嘻哈哈的样子，很严肃地对我说，我认为，我们公司现在不适合出版这两套书。第一套，要通过各种安全审查，如何如何；第二套，同类书很多，同质化竞争激烈。看着我一脸的失望，他又笑眯眯地说，也许以后有合适的机会出版。PIP 有很多爆款产品，年销售十万套以上的图书有数十种，最畅销的 *ME READER* 系列总销量过千万，因此，销售眼光挑剔也是无可厚非的。

PIP 有三分之一的销售来自国际市场，特别是欧洲市场，所以 PIP 的副总裁长期以来由一名英国人担任。因为国际市场占比较高，最后都以美元结算，所以美元的汇率对 PIP 的利润有相当程度的影响。2014 年凤凰集团并购 PIL 时英镑兑美元的汇率接近 1.7，也就是说，一本 10 英镑的图书，理论上能收回接近 17 美元。而到 2022 年 9 月，1 英镑最低只能兑换 1.04 美元，同样一本 10 英镑的图书，只能收回 1 块多美元，相差就非常大了。因此，美元的升值，对国际市场的影响会非常大。但另一方面，美元升值，会相应降低制造成本，但印工价格波动相对有限。

事事E-mail

在美国工作的两年，我感受最深的，是美国同事对工作的热爱，对于他们而言，出版工作不仅仅是一份职业，而且是崇高的事业。我第一次去佩斯大学，有位老师，就是从华尔街辞去高薪职务做出版的。由热爱而产生敬业精神，细致、认真、负责。另外，美国出版社的计划很严密，一般都提前一年做好精准的全年计划。美国公司各部门的协调也很顺畅，编辑和营销，编辑和运营，营销和运营，经常沟通。PIP 还有个习惯，人与人之间的沟通都是靠电子邮件，就是隔壁办公室的联系，也要发邮件。这样有个好处，就是同一主题的内容，都是在一个主题的邮件中交流，并且留痕。PIP 公司的人员变动，也相对频繁，经常有新进的员工，或者辞退员工。辞退员工在美国较为容易。一般员工由人力资源主管谈话，中层以上的，由文森特谈话。谈完话，就收拾东西走人，很少发生争执。中国出版业，最近十几年进步很快，很多地方已经赶上世界最先进的出版社，但他山之石可以攻玉，要真正成为世界有影响力的出版企业，走出去引进来，借鉴和学习别国的经验，还是很有必要的。

作者系江苏凤凰教育出版社副总编

行之弥远

——傅雷作品出版小史

张　洪

新时代的2016年，傅雷生前翻译的30多部作品著作权期满进入公有领域，本社同仁共同探讨铺天盖地间追风出版的可能。侵权问题不存在了，付酬不需要了，文学的消费，资源的浪费，纷纭上马，共情同理，只是出版伦理何处安顿？不讲难以回首的惨痛记忆，单说当年人民文学出版社为之付出的编辑劳动，后来者如果简单复制，缺乏创新再造，又有何颜面良心面对先哲和同行呢。《傅雷全集》第20卷中收录了30多封致人文社外国文学编辑部、总编室、校对科等部门的公函，这还不包括与几位社领导王任叔、楼适夷、郑效洵的私人通信。对编辑改动提出异议疑问，与之斟酌磋商；插图的使用，开本的变化，稿酬的愿景，封面字体，市场脱销，各种问题详尽道来，一丝不苟。精译细编的探讨争鸣，素养功力，眼光水平，学风做事的微妙高行令人敬佩感怀。虽然我见过郑永慧、张承志诸位对傅译梅里美等作品的批评意见，毕竟失误难免，兼顾难周，瑕不掩瑜。仅以巴尔扎克创作为例，傅雷译出

220万字，在此基础上，人文社1998年最终完成了30卷本《巴尔扎克全集》中文版。后来者袁树仁教授独立翻译其中12部，字数规模也与傅雷先生相当。20世纪80年代的皖版精品《傅雷译文集》《傅雷文集》，上海远东出版社正在进行的《傅雷著译全书》，可圈可点，引颈企待的印行与面世举措后出转精，未有穷期。

傅氏编撰，发行最多影响最大的当数《傅雷家书》了，写在纸上的家常话辑印成书，父子心声公之于众，成为改革开放之初代表性启蒙读物。三联书店的大手笔，创造了大声誉，获得了大成功。沈昌文晚年回忆时仍津津乐道。黄集伟由2016年译林出版社50周年纪念版入手，反观本书流布小史，连用经典、长销、畅销来形容其盛况。比照几种内容提要在角度、手法、诉求上的侧重与差别，将多种版本并存、多个版次迭代视作常态。“再现自己和兄长的家教背景，全面展示傅雷家风。”傅敏所叙录编选宗旨，傅聪30多封回信首度披露，读者无不感同身受。刘再复为之写下散文诗以明心迹：比诗还令我泪下，比小说还动我情感，比哲学还令我沉思。征服人的心灵的，是心灵本身；是心灵的镜子，照着它，能使人纯洁，能使人文明，离兽类更远。2020年傅聪离世，2023年傅敏也离我们而去，清风何处再寻觅，挽歌之余唯叹息，天涯地府言犹善，书中团聚情共鸣。新世纪，辽宁教育出版社启动

《傅雷全集》的出版工作，傅敏与自称傅译爱好者的罗新璋作为执行主编来到关外沈阳，儒雅谦和地与采编人员交谈的场景历历在目，法国文学翻译，出了傅雷译作之后，已经从文字翻译进入文学翻译；且译且作的傅雷译作是特殊的艺术创造。独孤傲岸，译匠文心，傅雷心中的译书标准再简单不过："假设原作者是精通中国文学的，译本就是他使用中文完成的创作。"继承传播之力量，跃然纸上，玉声邈然。

哲人日已远，典型在夙昔。整整 90 年前，1933 年 9 月，25 岁的傅雷先生的第一部译著《夏洛外传》单行本自费出版。20 世纪 30 年代，上海的都市文化、中外交流与出版繁荣，将翻译文学推向了高峰时刻。译者序中有言，"夏洛是一个现世所仅有的天真未凿、童心犹在的真人""他是永远在希望而永远是失望的人"。卓别林自传一节中冠名"喜剧电影后的悲剧"，聚焦扮演从乡村过来的饥饿流浪汉，"夏洛是卓别林造出来的，夏洛的微贱就是卓别林的微贱，夏洛的伟大就是卓别林的伟大"。傅雷的莫逆之交庞薰琹为该书封面设计三行汉字，译者署名、书名正题，中间一句提示语即为：卓别麟创造的英雄。傅雷由两者继续深描，从行世的踉跄、迟疑、失足，到省察的笨拙、糊涂、惶惑，卓氏电影幻想出的主人翁，小丑给世界带来欢笑，也是自身影子。傅雷认定浪人"不独为现代人类之友，且亦为未来的、永久的人类之友，既然人间的痛苦是无穷无尽的”。左歪右倒，漂泊无着，命运无常，风雨无奈，周遭脉动有风险，心头悲悯不放弃，碰命运的夏洛只有永远走，走向永恒。一直前行的形象，同样成为傅雷一世书生之原型和主题。

许钧、谢天振主编“故译新编”丛书，许钧选择了傅雷三部作品来为我们勾勒其精神肖像，开篇第一部即《夏洛外传》。初登文坛那几年，傅雷有两三部译作被商务社、开明社退稿。步入中年时回忆往事，傅雷觉得当年编辑没有把幼稚的译文出版，真是万幸。感慨当时风气，他再看旧稿，甘心情愿地多做几年学徒。“翻译工作要做得好，必须一改再改三改四改。”“任何作品不精读四五遍，绝不动笔，是为译事基本法门。”“所恨一旦翻译停止，生计即无着落。”肺腑之言，安身立命的基础，登高行远、步武前贤的密码。以行文创造的眼光再度审视，影响所及，谢天振赞誉傅雷打破了翻译界三个神话：译者永远只能是原作者的影子，译者不应该有自己的风格，译作总是短命的。流浪，举步上路，落脚生根，愤慨，高傲，不妥协不低头，绝尘而去的傅雷，其人其书不再寂寞，不应寡合。世纪耐读缘于一时不拜，译品神韵自有中西会通。迥异于立足新文苑旧战场“荷戟尚彷徨”的鲁迅，书业喧腾鼎沸当中，面对傅氏作品，众人或景仰或追随，寻找着相遇与接受的方式。

出新见奇的纪念活动缘于傅雷世界的丰富，足以提供示范的平台。当年范用策划傅雷家书墨迹展览，亮相北京、上海、香港不同场合，博得知识界赞赏深思，由工整笔迹联想主人公治学从文的守正不阿、严肃认真。同时请雕塑家张得蒂为傅雷塑半身像，陆续出版傅雷系列作品，邀楼适夷撰写《读家书，想傅雷》作为家书代序。范公八旬时，又出任七八百万字规模的《傅雷全集》主编。家乡周浦镇已由江苏南汇转隶上海浦东，当地幼儿园、小学、中学、图书馆以傅雷冠名，“秉赤子之心，做有为之人”，留住傅雷记忆，弘扬傅雷大写的含义。用“傅雷杯”名义征集国内少儿绘画，已经举行了几届，意在让美育在孩子心灵上生根发芽，教养人生，礼乐自我，居中行正，贯通各方。多种多样的方式只要不因单纯利益驱动，不受虚言，不兴伪事，不是所谓博采的堆砌或是折中的清谈，深嗜笃好，见贤思齐即为上上良策。明代李诩《戒庵老人漫笔》谈及读书过程中始终与“出入”之关键所在，读书印书都概莫能外。学通读懂能用，入时“见得亲切”，出时“用得透脱”，“始当求所以入，终当求所以出”，习惯变为约束，积累养成自然，相伴相随不再褊狭，善莫大焉。

我怎么能制止我的灵魂，让它不向您的灵魂接触？我怎能让它越过你向着其他事物？谁若想从诚挚达到伟大，必须牺牲自己；我为之献身的一切，变得丰饶，到处把我分布；保留一个离去者的风度，我们就这样生活着并不断告别。域外诗哲的圆融解释剀切陈言，恰似傅雷的执着奉献，含冤弃世，自尊自信，纠正弥合着大千世界三魂七魄和断简残篇，承先启后，接力恒在，斯文有传。

“我叫我的灵魂去那虚无之乡，对身后的情况进行探访；慢慢地他又回到我的身旁，回复说：‘我自己就是地狱，也是天堂。’”一千多年前波斯诗人哈亚姆《鲁拜集》四行诗中刻画、状摹的，正是如傅雷般力行先知者对自身的瞩目与回望。

作者系辽宁人民出版社副社长

我在凤凰这些年

张延安

还有几天就到站退休了，面对桌案上一堆堆已被收拾叠好、码放整齐的书稿，心中万千感慨，不胜唏嘘！

承蒙徐海老总抬爱，要我和小朋友们聊聊20多年编辑生涯中有趣好玩的事情，也算是对自己后半段职业生涯的一个总结。

思绪繁多，心情忐忑。说什么呢？都是些鸡零狗碎的琐事而已，不足挂齿，况且一个普通编辑，能有什么值得大费笔墨的事？但转念一想，徐老总是我敬重和欣赏的领导之一，交不了这个作业，一来自己心里过意不去，二来静下心来细细回忆一番，确实有一些有趣的事，值得和大伙儿分享，权当吹牛侃大山。

新世纪伊始，懵懵懂懂，一头闯进了出版行业。因学过几天外语，会讲几句洋泾浜英语，再加上一些特殊的个人经历，被江苏美术出版社时任社长高云先生相中了，他热情邀我加入他的团队，从事版权工作。初入出版行业，一开始感觉吃力巴呼，无从下手。好在有高社长与其他领导、同事的支持和信任，加上自己“笨鸟先飞”，下了一番笨功夫，总算摸到了门道，变得有模有样起来。约摸大半年之后，渐入佳境，工作变得得心应手起来。先后和讲谈社、小学馆、麦克米伦、剑桥大学出版社、芝加哥大学出版社等国际知名出版企业建立了联系，引进了《闪灵二人组》系列、“西方当代视觉文化艺术精品”译丛、《设计大百科全书》等品牌图书。然而，出于私心，我常常想，引进版图书，对出版社而言，固然重要，但对编辑个人来说，总是个瘸腿跛脚，得搞点原创图书，两条腿走路，这样稳当，走得也远。

2005年初春的一天，出差在北京，恰好经过中国艺术研究院的门口。“这个大院子里应该有美术社需要的玩意”，心里暗想，“进去瞧瞧呗，让我这个下里巴人也长点艺术细胞，沾点艺术气息，说不定还能有所收获呢！”进门转悠了一圈，院子不大，也不那么艺术，有点失望，准备打道回府。刚走到大门口，迎面走来一个长相清秀，和我差不多年岁的人。我便上前和他打招呼，做了一番自我介绍，说明来意。没承想对方是个热情之人，立即邀请我到他办公室坐坐。真是“有缘千里来相会”，这个人就是后来和我合作近20年之久的刘祯先生。刘老师是内蒙古人，那时担任中国艺术研究院戏曲研究所所长，专门研究中国戏曲；他在江苏读的大学，也曾在南京短暂工作过。这一下子我就套上了近乎，顿时天涯变咫尺，话题也开始热络起来。刘所长告诉我，他目前手头正好有一个国家级项目——《中国当代百种曲》——即将进入尾声，可以考虑一起合作。这就是机缘！

对于戏曲，我完全是个门外汉，只知道京剧、越剧、锡剧、黄梅戏等剧种。作为南方人，偶尔听听越剧《红楼梦》、黄梅戏《天仙配》等，时不时也会哼哼几句。短暂的交流后，我便相信了刘祯所长，他说好的东西一定是个好东西。这一项目就这样花落美术社，最后获得了2008年度“中华优秀出版物奖”提名奖。

2007年，又是一个春天时节，时任美术社社长顾华明交代我一个重要的任务，务必和著名画家范曾先生取得联系。对我来说，这是一个艰巨的任务，心里根本没底。硬着头皮登上当晚进京的列车，心里一直寻思着所有可能的线索。第二天一大早，下了火车便直奔北京工艺美术出版社。我知道该社总编辑贾德江老师在京城美术圈交游甚广，他或许可以帮上忙。踏破铁鞋无觅处，得来全不费功夫。通过贾总，我和范先生的经纪人徐斗先生取得了联系，并相约好日子登门拜访先生。

一周以后，顾华明社长、卢浩老师和我应约登门拜访。

范曾也是江苏人，和顾社长还是南通老乡，随性而率真。坐定后，他们叽里咕噜，直接用家乡方言就唠上了。待进入正题，我们就开始讨论图书的方案和体例，很快便敲定整体框架。

在先生的指导下，他的多名学生参与了书稿的整理编撰工作。人多力量大，三个多月后稿子便大功告成，接下来就是紧张烦琐的编辑工作。因为当年10月是先生七十大寿，需要在此之前完成出版。其间我又多次登门拜访，解决编校过程中遇见的问题，先生亦不厌其烦，予以解答和释疑。经过几个月紧张忙碌的工作，9月底，《范曾诗文书画集》终于以精美的装帧、优秀的质量出版了，先生非常满意，夸赞说这是他所有著作中最精美漂亮的一套。

转眼间，2008年悄然而至。这一年，因工作需要，我被委派到集团在北京的一家公司。我很开心，大显身手的时机到了。花红柳绿的4月，我和几个同事离家别口，来到了北京……正所谓“希望越大，失望越大”，当时公司把主要出版方向放在了文教类图书上。而此类图书，我既无兴趣，也非强项。就这样被晾在一边，很茫然，也很苦恼。

生活还得继续。闲来无事时，我找同学、找故旧。通过他们，结识了一批专家学者、学界大咖，先后策划了由中央民族大学著名翻译家何克勇教授主编的“世界文明与地缘政治研究译丛”，新华社世界问题研究中心著名国际问题专家盛世良、徐长银等撰写的《世界主要国家安全机制内幕》，外交部领事司主编的《祖国在你身后》等图书，为自己打开了另一片天地。其中，《世界主要国家安全机制内幕》和《祖国在你身后》这两本书，我付出最多，且取得成绩最大，为此开心自豪了好长一段时间。

2016 年初夏，外交部领事司的工作人员找到我，想要出版一本中国海外领事保护案件实录的图书，具体内容由驻外使领馆的外交官负责撰写。书稿完成后，一直难以确定一个响亮的书名。我冥思苦想，突然灵光一现："祖国在你身后"，不是一个最合适不过的书名吗？当即就得到了领事司领导首肯。《祖国在你身后》于当年 12 月推出，赢得积极反响，先后 4 次印刷。2019 年 8 月，又合作出版了《一枝一叶总关情》，由外交部党委书记齐玉作序，并举行了盛大的新书发布会。

局面一旦打开，好事接二连三。通过朋友的引荐，认识了德国著名社会活动家、经济学家、国际席勒学会主席海尔格·策普女士，以及美国国际问题专家威廉·琼斯先生。后来分别出版了他们的研究报告《从"一带一路"到世界大陆桥》《从"一带一路"到人类命运共同体》两部专著，并于 2017 年邀请他们来集团做客"凤凰讲堂"。

2015 年深秋，我约请老朋友刘祯（当时已调任北京梅兰芳纪念馆馆长）小聚。席间，我提了个现在看来非常幼稚但意义十分重大的问题：为什么黄梅戏起源于安徽，越剧诞生在浙江，二人转发轫于东北？他立即纠正我说："二人转是一种民间艺术形式，不同于另外两种戏剧。"我有点无地自容，但还是"得寸进尺"地建议道："能否出一套类似的书来去除像我这样的误读呢？"刘祯说："这是个好主意，以前还真没有系统出版过类似的图书。"正是这一提问，诞生了"中国戏曲艺术与地方文化"丛书系列（第一辑，共 10 卷）这个选题，歪打正着。

2017 年初，兜兜转转，我回到了南京，就职于江苏人民出版社，开始了按部就班、中规中矩的体制内工作。2018 年 8 月开始，刘祯馆长主编的"中国戏曲艺术与地方文化"系列丛书陆续到稿。为了体例的整体统一，再加上喜欢单打独斗，我便一头扎进了这个浩瀚的编辑工程中。此中苦乐，不说也罢！

两年多的孜孜不倦，终于结出了累累硕果。这一系列图书于 2020 年 4 月出版，被列入国家"十三五"出版规划，并获得国家出版基金资助，后来又入选"中华民族音乐传承精品出版工程"。

经过对此书系的编辑，我对戏曲也有了些初步了解。2019 年盛夏，为了该书系第二辑的组稿事宜，我再次拜访刘祯馆长。因该书系过于庞大以及作者的不确定性，一时半会难以推进落实。刘馆长随口提起了他目前手头的项目，说他正在搜集整理梅兰芳先生海外公演的相关资料，打算结集出版。我立即恳求他，最终的出版事项交由我社负责。刘馆长似乎有点为难。我紧追不舍，最终他勉强口头答应。生怕夜长梦多，没过几天，我便拉上徐海和府建明两位一起北上到梅兰芳纪念馆拜访。两位老总出马，合同一签，尘埃落定，万事大吉！

事后我才得知，这事确实难为了刘兄。出版事项他先前已初步答应了其他出版社，但最终还是因为我的真诚和近 20 年的友谊才交给我们社！

2021 年下半年，书稿陆续到稿，经过多次商讨，书名最后确定为《梅兰芳菲》（三卷本）。在编辑的过程中，我发现整个书稿中的图片十分精美，有的甚至是首次公开，再加上作者优美的文字叙说，突然异想天开，这套书是否可以考虑冲击一下“中国最美的书”这一奖项呢？于是便向王保顶社长和蒋卫国副社长说了自己的想法，得到了他们积极的回应和支持。

延续我一贯的风格，单枪匹马，苦熬了近两年时间。2023 年 6 月，《梅兰芳菲》正式出版，并在梅兰芳纪念馆举办了新书发布会。好事接踵而至，这套图书入选国家“十四五”出版规划、被列入“中华民族音乐传承精品出版工程”，11 月，又荣登 2023 年度“中国最美的书”榜单，为我的职业生涯画上了一个圆满的句号。

23年的编辑工作，酸甜苦辣，个中滋味，冷暖自知。前几天在整理资料时，发现有不少获奖证书和荣誉证书。我清点了一下，居然有28张之多。人间值得，问心无愧！

在此，我想对年轻的编辑们说：想要寻找优秀的作者，需要广泛地交朋友，需要真诚和用心，而优秀的作者正是编辑的衣食父母。

这些年来，能取得这些成绩，除了自己的努力和付出，还与领导的支持、同事们的帮助密不可分。衷心感谢我遇到的所有好的领导，当我身处困难时，你们给了我极大的支持；衷心感谢我的同事们，在我需要帮助时，你们向我伸出了无私的援助之手。

以上点点滴滴，只是我编辑生涯中的一些小故事、小插曲。当然，还有很多值得回味的人和事，留待日后我的书中细说。

作者系江苏人民出版社编辑

第一次做责任编辑

吕　健

第一次的经历往往难忘。出版生涯中，第一次担任责任编辑的记忆，同样刻印心中。尤其是当时的那种紧张、焦虑与担忧的心境，回想起来依然清晰。

进入上海古籍出版社，分在历史编辑室。当时的室主任是陈稼禾先生，北大毕业，熟谙明史。他让我审一部书稿——孟森的《满洲开国史》，由孟森弟子商鸿逵先生整理，应该是陈主任通过商鸿逵之子商传先生取得的，当时也没有细问。我第一本任责编的书的工作，就此开启。

《满洲开国史》系孟森20世纪30年代于北京大学讲授“满洲开国史”时编印的讲义。据尚小明先生考证，孟森在北大讲授“满洲开国史”共四次，前三次为本科生讲授，第四次为研究生讲授，现在看到的《满洲开国史》是为本科生授课的讲义（见《孟森北大授课讲义三种编撰考》）。孟森为现代著名史家，擅治明清史，于清先世事迹，用力尤深。该书考稽史实，排比资料，勾勒出努尔哈赤以前建州女真的历史演进，对满洲的名称、女真三部与建州三卫的史事，以及建州各时期诸首领的生平，都有精详的考订，不囿成说，创见迭出，在清朝兴起历史的研究方面具有较高的学术价值。

整理稿对原讲义中一些明显的排印错误进行了校正，并补充了若干史料。原讲义分段，有断句，整理者在此基础上加上了带专名线的新式标点。

商传先生在谈及这部讲义时说：“《满洲开国史》讲义在北京大学开讲时，听课的学生只有家父和一位日本人，故家父所存的这部书稿成为绝版，他并且在读书中于书眉用毛笔写下了一段段的补充。”（见《明史讲义导读》）此讲义近乎一脉单传，其价值由此亦可见一斑。此讲义将作为我们社“中华学术丛书”之一种出版，列入该丛书者，皆大家名流之作，属于古籍社的品牌产品。第一次担任责任编辑，就接手此等分量的书稿，这对于从业不久的我而言，倍感压力，岂敢怠慢。

当时我拿到的除了抄写的整理本，还有讲义原稿两册，其中一册稍厚，通常的线装书大小，应该就是商传先生所说的“绝版”。通读整理稿，遇有疑惑，对照讲义原本检查整理稿抄录是否出错，这是我最基本的工作，但显然不是主要的工作，整个整理稿在这方面做得还是不错的。讲义原稿征引《明实录》原文，少数引文日期有误，我据《明实录》在整理稿上加以更正。

对讲义的断句改作新式标点的审核，才是我用力的重点。整理稿在标点上缺失与讹误出现较多，尤其是专名线的施加，错、漏之处频率颇高（后来接触到的书稿多了，逐渐体会到，要做到专名线标划的准确与全面，实属不易）。那些生僻的满族人名或地名，特别是一连串并列的人名或地名，讲义原本并未点断，整理本往往漏标（可能是整理者尚未考虑成熟而未标），到编辑这里却是含混不过去的，必须一一落实，何况整理者还有明显的误标，必须予以修正，这项工作着实令人头疼。20 世纪 90 年代初尚无电脑可资检索，只能翻检前后文以及相关典籍是否出现同样的人名或地名，以此将连在一起的人名或地名正确断开。当时除了中华书局本《明史》《清史稿》《清史列传》外，可用的有现成标点的相关的书并不多。我清楚记得，有一天我在我们社资料室发现有一部《明实录中的女真史料选编》，一时欣喜万分。如此冷僻的书，并非中华书局等专业社出版，装帧也是极不起眼，我们社竟然购买，可见当时我们资料储备之丰厚。后来在使用中也察觉到了此书的问题，尽管此书对订正标点有所帮助，但缺憾还是不少。当然在编辑加工时，还不时地向编辑室老师请教，处理了很多的疑难。

整个编辑过程，可以说诚惶诚恐，战战兢兢，万分仔细，百倍用心，充满着紧张、焦虑与担忧。毕竟是第一次。必须要说的是，上述所有工作也只能是尽力而为。因水平有限，能力欠缺，经验不足，有些问题实在无法解决，也就不得不这样了，这也加剧了我内心的惶恐。

终于到了初审发稿的阶段，这时出现了一个小的波折——“满洲”一词在出版物上是否能用。且不说书名中就有“满洲”，书中通篇都是“满洲”，如果不能用，等于宣判了这本书的死刑，前功尽弃，于心何甘。所幸二审发话：“‘满洲’一称不可易。‘满洲’为清人自认之国名，其源出于祖先‘满住’，并无贬、污之义。”“该书所言为清努尔哈赤以前之历史，欲去‘满洲’，无合适之名称可冠。因此，建议书名仍旧，不加更改。”三审同意，于是过关。

接着进入排版、校对、封面设计流程。因为是丛书，开本、版式与封面装帧有统一的要求，无须责编费心。尽管如此，在书稿最后付型时，我还是放心不下，忐忑不安，唯恐出现纰漏，生怕顾此失彼，因此一遍又一遍地看封面文字，反反复复地回想整个过程是否有所疏失，较之审稿阶段好像更是不自信。我想强迫症患者发作时，大概就是如此状态吧。一直到快拿到样书，紧张、焦虑与担忧依旧持续，生怕读者发现问题。“责任编辑对书是要负责任的”，老编辑的这句话始终萦绕耳际。

该来的似乎还是来了。一天传来消息，有人反映书中有明显错误，我生生一惊。了解后知悉所反映的“错误”为：书中提到了孟森的另一著作《明元清系通纪》，“明元清”当作“元明清”。于是石头落地，且暗暗自喜：“明元清系”乃按明代纪元叙清代世系之意，不错的。

后来随着担任责任编辑的书增多，当年出现的种种紧张、焦虑与担忧逐步减少，以至于无感。这是所谓的成熟抑或懈怠，是好事还是坏事，我不知道，应该是两者兼具吧。但是当初的那种心境，实在是忘不了的。

作者系上海古籍出版社社长

十年约稿缘　《一曲满庭芳》

周敬芝

一本好书从创作到出版也许只需要一两年的时间，但是编辑和作者从相遇到相知经历的却是长达近十年的情感，如此漫长的光阴，足以把人生中最美好的点点滴滴积淀成不可磨灭的回忆，作者才可能将这些过往的余温通过作品的形式传递到最信任的编辑手中。时光雕刻出来的作品，是厚重的，更是有力的，它又化身为精美的版式，光洁的纸张，不断地与读者分享。

戏为髓

“星月朗，傍四更。窗前犬吠鸡又鸣。哥嫂太无情，罚奴磨麦到天明。想到刘郎去也，可不辜负年少人。磨房中冷清清，风儿吹得冷冰冰。”（《养子》）

我认识王芳老师是在苏州举办的第七届中国昆曲国际学术座谈会上。那时，江苏凤凰教育出版社刚出版了《昆曲表演学》，时任高等教育出版中心主任的章俊弟先生和我与作者丁修询老先生一起去苏州给新书做宣传，晚上主办方安排我们观看王芳老师主演的《白兔记》。这也是我平生第一次在现场欣赏昆曲，此前编辑《昆曲表演学》，阅读一个个记录昆曲程式表演的文字，云里雾里，似懂非懂。丁老坐在我旁边，结合着现场动作，给我讲解一些脚步、手势的细节。外行看热闹，内行看门道，至此我才恍然大悟，原来昆曲表演中每个细微的动作都是有讲究的，一举手一投足，一颦一笑，都别有深意，让我不得不感叹昆曲艺术经过几百年的锤炼，已经发展到了登峰造极的高度。

让我感触最深的是《养子》这出戏，几乎算得上是独角戏。该戏完全从正面描写李三娘受欺凌、推磨、产子、咬断脐带等情节。这些复杂的场景如果在舞台上过多地表现，又会让人感觉过于残酷、刻意；但是如果过于简略，又不能充分刻画出李三娘当时的境遇。这样一来，如何平衡两者的关系，就对演员提出了非常高的要求。

丁老说，“传”字辈演员的“磨房产子”戏，舞台上本来是有个磨台的，这个磨台就是拿一根把杆系在鼓上，用布包着，演员就这样转圈、推磨。而演生孩子，就是在桌子边上，让观众也能看到。王芳老师现在这场表演，舞台上的道具只有一张桌子，王老师饰演李三娘，既要表演出推磨的负重感，又要表演出生孩子的痛苦，其难度可想而知。王老师是如何通过精湛的表演向观众传达出分娩的痛苦的呢？只见她背朝外，一只手高举着，缓慢地转动着，以此表示分娩的艰难。突然，那只手有力地攥起来，然后将身体陡然蜷缩在桌子后面，表示生产完成。这一连串的动作既把握了分寸感，又传递了戏剧表演的张力。原来真正好的昆曲表演，节奏一点都不慢，环环相扣，精彩至极。观看过昆曲前辈甘贡三、沈传芷、张元和等表演的丁老也感叹道："这就是昆曲，没走样！但是又有了改良，真是青出于蓝而胜于蓝啊！"我作为一个看热闹的外行，从王芳老师的表演中第一次感受到了昆曲之美。

书为媒

"几年前，我曾和王芳老师开玩笑，等你七十岁了，就以你口述的形式出一本自传吧。她笑笑，说好。"——王薇（《一曲满庭芳》）

和王芳老师开始近距离接触是2015年陪她去央视录制《读书》栏目。这次《读书》节目还是宣传丁老的《昆曲表演学》，本应是丁老亲自参加，但是他年事已高，所以章俊弟主任想到邀请王芳老师去代为录制，让我陪同王老师同赴北京。

我们分别从苏州和南京出发，相约在火车上见面。卸了戏妆的王芳老师与舞台上的角色判若两人，但在车厢熙攘的人群中还是能一眼分辨出来，毕竟长期浸润在昆曲艺术中涵养成的清新淡雅，在各色人中尤其显得气质出众。王老师头裹丝巾，靠在座位上闭目养神，不施粉黛，但眉眼间还是台上的杜丽娘模样。我问她要不要喝点水吃点东西，她摇了摇头，继续休息，不愿意开口多讲一句话。我当时心里有点打鼓，会不会这两天相处起来很尴尬，毕竟我也不是那种会营造氛围、一路畅谈的人。

入住酒店后共进晚餐的时候，还有位在北京读书的小票友王薇特地赶来见她。王芳老师打开了话匣子，回忆她从小是怎么练昆曲，又怎么进剧团的。说到昆曲低迷的时候，她眼眶里泪水在打转，那时剧团真是到了“多演多赔，少演少赔，不演不赔”的窘境，演出几近停滞。为了生存，她只得在婚纱摄影公司做起了化妆造型师。这样的日子持续了几年才算有了转机，真没想到眼前这位二度梅花奖得主，囊括梅花、文华、白玉兰三大戏曲奖的优秀演员居然经历过这样的人生低谷。柳暗花明又一村，国家终于开始大力扶持传统戏曲，昆曲逐渐回暖。我心里暗自庆幸，幸亏她当时没有放弃，不然，对于挚爱昆曲的观众来说，就失去了一生爱好是天然的杜丽娘，失去了坚贞不屈的李三娘。对我而言，也许一辈子都不会对昆曲产生兴趣。

第二天，陪王芳老师录制节目，可以说一气呵成。当时王芳老师以《长生殿》中杨贵妃一角为例，讲到昆曲表演中人物的每个眼神、每个手势都蕴含着不同的意思。至今都让我记忆犹新的是，王芳现场用眼神表演了含情脉脉、娇嗔委屈、悲从中来三种情绪，不用借助任何动作和语言，仅一双眼睛就表达了人物的内心世界，真是舞台艺术的一种极致之美。王芳老师对昆曲的讲解和表演俘获了现场所有观众的心，节目结束后，现场的工作人员都激动地向我要《昆曲表演学》一书，其实这本书是非常专业地记录昆曲表演程式的书，是带有抢救资料性质的，并非普及昆曲的书，我知道吸引他们的是王芳老师以及她的表演魅力，喜欢昆曲可谓爱屋及乌。当时节目导演曲新志先生和我一样，从此成了王芳老师的戏迷。八年后，《一曲满庭芳》出版，我第一时间寄了一本给他，他告诉我，王芳去北京演出时，他还带闺女一起去观看并献花，培养出了一个小戏迷。虽然他的节目邀请过无数的嘉宾，但是能成为终生喜爱的肯定寥寥无几。

艺术即人生

> 最高明的演员是用心灵演戏的，唱念做打是心灵的通道，即所谓的得手应心。应该说，这一点是很难做到的，王芳似乎是个天才，一下子便进入了角色。——陆文夫（《一曲满庭芳》）

“敬芝呀，我刚刚准备把火车票寄给你的，然后我拿着票从三楼走到一楼，票就不见了。要不就算了吧，没关系的。”王芳不紧不慢地说完后，传来温暖的笑声。“实在找不到就算了，我问问财务，写个情况说明就能报销的，我们请您录制节目，肯定要报销车票的，不能让您自己承担！”“那太不好意思了，太麻烦你了。我记得拿手里的，然后中间路过办公室办了点事，票就不知道丢到哪里去了，怎么也找不到了。”那个台上仪态万方的“杨贵妃”，私下里是个“小迷糊”呢！这是不是反差萌呢！她的专注都留给了扮演的角色。

2016年，章俊弟主任和我又一次去苏州拜访了王芳老师，我们想把《昆曲表演学》多媒体化，将书中提到的表演都录制成视频保存下来。王芳老师听后欣然应允，愿意全力配合我们。不过后来由于投入过大，一时也筹措不到这么多资金，项目就搁置了。闲聊时，章主任提议王芳老师可以请名家写个传记，她犹豫片刻婉言谢绝了，可能是觉得自己还不够格。回来路上，章老师对我说以后有机会还可以试试，她的经历和成就值得写。我默默地记在了心里，不仅是作为一个出版人的使命，更多的是对王芳老师和昆曲的喜爱。

2017年，“姑苏文化名家”王芳工作室正式挂牌成立，同时成立的还有范伯群工作室。范老师晚年的著作都是由我担任的责编，每次我发布相关书讯，王芳老师都及时点赞。“姑苏文化名家”公众号发布有关范老师的访谈以及后来的纪念文章，王芳老师也会第一时间转发给我。这应该是文人间的惺惺相惜，他们都是各自领域里的顶尖专家。在我心中，他们都是同样可敬可爱的人。

2020年，当我看到《我心归处是敦煌：樊锦诗自述》一书时，被深深触动了，敦煌有樊锦诗，昆曲有王芳。我寄了本书给王芳老师，我说我也想给您出本像这样的传记。这次她没有一口答应，但是也没有拒绝！其实她也有此想法，只不过我推波助澜将她的计划大大提前了。那年，她的演出已经排满了，我们从年头约到年尾，终于在苏州，我们又见面了！兴许是受到樊锦诗传的启发，她身边也有这样一位能深入她内心的作者，就是前文提到的王薇，她现在是“姑苏文化名家”王芳工作室撰稿人。谁曾想到2015年的那个寒冬的夜晚，围坐在一起畅谈的三人日后会合作出版了《一曲满庭芳》，完成了我们共同的夙愿。

《一曲满庭芳》问世后，好评如潮，有幸入选年度“凤凰好书”。关于该书的封面照片，还有一段小插曲也值得一提。装帧设计指导周晨老师一眼选中了王老师饰演杨贵妃的剧照，端庄大气，高贵典雅，很多巡演海报都使用了这张照片。然而，王芳老师却坚持要用饰演杜丽娘的剧照。我们自然尊重王老师的意见，但并不完全认同。可时过境迁，现在再看书的封面，却发现这幅照片选得真是好。中国传统的女性，在对自由与梦想的勇敢追求中，依然保持着优雅的人生姿态，这种姿态，既在戏里，又在戏外，是杜丽娘？还是王芳？蓦然间，一句诗刹那间闪过："最是那一低头的温柔，像一朵水莲花不胜凉风的娇羞。"是，也不全是。

作者系江苏凤凰教育出版社编辑部主任

从报社记者到图书编辑

——入职凤凰十年记

强　薇

今年是我到凤凰出版传媒集团的第十个年头。光阴荏苒，回忆自己从事编辑工作的点滴，有收获，有遗憾，有成长，有不足。作为一个“半路出家”的编辑，起步较晚，也因为有了不同职业的经历，我更加坚定了从事出版行业的志向。每每回想起得以进入凤凰的机缘，都觉得庆幸、感恩。

在入职凤凰前，我一直在媒体从事新闻报道工作。虽然研究生毕业时也曾想过向凤凰投送简历，但因为没有专业对口的岗位只能作罢。记得毕业数年后，还是在记者同行的微信朋友圈看到凤凰的招聘启事，其中江苏人民出版社招收国际关系专业的毕业生，其对学历和工作经验的要求，与我都相符，不禁喜出望外，毫不犹豫地投了简历，顺利通过笔试、面试，就这样“有心栽花花不开，无心插柳柳成荫”地进了出版行业。

虽然新闻和出版都属于传媒大类，有不少共通之处，但从记者转变为编辑，仍觉得从工作方法到工作节奏都需要重新摸索，从头学习。在通讯社和报社时，总觉得人被时间追赶着，每天忙于寻找新闻线索、采访、写稿、发稿，生怕赶得晚了，新闻就成了旧闻。到了出版社后，以为图书的出版周期相对来说要长了不少，工作似乎可以慢下来一点，轻松一点。但很快我就感受到了出版工作的压力和挑战。首先，图书的文字体量较新闻报道要大得多，编辑工作对文字表达的准确性要求更高。其次，编辑手上往往不只一本图书在编，每当几部书稿的出版时间撞到了一起时，恨不得长出三头六臂，加班加点成了常态。更重要的是，因为出版所涉的知识更加专业和深入，编辑工作需要耐得住性子，不论是编辑技能还是知识素养都需要更长时间的积累沉淀，才能静水流深。

进社后，得益于江苏人民出版社“以老带新”的制度，我跟着出版社首席编辑、资深编审唐爱萍老师学习编辑业务。入社一个多月时，社里抽调力量集中出版“‘四个全面’战略布局研究丛书”和“迈上新台阶建设新江苏研究丛书”。唐老师带着我参与到这两套丛书的编辑工作中。时间紧，任务重，从拿到书稿到付印出版只有两个月不到的时间。也正是在跟着老师加班加点编校书稿的过程中，我发现自己距成为一名合格的编辑还有很大的差距。一是作为一名“党社”编辑，对党的理论和相关政策文件的知识储备不够，对书中政治观点的表述往往不知该如何把握。二是在编校技能方面的欠缺。虽然每天很努力地对书稿逐字逐句进行修改，甚至改得整篇书稿满是痕迹，但改出来的“硬伤”不多，还因为改得太慢耽误了编校工作的进展。幸得唐老师的耐心教导，不仅对我看过的书稿重新审读编校，总结指出上一校中的疏漏和问题，更着重分析编校错误的根由，真正是“传道授业解惑”。我一直记得唐老师将编辑改稿形容为是在给书稿作“微创手术”，一方面要精准校正书稿中的差错，另一方面应最大程度保留书稿本身的特色，不要轻易改变作者的原意，特别是不能改是成非。

就这样，在跟着唐老师和编辑室其他资深编辑编校一本本图书的过程中，我逐渐掌握了编校的基本技能和知识，更在跟着出版社领导和唐老师拜访作者、策划组稿、参加活动的过程中，接触到了更为广博的出版世界，开始有了编辑需要积极策划选题、积累作者资源的意识。凤凰出版传媒集团的徐海总编辑那时正是江苏人民出版社的社长。徐总任社长时除了大力倡导“以老带新”机制外，还特别强调要“以项目培养新人”，让新入社不久的编辑早早地就参与到重大出版项目中来，使我们在实战中得到很大的锻炼和迅速的成长，并通过这些重大出版项目结识了不少名家，为后面的出版工作打下良好的基础。

2016 年，社里派我去厦门参加国际经济法学会年会。

出发前，徐海社长就指示我要多结识参会的法学名家，特别是我国首位 WTO 上诉机构大法官张月姣也将参加这次会议，机会难得，要设法向她约稿。在这次会议上，张月姣老师做了她自日内瓦归国后的首场演讲，在场听众无不被其在国际经济法领域的杰出贡献和拳拳爱国之心所鼓舞。在我社作者、中国国际经济法学会荣誉会长、厦门大学陈安教授的引荐下，我得以拜会张老师，表达了希望出版其个人传记的愿望。张老师为人极为友善，并不介意我只是一名初出茅庐的年轻编辑，很是愉快地应允下来。2019 年，张老师被党中央、国务院授予"改革先锋"称号。《我的人生路：张月姣大法官自传》也经过三年多的写作、整理和反复打磨后在我社出版。

在这三年多的时间中，张月姣老师一面参与国内外各种学术交流与演讲，筹办了清华大学国际争端解决研究院；一面担任世界银行国际投资争端解决中心（ICSID）仲裁员，办理了 20 年未决大案；一面还承担着最高人民法院专家委员等各项社会事务，并完成了《我的人生路》和另外一部判例集的写作。工作强度之大、行程之密、效率之高可以想见。在繁忙的工作之余，张老师都是利用节假日、周末和早上 4 点到 8 点的时间进行写作的。每每收到她的邮件都是在深夜或者凌晨，而此时的张老师早已过了古稀之年。寒来暑往，书稿由最初的几万字充实到 10 万字、15 万字，数易其稿、反复打磨后，最终呈现在读者面前的已是一部 20 余万字的厚重作品。《我的人生路》不仅是一本自传，更是一部新中国的法治建设史、改革开放史。它既是一部励志传奇，更浓缩了中国法律人在推动对外开放法制建设中所做的不懈努力。张老师常说“Make it happen”（任其发生），无论何时何地，都要勇往直前。在编辑这本书的过程中，她的精神时时感染着我、鼓励着我，这段经历也成为使我受益终身的精神财富。

除了张月姣大法官，我还有幸编辑出版了王蒙、洪银兴、杨牧之、章剑华、朱邦造、倪世雄、贺云翱、朱冬生等众多学术名家、文化大家的著作。因为身处凤凰这样世界一流的出版平台，因为从事编辑工作这样得天独厚的条件，我非常幸运地能和许多年少读书时就仰慕已久的作者近距离接触，不仅得以深入了解他们的学术、文化和思想脉络，更在日常接触中真切感受到他们的处世风范和人格魅力。于工作、于人生都受到了极大的益处，做人、做事都有了更多更好的榜样。

徐海总编辑在《出版的正反面》一书中曾提出编辑的六个等次。对标对表，我想自己在从事出版工作的第十个年头，勉强做到了三等、四等编辑，正在向着成为二等编辑努力。在技术日新月异、挑战与机遇并存的当下，成为一名称职甚至优秀的编辑，自己需要做的还有很多。从事着肩负传承人类文明重要使命的出版工作，我们有责任将老一辈出版人的优良传统学习好、传承好，更有责任跟随着一代又一代出版人的脚步，积极创新、开拓进取，在新时代的出版变革中努力留下自己的印迹，做出更大的贡献。

作者系江苏人民出版社编辑

坚守的圣店

——南昌青苑书店小记

徐　海

我对青苑书店的了解，来源于十年前在江苏人民出版社当社长时，发行部同事和我不断的谈及。五年前，我们在清华大学举办“海外中国研究丛书”第一批图书出版30周年庆祝座谈会，约了几十年来对这套书的经销和传播作出长久贡献的部分书店老总莅临，在那里，我看到了青苑书店的当家人万国英。万总温婉、和善，以及对图书的痴爱，给我留下深刻的印象。此后，我不断在云屏上看到青苑书店的绿色，仿佛闻到书店里每一座书架溢流出来的墨香，听到讲座者分享的细声软语，感受到听众静心的呼吸和浓郁波动的情绪。

2024年3月底，在春风拂面、柳树吹绵的赣江边，我来到了倾心多年的圣店——南昌青苑书店。

青苑书店总店位于南昌市青山湖区洪都中大道18号，店前是一座高架桥。在无色、灰暗和车水马龙的周边，书店恰如它的店名和它的主人姓名——一片青绿色的英苑。生机盎然的植物与清新雅致的门楣显示出主人的品位与活力，引导着对知识、对美、对超凡脱俗向往者的入门，让他们深入迷人而自然的店堂而难以拒绝。

书店分两个区域四个部分，有机协调地吻合在一起。前面是店面，后面是仓库。店面纤尘不染，井然有序；一间会客室古色古香，清趣雅致，古朴温馨，让我想起鲁迅笔下的三味书屋；一片不大的开放空间是举办活动的场所，与其说是会场倒不如说是一间小型茶社，像极了普通家庭的客厅、学生教室或书场；适合人体工学原理的桌椅茶几，平常而整齐地摆放其间。你会不经意地发现很多角落里的花瓶，插着单枝绿条，使整个书店轻松、平静、自然。

书店不大，大约 400 平方米，全在一楼。在青苑，其实不需要楼上楼下到处疲惫地行走，因为你一进入书店，扑面而来的好书会把你瞬间裹挟，让你不想移动。我在书店，每走一步路，都十分困难，因为目力所及的方寸之地，无数好书让你忍不住翻阅查看，其中有你十分喜欢并拥有和读过的书，更多则是你从未发现、令你惊叹和好奇的书。虽然只有一层不大的面积，你会感觉即使数千、数万平方米也不过如此。在多层斜梯穿梭上下的宏大书城，你只是在行走，而在青苑，你真正做到了驻足。若不是主人三番五次催促，我们一定会忘记午餐、错过回南京的高铁。

我一直认为，书店不是天堂的样子，没有壮观、巍峨和不可企及的辉煌设计，更不是充斥着装饰摆样的网红打卡地。万总说，书店是每位读者自家的书房。青苑书店，是读者的家，是旅途中的车站，是艳阳下的浓荫，是如注暴雨中的亭台。

王健明、万国英夫妇开青苑书店已经30余年，携手从青涩到白发渐多经历过书业的辉煌，也见证了近十年来实体门店的式微。30余年沉浸其间的感情、资金、精力和时间投入，如果日见其光辉，那倒还宽慰；如果日见其平淡，那何其苦涩！好在他们想尽了一切办法，不放过一丝机会，以无限深情和体贴入微的服务，用30余年建立起来的品牌影响力稳步行走。

很多事情，没有那么多意义；很多人生，没有那么多梦想；很多时候，我们常常是在静静地喝一杯茶、吃一口菜、读一本书、听一席话；很多时候，我们只是静静在想一件事，在忆一个人。我们曾经缠绵于一段旧情，暗暗地回味；曾流连于一株花前，默默地闻香。我们常常因看到别人的孩子而想象自己孩提时代被父母怀抱的情景。世界就是日常生活，而日常生活构成了记忆之河。昨天是记忆，一小时前也是记忆，而明天的事还没有发生，连一小时后的事也没有发生。世界存在的都是记忆，都是历史，只要这记忆是美好的，历史就是美好的，世界就是美好的，对未来夫复何求？每一位南昌的读书人，每一位外地来南昌的读书人，总会被这美好的记忆所充盈。只要你来到青苑，它总不会辜负你，也一定会给你留下一段记忆。

青苑，有我美好的记忆，承载了我对书店所有美好的概念，时间越久，记忆愈深。青苑已美好地存在了30年，它还会存在多少年？当再过30年，当米寿老人的我再次来到洪都中大道18号时，我的满头银丝还会不会在飘扬在青苑门前的绿叶枝丛中？

作者系江苏凤凰出版传媒股份有限公司总编辑

附录：组稿月记

2023年　　2024年　　徐　海

2023年1月

应《文艺报》之邀开设“编辑故事”专栏，完全不是我自己的意愿，而是江苏凤凰文艺出版社和《文艺报》编辑的“合谋”。我一再含蓄推托，可惜他们利用我的含蓄一再动员，弄得我不好意思在含蓄之后再露出“狰狞面目”。

之所以不想开，一是因为自感能力不足。我从来没有开设过栏目。我只知道王尧老师在《钟山》、何平老师在《花城》、丁帆老师在《中华读书报》开专栏，他们都是我崇拜的名家，而我是鼠辈。二是因为我自感精力不足。自己已是快60岁的人了，精力不济在感染新冠之后更加明显，而李黎和晓晨都是在我“阳”未转“阴”期间跟我交换意见的，我本来就虚弱，接到他们的邀请后就更感虚弱。

既开之则安之，我想先开一年再说。

至于栏目，我初步想设立如下几栏：1. 名编说名编；2. 做透一本书；3. 转行做编辑；4. 编辑甘与苦；5. 选题论证会；6. 作者与编者；7. 一生做嫁衣；8. 未能出的书。先大概想这些，等有了更好的想法，再丰富。好在责编没有干预我，我可以从心所欲不逾矩。

本期时间紧，我偷了一次懒。“名编说名编”我直接选用了上海世纪出版集团前总裁陈昕追忆上海出版名家巢峰的文章。巢老是全国顶尖的出版名家，又是陈昕这位名家的“提携者”，符合“名编说名编”的栏目特点；译林出版社《我心归处是敦煌：樊锦诗自述》最近获得国家“五个一工程”奖，这是译林出版社的历史突破，而这本书巨大的发行量匹配了它的优质内容，趁此我请责任编辑、译林出版社副总编辑陈叶写了她是怎么做的，符合“做透一本书”的要求；而要落实“转行做编辑”栏目第一期文章，我自然想起了我的老部下、也是我招聘进来的江苏人民出版社曾偲编辑。我对她太了解，因为我曾交办了她很多项目，与她共同编过好几本书。请陈叶和曾偲来写，我算是“兔子吃了窝边草”。

我诚恳邀请全国出版界的朋友为我的栏目写稿，具体栏目也不局限于以上八类。为实现此目标，我将逐一拜访全国各大出版集团与出版社的社长和总编，请他们亲自撰写并推荐优秀撰稿人。全国的编辑如果看到这个栏目的报纸或公号，也请与我联系。我的工作单位是江苏凤凰传媒股份有限公司，职务是总编辑。

文章只写自己的事，不写别人的事。越生动、越有趣、越真诚，我越欢迎。我不喜欢读无感无趣的文章，对假大空文章尤其厌恶。

2023年2月

春回地暖。倏忽间今天已是早春二月。

本期“编辑故事”我邀请了我的好友——出版名家、上海人民出版社原社长王为松写他的作者刘统。刘统这几年写书写一本红一本，连年走红；他的《战上海》和《火种》都是上海人民出版社出版的，因此沪人社这几年的主题读物也是红红火火、高举高打。图书走红，表面上红的是作者，背后则是作者与编者携手的温情故事。令人悲痛的是，刘统不久前离世，传奇作者的故事不再续写，而王为松社长也在前年离开了出版社，到上海市社科联任党组书记，重开新领域。我理解为松撰文时的心情。

认识龚爱萍纯属偶然。2018年秋天，四川省委宣传部邀请我到成都为全省出版社领导开一讲座。我那天比较亢奋，状态奇好，离开台上座位来到观众中穿梭演讲。这本质上反映了我无知却好为人师的“大患”，但一批社长不以为患，反以为“奇”，于是我领受“错爱”，变本加厉。会后大家加我微信，龚社长发给我她拍的我“疯狂的”好为人师的丑态，并说“50 来岁的人了还有如此激情不容易”。此后我留意她的微信，发现她的生活与编辑工作色香味俱全，五彩缤纷、生机盎然，甚为敬佩。可是，看到她 1 月 26 日发的“看完《复活》，现在才反应过来，我下辈子都是假期了”的朋友圈后，惜叹她的退休，便立即向她组稿。她答应，我受宠若惊。

陈文瑛是我的部下，是第一批“凤凰名编辑工作室”的主人。两年前我听过她讲转行做编辑的往事后，觉得很神奇。自己人，因版面限制，在此不细表，因为她答应继续为我写，以后再表。

2023年3月

江南3月，草长莺飞，阳光灿烂。

本期“编辑故事”我请到了我素来敬仰的上海古籍出版社原社长高克勤。高社长在出版界闻名遐迩，为全体国学人和编辑所称颂，可惜我一直未能攀识。2020年底，在南京大学举办的“江苏文库”年度成果发布会上我欣逢高社长，并在南大图书馆副馆长史梅的邀请下参观南大馆藏书法展且合影留念。我喜欢阅读并收藏上古社很多图书，加上微信后曾把这些图书的书目发给高社长。我对上古社有一定的情结，比如我和原上古社社长、后到沪人社做社长的王兴康社长（我称他为老王社长，以区别于接他班的王为松——我称为松为小王社长）相处颇好，他帮我找到《中国抗战史演义》的作者杜惜冰。杜惜冰真名为周楞伽，是民国时期大名鼎鼎的记者和鸳鸯蝴蝶派作家，1949年后在上海古籍出版社做编辑。我在南京图书馆发现抗战胜利一年后中国第一本系统、完整、真实、当时极畅销的抗战史图书后欲罢不能，便决定出版，乃诚请老王社长帮忙，果然找到了作者子女并获得授权顺利出版；另外，高社长此文中所述上古社编辑金性尧，素被我敬仰，因为我深读并收藏金先生在香港出版的《清代宫廷政变录》。关于这段故事，我曾在南大程章灿教授和史梅老师的鼓励下写了一篇小文，与其他大作一起作为《书房记》在上古社出版。当然，这么快就请到，也受到沪人社原社长王为松的激励，他盛赞高社长并希望我找到高社长这样的名家来写编辑故事。

高社长文章的价值不言而喻。

我还找到了凤凰科技年轻美丽的女编辑周远政。周远政做的书非常独特：选题独特、编辑独特、设计独特、影响独特。都说她做书超慢，不过她做的每本书都是精品，让人爱不释手。她的长文详细叙述了那本美轮美奂、获评中国好书的《嘉卉：百年中国植物科学画》是如何编辑出版的。当然，她本人表示书自有灵魂，不想将好书与获奖联系起来，大有一副“无故加之而不愠不乐”的六朝名士派头。她未听从我关于她的文章名可改为“克服万难做成的中国好书——我与《嘉卉》”的建议，我也服了并自惭形秽。

但是，周远政有没有克服万难后才编成好书，请读者自辨。

2023年4月

4月，北方沙尘满天，南方已抵暮春。遮面、踏青、追远、叹红……

这期，我请到了好友徐俊和肖风华。

徐俊与我有四重关系，我们既是镇江东乡的老乡，也是南京大学校友，更是出版圈内同行，且都是徐家人。每重关系都让我们在一起有说不完的话、叙不完的情。我在写《出版的正反面》时多次引到他为我讲的故事，有些地方我具名是他所讲，有些地方则隐去真名。作为中华书局的前掌门人，他在出版方面的心得丰厚，前年底出版了《翠微却顾集》，将他经历的书局的人与学术往事娓娓道来，广受好评。但他没有讲到他短暂的离开，可这正是他和我讲的故事，而他重返中华书局则是在整整20年前的春天。10年前他曾在微博上感慨过，而今我的约稿似乎勾起了他20年的再感慨，于是很快给我发来了稿件。但是，他是大出版公司的总经理，境界比我高，题目是“将学术引向大众的最初探索”，而我将他的标题变成了副标题，并胆大妄为地增加了新标题——“20 年前，中华书局的一次新生”，我多年来染上了俗气的市场感，他虽感惊骇但却给了我面子，未执拗反对。为表尊重，本书出版时恢复了他的原文章名。

风华兄是广东人民出版社的社长。圈内称出版社往往省去“出版社”三个字。广东人民就是广东人民，常得风气之先，出版了好多令我敬佩和吃惊的好书。风华来自南方，疾风自南劲吹，总是吹醒昏沉腐朽的我，而我先知风华名，后知风华事，更叹风华识。不过，风华稍嫌拖沓，在我“劲催”之后才发来文稿，并无比放心地让我删改。

我估计两篇字数略少，于是直接入场，写了一篇短文补白。我极少（虽然会）用抒情手法写人写事，而这几年更是将文章写得嘻嘻哈哈而欲罢不能，但是，3 月底我去南昌青苑书店，了却了我多年的愿望。青苑之行让我短期有点多情，于是深情地写了《坚守的圣店》，当然，文风和标题都或多或少地受了海明威《流动的盛宴》的影响。

自己文章写好后，突然发现与风华的“遗憾的坚守”撞衫，也与徐俊的暗衬——20 年前他回归中华时其实是听到了“坚守”的召唤。

中华书局的“坚守”获得了新生，但风华的“坚守”呢？青苑的“坚守”呢？

2023年5月

《文艺报》“编辑故事”版经过四个月的“试运行”，终于小有影响，关注和阅读的人明显多了起来。另外，四期已经发表的文章也开始显示出这个版面的风格。

在我的印象中，每年4—5月和9—10月是最忙的生产季节，多项阅读推广活动纷纷举办，我于是疲于奔命地在各地穿行。与以往不同的是，现在每到一处，我多了一项组稿的任务，遇到出版界的同行，都会喋喋不休地恳请他们帮助我推荐全国各地优秀的编辑来写“编辑的故事”。

我对报纸期刊不甚了解，但对图书出版而言，我深知组稿的重要性。一个新成立的出版社需要组稿，一个生机勃勃的出版社需要组稿，一个从困境中走出来的出版社第一件大事便是组稿——稿件是出版单位生存之源。一个整天坐在家里等待自然来稿的编辑，目前虽大有人在，但一定不是最好的编辑；而一个所有或大部分编辑都坐在家里等稿的出版社，目前也大量存在，也一定不是优秀的出版社。相反，就我目力所见，一个优秀的编辑总是在满天飞，一个优秀的出版社，一定有一批长年累月满天飞的编辑。

因此，当本期我请到两位优秀的总编辑为我写稿时，我惊奇地发现他们两个人都是在写“组稿”，这让我颇为兴奋。

再说一下广东人民出版社。我对这个出版社充满敬意，是因为他们的书总是新颖生动，题材多样。这些丰富多姿、内容深刻的图书不断出现，显示出他们社长和总编辑的价值观。本期我请了他们的总编辑钟永宁。钟总的题目是“组稿二三事”，写了如何组稿、如何盯稿。他写了四次组稿经历，其中两次写的都是如何等稿、如何盯稿。我在我的拙作《出版的正反面》中，援引了著名学者徐兴无和程章灿老师来到凤凰开会时对我讲的一句话，那就是“书稿都是盯出来的”。不管岁月如何流逝，钟总总是孜孜矻矻，一等数年；而还有的组稿经历，写的则是两位作者都“稿件未成身先死”，令人感伤不已。这样的经历，绝非钟总所独有，我也常常遇到。

凤凰传媒原编委、江苏凤凰文艺出版社原总编辑汪修荣是资深编辑，他写了组稿的三方面的问题，一是抓住机遇，二是突出编辑主体作用，三是“深挖洞、广积稿”。编辑大都有这样的体会，即好的稿件不完全是苦思冥想出来的，很多是偶得；即使是面对余光中这样的大家，他也对最初的书名和选文进行了否定，并说服了名家；做完名家一部作品还只是开始，必须照此深挖下去，实现从一本书到一套书甚至实现多套书的出版。汪总未必看过我的《出版的正反面》，但我在我的书中确实有专门一节谈编辑如何获得一部好书稿，那便是六个字：偶得、改造和深挖。我为汪总的文章证明了我的观点而暗自窃喜。

2023年6月

都说编辑是为他人做嫁衣的行业，这似乎已经形成了千年共识。在这种共识的价值观下，构筑了如“改错不改好”等一系列方法论，形成编辑行业的经验之谈。中外历史上那么多名家名作，作品传世，人品流芳，然而传世的编辑出版名家少之又少。孔夫子之所以圣，主要不是他编《书》编《诗》编《易》，而是因为他的圣人语录《论语》传布全球、光照千年；昭明太子之所以永垂后世，大概也不是因为他作为edit的“编”，恐怕更多还是因为他作为collect & select的“辑”。这当然是愚见。明晓自己的职责，是做好编辑的第一素质。你绝对不能在作者穿上鲜艳灿烂的华服后悻悻地说“那是我的衣服”，更不该妒妇般地抱怨“如果不是我裁缝得好，细节处理得好，他的塌肩将暴露无遗，她的粗腿将世人皆知”。一名优秀编辑该做的唯一的事便是在众人面前为作者尽情地鼓掌。

不过，话不能说过。做嫁衣裳的裁缝是农耕时代的职业，尽管人们在《清明上河图》中看到了“成衣铺”和“服装店”，但大多数人家还是自己找裁缝加工。我虽然生在苏南，但自己在上大学前里里外外的衣服都是我母亲把我带到村上的裁缝家量体“定做”的，直到到南京上大学后才开始买成衣穿着。今天，鳞次栉比的大街上到处是成衣店，香艳迷人的时装令人驻足流连。时装设计师和公司除了为少数高端名流量身定衣外，大部分是为不见面的芸芸众生做衣。雷同的款式，有限的XS、S、M、L……尺寸，让顾客躲在试衣间反复脱试。裁缝，不再是为他人做嫁衣，而是为自己的理想和美学设计，让愿者上钩。

今日编辑与今日裁缝一样，不再仅仅是定制产品的来料加工者，而是变成了有一定自主意识的创造主体。美国著名编辑、克林顿自传《我的生活》的责任编辑戈特利布对克林顿说出“不是我为你工作，是你为我工作”的惊世骇语，让编辑单纯为作者做嫁衣的使命逐步淡去。

成就作者的同时成就自己，并与作者共成长，是我的老搭档、江苏人民出版社原总编辑府建明博士本期文章的核心要义。多年来，我见证了他为资深前辈名家做成一件件精美嫁衣的同时，学会了为自己做衣裳并与作者一同做嫁衣；安徽人民出版社何军民总编辑的文章亦充分展示了他如何与作者共同设计、共同推翻重来、共同修撰作品的珍贵经历。

两位人民出版社的总编辑，告诉你如何与作者一起做嫁衣。

2023 年 7 月

六七月的南京，一年一度让人颇感污糟的梅雨季节翩然而至。人与物仿佛天天都是被刚从水中捞起，湿黏难耐；天气阴晴变幻反复无常，触目之处但见霉花点点——我觉得称梅雨为“霉雨”更准。这时，我往往幸福地臆想“假装生活在北京”，向往那干爽清凉的北方。偷着乐的是，今年，南京的“火炉”桂冠像奥运火炬接力一样戴到了北京头上。6 月我三上京城，参加《梅兰芳菲》发布会、参加 BIBF（北京国际图书博览会）、在《人民日报》开设“凤凰书架”，我第一次感受到了“天下同此苦热”。35 年前的 7 月初，我大学毕业初往北京，那年夏天客居在北外男生宿舍里，垫着棉胎、盖着棉被、不知空调为何物、感受凉澈自来水的年代变成了我和上一代人的“清凉”记忆。

袁亚春在浙大出版社任总编辑期间出版了无数好书，无论是浩大工程还是单本精品，都打上了明显的“浙大出版”印记，凝聚了他的出版价值观，特别是“中华译学馆·出版史系列”和出版人物传记我几乎是每本必得，备受滋养。袁总还日夜管理着由各式各样作者、编辑和文化鸿儒组成的“谈笑无间”群，里面充满了智慧和雅趣。当他向我发来他与六位作者的交往故事集时，我顿觉心有戚戚焉。外人不知出版的成本，以为只有纸张、印制、物流、稿费数项，完全没有体会到编辑的机会成本：那些耗费了编辑无数精力、头疼不已地审读却无法出版的书稿，以及与各式古怪的作者进行交往而流逝的无效时间。我曾无数次地受托看稿、“提提意见”，也曾被安排与某作者见面，任由作者海阔天空地畅谈写作思路……

戴亦梁副总编辑是我的老部下。在我的约稿下，她极简地叙述了她从事主题出版的历史——从懵懵懂懂到自觉自信。她从业之初就从事马哲的出版，与主题出版紧密相连。她所讲的主题出版三要诀——抓手、方向与切口，也是江苏人民出版社乃至凤凰传媒主题出版的方法论。想必最近经常到凤凰调研主题出版的同行今后可以避免舟车劳顿之苦，直接阅读她的文章和我的拙作《出版的正反面》便可形成调研报告，尽管我们认识肤浅，但写得真诚。

2023年8月

8月，酷暑，洪水。下旬，不断发出涿州全国出版书库被淹的消息和场景，数亿元凝聚了多家出版单位心血的图书，它们花花绿绿的封面在水上无力地漂浮。

出版这个行业，说大不大，说小不小。说小，是因为与通信、建筑、化工、机械、医药等行业比，恐怕一个零头也不如；说大，是因为它绵延千年，记录文明。无数种产业早已灭绝，只有出版业千年不绝。在没有影视、游戏、精细化工的年代，它存在；在人人被手机异化的今天，它仍然坚强地生长。被书本改变了命运的人无数，倒是没听说谁被一部手机、一块巧克力、一件衣服改变了人生。因此，书库被淹，万众瞩目、痛心，就再自然不过了。

本期编辑故事选材较杂，不像以往多篇文章聚焦一个主题，但都事关出版的多个方面。出版的形态多样、内容杂驳，其中大工程出版是几乎每个出版单位都会遇到的难题。能否操办大工程是一个单位出版能力的标志，我在拙作《出版的正反面》中有“成也大工程、败也大工程”的结论。江苏凤凰科技出版社多年来有多部国家级大工程问世，青年编辑胡久良因为操办八年的大工程而花白了头发。他的经验值得传播和推广。与此相反，中国编辑在国外做出版，大家极少遇到却十分好奇。凤凰十年前收购了一家北美出版公司，被派往国外负责业务的戎文敏亲历了别人不可求的三年。

2023 年 9 月

大凡需要“珍惜”的，都是因为可能要流失的；大凡称之为“传统”的，都极有可能是难以传承的。

一天早上晨苏州老友吴敏发给我四张图，上面列出了 96 种传统技艺。我细看之后，回了他一句：“传统都是统统难以传下去的东西。”话虽说得过头，但心里苦涩。

兔年出现了闰二月，现在的公历 9 月其实是农历“七月”，果然已经“流火”。8 月底到北京，我便感到凉风习习，秋意浓浓。我参加了人民教育出版社“教育出版高质量发展研讨会”，在会上斗胆做了“未来的教科书”的发言，引起与会领导和专家的好奇。这不重要，重要的是我与人教社多位新老朋友有了亲密接触，感受到这家超级大社极佳的亦师亦友的人文传统；翌日，我参加了“王蒙解读传统文化经典系列”新书发布会，与老先生比邻而坐，淋浴他的智慧，读他的书，真见其为人，羞愧地听到他对江苏人民出版社的夸奖和激励。我还到上海参加了一年一度的上海书展，受邀到了世纪出版产业园，与多位集团和出版社领导“相聚甚疯”。为上海出版人的文化情怀和商业理念所赞叹，在论坛上也做了探讨传统文化“双创”的一个小型演讲，并在激情之下完成了三年来想写却一直未动笔的《上海书展是上海人办的书展》一文，反响不错；然后南下广州参加南国书香节，在邬书林和聂震宁两位大咖演讲之后，狗尾续貂地谈了阅读的真需求与假需求，也很兴奋地遇到了陈平原教授以及著名出版人陈俊年先生，听陈老局长激情澎湃又风趣幽默地回忆20世纪80、90十年代机智地办出版、聪明地办书香节的故事。

此后，我还到浙江大学与天津出版集团的社长、总编辑进行了一次交流，接待了甘肃出版集团的领导。9月，我与作家刘亮程先生共聚译林出版社，听他与何平教授畅谈译林社的优良传统。也是在本月，英大传媒集团总经理孙盛鹏率中国电力出版社一行光临凤凰，他们对凤凰出版传统口口声声的“称赞”让我惭愧不已。

《文艺报》的编辑和读者一定诧异甚至反感我的上述喋喋不休，因为过去的“编辑故事”版栏目语一直都是就稿谈稿、就作者谈作者，很少涉及栏目主持人自己的事。我理解，但我必须坦陈，我之所以回顾本月我和这么多出版单位、出版人与作者的交往，正是因为我一直在思考出版优良传统的传承发展问题。

本期偶然性地同时组织了浙江两位知名出版人邹亮和

王利波的文章，可算浙编专版。邹兄和王总是我尊敬的出版人，他们一辈子从事编辑出版工作。邹亮从与马原的个人交往史、王总从个人的策划史告诉大家，套用时下流行的话，就是“与什么样的作者交往、怎么与作者交往”才能组织和策划到好的稿件。正因为他们俩叙述的时段非常长，至少涉及 30 余年，从中更让我们看到老编辑身上浙江出版人的优良传统。

2023年10月

10月初，寒露已至，温暖渐远。

前九个月的编辑故事，我的作者们大多是在叙事：写自己的事，写编辑前辈或同事的事，写作者的事。这些故事温暖生动，醇美醉人。忽然间来了刘佩英和张洪，瞬间带来了“寒流”，他们以冷峻的笔法，理性而微妙地探讨作者与出版人之间的情怀。

刘佩英是有情怀的人。她和我在北京一次会议上偶然相遇，给我的印象与她以前长期使用的微信“头像”十分贴合——飘逸唯美，不似她正在使用的“头像”那么神秘。在长期不断的隔空交往中，我感到与她在很多观点上十分合拍，并渐渐发现她身上带有独特的侠气。她是贺子珍的家乡人，2021年曾以一人之力动员众人为她的家乡建造了井冈山开云书房，我和全国出版人共同为之捐书，终成大观；她看起来虽柔弱，却是令我吃惊的长跑爱好者。本期她的文章极其理性地探讨了出版社与作者的微妙关系，说理重于叙事。我只能胡乱猜测她曾任上海交通大学出版社——

一家理工大学出版社总编辑的背景所致，但女侠的气质亦有贡献。

张洪是我人民社的同行，供职辽宁人民出版社任副社长。张洪颇有古风，不仅指为编、为文，更是说为人。我和他目前都是国际儒学联合会出版委员会的成员，他在群里诗书唱和，让我常怀疑他是否在古籍出版社干过。2018年，我到辽人社学习后离开沈阳，他步行送我到高铁站，甚为热情，如古风扑面，将我吹拂至唐宋。在这篇傅雷出版极简史的叙述中，他语义卓雅地分析了什么是傅雷式的情怀、译者的情怀和出版人的情怀。

任超见证和参与了人民出版社奋发超越的年代。我感受到他长兄般的情怀。我在拙作《出版的正反面》中写到他，但蜻蜓点水，容我今后慢慢去写。在他的文章里，书籍装帧大师宁成春的情怀扑面而来。

2023年11月

祖国之大，大到东北已降暴雪，江南还如炎夏，节气却到了立冬。

本期编辑故事，收到了两位凤凰出版集团同仁的稿件，巧合的是他们都曾是我的邻居：傅梅曾经是我在百子亭居住时的邻居，姜小青则是我后来在金贸花园的邻居。我见证了他们娃娃的茁壮成长。

不仅如此，本版编辑李晓晨给我的截稿日期是11月9日，而今天正逢姜小青社长的新书《诚斋文录》的新书首发式。牢牢占据中国古籍出版20余年的一代风流人物纷纷来到扬州，庆贺新书的发布。大家精彩的发言，共同回顾20世纪80—90年代入职古籍出版以来的美好年代和艰苦历程。凤凰出版社20年来出书、出人，人才代代相传，是大家的一致感受。小青的大作既可做古籍出版的培训教科书，也可作为工作手册，具有极大的价值。

尽管书中全是古籍出版干货，但我十分庆幸小青在书中没有写到他30余年供职的江苏古籍出版社更名为凤凰出版社前后的离奇故事，而这次更名，反映了在21世纪初全国出版界出现的一段复杂而躁狂的历史，而其深层逻辑在于将出版当作产业企求“做强做大”，淡化了出版人的文化使命。这些怪象，在当年的中华书局也曾出现过，我在拙作《出版的正反面》中记录了这一段。

傅梅是江苏凤凰科技出版社社长。凤凰科技社是凤凰出版集团内拔尖的出版社之一，两个效益俱佳。凤凰科技社成立45年来顺风顺水，在教材建设、学术出版、大工程方面稳扎稳打，这十年更是出版了《中国长城志》和《中国运河志》两部巨制。这对傅梅社长提出了新挑战。把一个陷入泥潭的出版社拉上来并重新走上正轨非常困难，但在不断攀升的业绩基础上突破天花板似乎更难。比赛的最后一名只有一种可能：排名晋位，而第一名却有多种可能：被人超过。傅梅此文深情地回顾了她与中国著名科学家匡廷云院士25年的交往经历，似乎说明了一点：只要有光照，便无阴暗处；只要有了光，便会照亮前面的每一步。

姜小青和傅梅两位社长身上体现了凤凰出版集团长久以来暗暗形成却未被概括的文化品质：长期持久地认真做事，目标坚定不为所动；不做表面文章，厌恶夸夸其谈；专业为王，团队为要。在他们领导的团队中，不断涌现可为凤凰增光的新人。

2023年12月

接到四川人民出版社黄立新社长以及我的老部下、江苏人民出版社张延安的来稿，我长长地叹了一口气：我终于完成了一年12期的组稿任务。

去年12月22日，凤凰文艺社副总编辑李黎微信告诉我，他已经和《文艺报》有关领导商量（没和我商量），决定开辟“凤凰书评——编辑故事”整一版，安排（不是希望，更不是恳请）我组稿。三年前，凤凰集团决定开始振兴原创文学出版，我们和《文艺报》有了深入的合作。虽然我对文学创作、文学理论和文学批评没有研究，不过，但凡文艺社、译林社和少儿社让我干有关文学出版的事，我都“盲从”，绝不敷衍，但几天后我意识到了自己的自大，加上三天后我阳了，昏昏沉沉地在沙发上躺了好几天。等到1月初责编来催稿，我还感到身体很虚弱，于是向李黎打起了退堂鼓，但他没有丝毫退让的意思，我也只能硬着头皮上。好在当时世纪集团老领导陈昕写了一篇回忆他的老领导、老一辈出版家巢峰的文章，让我十分感动，于是求稿，得到陈总慨然应允，然后我又动员我的“权力”请译林社陈叶以及我招聘进来的苏人社曾偲为我各写一篇，她们没敢说不。

不知不觉一年过去了，我自己也没有想到。这一年，我绞尽脑汁，央求和我一起战斗在出版战线的名家新锐、旧友新朋为我写稿，度过了催稿时无赖、发表时亢奋的一个又一个月。

除了各位大家新锐的编辑故事外，我也“感时恨别”地写每期主持语，从当月的气候大环境、人文大环境到个人小环境。我自己的想法是，让这些文字，连同我好友的文章，共同构成我人生的一段难忘记忆。

今天，北方初雪，南方地冻。

四川人民出版社黄立新社长是我的老朋友，我在苏人社担任社长时与他结下深厚友谊。黄社长多年耕耘川人社，成绩斐然、见解卓著，相信此文对社长和普通编辑大有裨益。

张延安是我在苏人社时的老部下。他即将退休，周六约我吃饭（应该我约他吃饭）。张延安是策划能力极强的编辑，可惜时运不济，中间走了弯路。他从集团北京公司回来后，被佘江涛老总安排到我所在的苏人社，我当时强烈拒绝，不愿意接收是因为他整天嘻嘻哈哈、不太正经，我认为他很散漫。几年来，我发现我犯了一个天大的错误，因为我逐渐看到他做事认真、为人极其真诚时，他已到了退休年龄。如今，我也快到退休年龄，这几年的经历也使我逐步学会了嘻嘻哈哈和不太正经。

2024年1月

正反面先生是如何被冠名的？正反面先生是《出版的正反面》一书的作者。为他取名的要么是世纪出版集团总裁阚宁辉先生，要么是上海人民出版社前社长、现上海社科联党组书记王为松先生。反正名字是在上海取的，至于是谁定的，正反面先生记不太清楚了。这本书出版后在出版界确实引起了一些反响，而“正反面”作为书名似乎也确实好，正反面先生也就不反对这样的称谓。

正反面先生比较喜欢琢磨书名和文章名，经他编辑的图书书名大都被他改过。受《文艺报》信任，正反面先生每月主持一期整版的“编辑故事”，2023年全年出版了12期。他在全国范围内向名编辑组稿，但组来的稿件大都被他改了标题，比如他把徐俊的《将学术引向大众的最初探索》改成了《20年前，中华书局的一次新生》，将袁亚春的《我和我的作者们》改成了《我“怕见”的作者》，将姜小青的《风物长宜放眼量》改成了《不值得 不后悔——凤凰出版社更名前后》，将张延安的《作者，编辑的衣食父母》改成了《一个普通编辑的退休小结》……正反面先生有这个“癖好”，他一次又一次得手后并没有受到作者侵犯修改权的“诉讼”，胆子就更大了，于是有了“改名自信”。

进入2024年没几天，北京开卷信息技术有限公司的“2023年图书零售市场年度报告”发布。2023年全国图书零售市场码洋同比上升4.72%，但图书零售市场实洋却同比下降了7.04%。这让正反面先生五味杂陈。在他看来，过去三年出版行业发生了巨变。一是需求萎缩。2017年至2019年我国图书零售市场销售码洋持续增长，复合年均增长率达13%。2020年后，线下消费频次减少，图书零售市场码洋年复合减少5%，2022年全国图书零售市场销售码洋共计871亿元，低于2018年同期水平。二是渠道转换。近几年，出版物的营销场景急速转换，转向线上的趋势不断加快。三是形态融合。这两年大家有一个突出的感受，就是电子书阅读、有声听书等受到读者喜爱，读者的阅读习惯发生了很大改变，尽管正反面先生还没有被改变。

2023年的中国出版，是风景这边独好，还是环球同此凉热呢？正反面先生急切地想在开卷报告出来后了解世界出版2023年形势，知道这一答案。正反面先生是个老派人物。他思考着这一切，拿起笔，写下了这样三段话：

就出版高质量发展的动力与前景看，风景这边独好。2023 年全国宣传思想文化工作会议上首次提出了习近平文化思想。习近平总书记在文化传承发展座谈会上发表重要讲话，为出版业发展指引方向，也为出版高质量发展注入动力、指明路径。按照我们自己的治理体系，遵循我们自己的发展逻辑，中国出版业朝着高质量发展方向坚定前行，可谓风景这边独好。

就出版市场的渠道转换与利益分布看，2023 年，出版市场的渠道演变加速，短视频电商持续高速发展，以同比增长 70.1% 迅速成长为第二大销售渠道。然而，2023 年图书市场实洋同比下降 7.04%。鲜明对比背后，是图书销售折扣的“更大力度”。也就是说，貌似繁荣的图书市场“表象”下，更多利益不在读者那里、不在出版社那里，而在短视频电商那里。这一点，从出版业的角度来说，并不是一件好事。

就出版业面临的风险挑战与发展机遇看，环球同此凉热。全新技术的发展，特别是人工智能为全球出版业带来前所未有的挑战，面临的风险和机遇相当，大家“八仙过海各显神通”：要么刺激民众阅读热情，政府提供政策扶持；要么大力发展数字教育，加大有声书、社交媒体营销，培育市场“新秀”；要么反对网络平台垄断，出版商“合纵”“连横”；要么像斯普林格出版社一样拥抱 AI，利用

AI……化解危机开新局，立足出版向未来，可谓环球同此凉热。

写完上段后，正反面先生看了一遍又一遍，突然觉得不对：他还是从出版本身看出版，并没有跳出出版看出版。他忽然想到自己在《出版的正反面》中写过的一句话："迄今为止，我们没有发现一个国家或地区是在一个低阅读率的前提下实现现代化的。今天的世界强国往往同时也是图书出版的强国，更是国民阅读的强国，其国民阅读率远高于甚至数倍于那些正在苦苦追寻却未找到现代化之路的国家。"

出版的发达在两端——创作与阅读。关于创作，正反面先生不想说太多。他更担心的是阅读端，他最大的忧虑是短视频正越来越成为全社会最主要的"阅读"客体。他想起在中国教育装备展上演讲时对此进行了充分论证。当时他作了一次关于我国青少年阅读的演讲，正反面先生表达了对抽离文字的担忧和恐惧。他演讲完最后一句后，下面响起了掌声。

同时，面对未来，正反面先生对多年来被当作"韭菜"被渠道商"阉割"得体无完肤而感到无奈和痛心。2023年，码洋变大、实洋变小，基本都是因为渠道商借"机"割"菜"。作为出版人的正反面先生等"菜友"被割得只剩"韭菜根"，丝毫没有嚼得任何"菜根香"。

另外，正反面先生经常独自仰天长叹，自己曾经是版权执法的斗士，经过几十年的努力，根本没法对付江洋大盗。一旦凤凰有哪本书畅销，不久一定会被人“悄悄”地转化成 PDF 文本在网上免费分享。就在刚刚，花了四年才出版的中国摄影家晓庄的《我拍长江七十年》在网上出现了不少的盗版，90 岁的作者用微信给作为责任编辑的正反面先生发来盗版图书图片，正反面先生惊诧不已。

尽管如此，正反面先生还是对 2024 年充满了信心：全民阅读在强化，书香建设在提速，知识产权保护力度在加大，割“韭菜”的平台会被整治。在大家的努力下，出版业一定会迎来一个不一样的 2024 年。

2024年2月

“茂林修竹，春笋遍地”，这是我小时候春节时常看到的一副对联。在冬去春来的季节，不但人有了春天的期盼和喜悦，这更是我在组得本期两篇文章后的深刻体会。

张昌华老先生是原江苏文艺出版社副总编辑，是江苏出版界20世纪80—90年代极度活跃的知名编辑之一，在任期间策划了众多享誉出版界和读书界的品牌图书；他与海内外名家长期深入的交往，成就了一段段作者与编辑之间的佳话，以至于他如今仍然在出版一部部反映作者编者鱼水深情的作品。可即使是这样一位现在仍然活跃、年逾八旬的老编辑，在写到引领他走上编辑之路的老编辑时，仍然一往情深、充满敬意。

蔡玉洗是原江苏文艺出版社（现江苏凤凰文艺出版社）的总编辑，年龄甚至比张先生大，是他不仅将已经40来岁、却只有中学文凭的中学教师张昌华引入出版界，还一次又一次地给张昌华介绍作者、推荐名家、交办项目，让张先生迅速结识国内外名家，业绩暴增。如果说这还属于提携新人、新老共赢的话，那张先生在编辑生涯中一次次“闯祸”,真的是要把蔡总往火坑里“推”了。可他每次总会听到蔡总淡淡的一句话：“我签了字，责任在我，与你无关。”两个月前，当蔡总溘然长逝，无数熟悉不熟悉蔡总的人都落泪和悲叹时，我们便可在张总的这篇文章中找到缘由。

新竹高于旧竹枝，全由老竿为扶持。吴江总编辑前年与中央党史出版社一行来到凤凰集团交流并与我相识，我俩从此便成为网上知音。他对编辑理论的建构、对编辑实务的熟稔、对时事人物的看法，都值得我深入学习。我曾复制了他关于编辑技能的文章，发凤凰所有编辑参考。他关于新编辑快速成长的五大诀窍，实在是编辑培养的实用宝典。限于篇幅，我只能删除一条他排列第五的诀窍。我认为，所有年轻编辑，照着他“架设桥梁、读书学习、调查研究、出去见人”四条反复实践，特别是关于“调查研究”里面的小“四点”反复锻炼，如果不成才，那只能说明“天妒英才”。

年轻编辑的成长，不但需要吴江这样的总编辑带着，还需要由蔡玉洗这样的总编辑罩着。

2024年3月

江南3月，大部分时间还处在农历正月，不但没有看到淅沥淅沥的小雨，反倒听到了阵阵雷声，未到惊蛰便惊蛰；乍暖未尝，春寒倒灌。身边的咳嗽声此起彼伏，我也长期处于精神萎靡之中，好在身边人主动来了两篇稿子，让我在疲惫中有了窃喜，也为偷懒找到了借口。

每一位图书编辑，即使是案头编辑，都会有一段与作者交往的难忘故事。故事有多有少、有浓有淡、有爱有恨。越是优秀的编辑，越是层级高的编辑，交往的作者就越多，与作者的故事就越多、越浓、越具爱意，甚至在爱到深处时会爱文及人，如同爱屋及乌；越是差的编辑，与作者的故事越寡、越淡，有时甚至充满恨意。我时常听到编辑对某位作者的含蓄抱怨，也不断听到作者对某位编辑的强烈抗议。我在拙作《出版的正反面》中曾援引本家名编辑徐俊兄曾对我说的一句话："出版社多一位好编辑，就多一位好作者；多一位差编辑，就丢一位好作者。"

本期两篇文章和作为作者的编辑，他们出现了五个共同特点。一是同为凤凰集团编辑，这在《文艺报》“编辑故事”版中从未有过。作为本版主持人，一直不想向凤凰名编集中约稿，而是尽量动员全国各地的名编为《文艺报》撰稿，只想在突发稿荒时利用职务之便、用“强硬”手段征稿；二是同为总编辑。汪修荣为江苏凤凰文艺出版社原总编辑，袁楠为译林出版社原总编辑，而袁楠则刚刚履新和我一同负责凤凰传媒的内容生产；三是他们同为文艺类出版社总编辑，自然写的都是与作家有关的故事；四是都是自发来稿。自发来稿和约稿的重要区别是：自发来稿是完成自己的心愿，约稿则是完成别人的任务；自发来稿汹涌而出，不写不快，因而充满真情和冲动，约稿则是“按时交作业”；自发来稿让像我这样的本版编辑有意外之喜，而约稿则让我要时而兴奋（同意写稿），时而失望（催而不动）；五是他们写的都是文学大家：修荣所写李国文、袁楠所写格非都是茅盾文学奖获得者。

这让我觉得十分神奇。

修荣与李国文先生的交往充满了一波三折。从希望到失望再到希望再到失望（李先生不幸离世），从青年到中年再到晚年，从编辑工作到生活再到家庭，从信件往来到电话通信，真是跨世纪的忘年长交；袁楠与格非的交往时间不如修荣与李老先生长，但从初识到相知，时间见证了他们真挚、深情的交往，以及他们忘我的长谈和成果的灿然。作为中青年女编辑，袁楠的文笔与修辞的细腻与深婉，自然与修荣和我这样的老男编辑完全不同，读者可以自辨。

作者、读者、编辑、评论者以及书商之间故事众多，虽然不是每一个故事都有趣精彩，也不是每一个感情都天长地久，但作者与编辑之间的故事，如果编剧和导演足够用心，或许可以拍出上百部令人柔肠寸断的《查令十字街 84 号》。

2024年4月

4月，国内出版第一季度市场数据纷纷出炉。两大图书市场数据发布机构“开卷”公司和中金易云公司向出版人头上浇了一盆冷水，给乍暖还寒的4月带来更深寒意。开卷数据显示，2024年第一季度图书零售市场码洋同比出现5.85%的负增长，头部图书的平均销量较去年同期有所下降。从不同渠道零售图书市场看，短视频电商依然呈现增长态势，同比增长31.15%；实体店渠道同比下降了17.78%；平台电商和垂直及其他电商分别下降了10.31%和10.59%。而中金易云一季度纸质图书市场分析报告则更为令人惊恐：2024年一季度整体图书销售市场码洋为252.73亿元，同比2023年下降14.71%，动销品种数较去年同期下降7.73%，新书销售码洋也呈下降态势，同比降幅42.90%。

这不是变糟，而是变坏。

对这些数据吃惊，不仅仅是因为降幅剧烈，还因为我自己感觉不明显；我自己感受不明显是因为我们自己还好。我想感觉不明显的不止我一个人，也还有一批出版人，如上海世纪出版集团的副总裁彭卫国。彭总在 4 月《出版商务周刊》上发表了他与媒体的访谈，访谈标题中规中矩，但微信对点所发副标题则令我似夏遇凉风、冬浴暖流。被报纸尊称为“出版老将”的彭总说：“只要出版人肯改变，出版业的希望就在。”尽管彭总出版从业资格虽老，但若从年龄来看，我认为他还是“中将”。

对急剧变化和难以预测的世界和行业，向来有两种积极应对的方法，一是见招拆招、随变而变，二是坚守自己的本色，以不变应万变。两种方法各有其理、各见其效。近日读刘东先生新编梁启超的《德育鉴》和《德教释疑》两书，扉页都用梁任公引曾文正公“不为圣贤，便为禽兽；莫问收获，但问耕耘”16 个大字。前八个大字遭到刘东先生的辩驳，而后八个大字实为出版人看穿今日图书市场迷雾的“增光剂”。

本期两位作者胡长青和吕健便是“莫问收获，但问耕耘”的模范。两位社长长期做编辑，在各自领域取得出色成绩，为我所敬仰和学习。吕社长至今清晰地记得他第一次担任责任编辑时的焦虑、兴奋、不安和惶恐，显示出第一次从接书稿到出成品这一全过程他的专注和认真，否则哪有这么多的细节记得住、写得出？而胡社长则重点写了他与两位名家作者蔡志忠和袁行霈的交往经历，告诉今日编辑该如何诚恳地面对名家。我从中读出了“绝不错过一次稍纵即逝的难得机会”“没有音讯时绝不放过”“反复地写信”，以及“如何给作者写信”这些重要的“机密”。胡社长的故事不多，但反复多次引用他与名家之间的来往函件，足以证明他看重“信”这一传统交流手段，而我则读出了如何诚恳地与名家交往的耐心和虚心：纸短情长，情真意切。

胡长青社长和吕健社长写的都是做传统编辑的心得。他们在今日同样面临转型，随潮流而变，但不变的是“莫问收获，但问耕耘”的做事、做编辑的态度和方法，也是他们从普通编辑成为社长的不二法门。

2024年5月

5月至11月这半年，是出版人最繁忙的时光。5月是发稿的季节，是造货的季节，是“小满”的季节，也是我最忙的一个月。这是我有限出版生涯中的切身体会。出版人往往会淡定于第一季度的生产报表，会知道“小满”和“大满”的时间点。到了5月，他们才会像旺盛的草木一样茁壮成长。

加入“编辑故事”版写作的出版人已成大群，聚集了我短视目力下结识的一批优秀出版人。然而，这仅是“小满”，而不是大满，为了保持这一版面作者的可持续性，我并没有将我心目中所有有故事的人拉群入伙，已经进群的“同伙”有的也还没有被“打家劫舍”。

本月，我新拉进了彭卫国和唐爱萍。

彭卫国是上海世纪出版集团的副总裁，是一位资深的出版名家。和我一样，彭总有在新闻出版局机关任职和基层出版社任社长的经历，现在世纪集团分管内容生产，主持每月一期的“世纪好书”评选。与我不同的是，他还分管物业和后勤，是现在巍然壮观的世纪出版城的大管家，威风凛凛地指挥着进出的人们。我在请他撰稿时，他令我惊喜地写了一篇《我和〈辞海〉那些事》。在国家超大出版工程《辞海》新修订版编辑出版过程中的喜怒哀乐，彭老总一一道出，“书证的纠结”“送审的困惑”“通读的眼红”，以及出版后的营销，件件述说出版人的甘苦。修书如修城，《辞海》十年“大修”一次，而能做“大修”的主人，自然笃笃定定能做好出版城的物业主人。

唐爱萍是我在苏人社任社长时的编辑部主任，是我的老部下，也是我最初三年率苏人社大打翻身仗的干将之一。他不但能编，而且能写；不但能写，而且能谋。我在拙作《出版的正反面》中提出的“编辑六等”一说似乎已在出版界广传，而老唐正是我心目中的“一等编辑”。他曾在我策划的一系列重要出版项目中起了核心作用，如《非公企业党建新起点》《老杆子》《茉莉芬芳》《公园城市》等。今年，当我的家乡镇江市政府多次邀我参与执行主编《镇江文化旅游丛书》、无法推却之际，我再一次拉已经退休的老唐和我一起干。从业务上讲，老唐是个好编辑，可惜我到苏人社时他却到了组织上认为不能干的年龄，我只能破天荒地任他为苏人社“首席编辑”。他是不是凤凰历史上第一位首席编辑，我没有考证；现在凤凰有很多“业务首席”，但老唐是不是凤凰未来唯一非出版社领导的“首席编辑”，我也不可预测。

老唐退休后，我有感于江苏科技出版社《中国运河志》缺少文史编辑，便介绍他去苏科社运河编辑部工作。这一聘就是五年。在苏人社和苏科社期间，我安排他的主要任务是带年轻编辑，感觉此事比他多做几本书意义要大得多。在这期间，他忠实地完成了这一使命，今天将此写出献给读者。至于他有没有将他著名的“唐氏脱口秀”传给年轻编辑，我没有问——在苏人社期间、在从严管理之前，在每年苏人社年终晚会上，“唐氏脱口秀”曾将我们逗得前仰后翻、捧腹不止。

2024年6月

在传统出版环节中，编辑的主要工作大体分为两类：组稿与编稿，相应地也有人将这两类工作的实施主体分别命名为“策划编辑”和“案头编辑”。当然，今天编辑履行的责任和承担的角色更广，不但要组稿和编稿，还要加入营销环节中去，于是出现了第三种头衔“营销编辑”。

不是每个编辑都能同时承担这三种职能，有些人只是一个优秀的“案头编辑”，在作者面前一言难发；有些人只是一位优秀的“策划编辑”，外面的作者一大批，组来的稿件一大批，但编出的稿件错漏百出；也有很好的组稿和编稿编辑，但对营销活动毫无兴趣，认为那不是编辑的本职工作，是“不务正业”。只有极少数优秀的编辑，既能组稿，又能编稿，还能营销。

但不论是组稿编辑还是案头编辑，其中大部分人都曾做过“催稿编辑”和“逼稿编辑”。催稿是催那些已经答应给出版社交稿的作者快快交稿，逼稿是对未曾答应给出版社来稿的作者实施各种手段求稿。

“作者和书稿都是被逼出来的。我经常被逼，但也愿意被逼，最终会为你们写稿；你们不逼我，我也不会写”，我们的作者、南京大学著名教授徐兴无如是对我说。

无论催稿还是逼稿，都体现了编辑的独特能力。催稿需要注意节奏，在适当的时候用不同的方法去催，不能一味地催、频繁地催、不分场合地催，也不能想起来、拎起电话就打。编辑必须随时关注自己的作者最近在干什么、手头有哪些事，家里是否有些特殊的难题，作者最近心情如何……有时候要将“不催稿”变成“催稿”。一个不经意的节日问候，会使作者在感激之余变成“惊慌失措”，他会看到你“问候”背后的“催责”面孔。

逼稿更是一门高超艺术。逼稿区别于催稿的主要特征在于作者是否已经许诺你稿件。逼稿的通常情况是，编辑与作者之间尚未形成“债权债务关系”。一般来说，年轻和稚嫩的编辑很难向作者逼稿，也逼不到稿，只有那些资历甚老的优秀编辑才能向作者逼稿。

今天两位作者都是凤凰集团的一线编辑，他们的“催稿”和“逼稿”故事都非常典型，一定会在编辑中引起共鸣，而我在其中的角色，既是编辑又是作者，可能更具有说服力。

2024年7月

7月的长江下游地区，还没有酷暑难耐，而只是湿闷难忍。所谓的梅雨季，其实也是“霉雨季”。空气中充满了霉味，家具、衣服上沾满了霉点；早晨用开水烫过的碗筷，晚上又结上了霉花。你会怀疑，人如果一天不动，或者一觉醒来，会不会看见在自己身上长上霉斑。

2024年下半年开始了，出版界没有看到令人振奋的上升数字。为了防止自己对形势产生误判，我到北京喊上了多年合作的凤凰含章于总、凤凰汉竹刘总、紫云文心李总交流形势，到波兰、捷克、荷兰参观了多家书店，与作者详谈，在BIBF，与中外出版人畅谈现状，与博集天卷黄总、中信出版楚总进行了极其深入的探讨。7月我还将到其他省市出版单位，判断形势、了解转型，学习教育和古籍出版。

不管行业如何起伏，我所见到的出版人，没有一位荷戟彷徨，更没有一位缴械投降。

海峡出版发行集团林彬总与我有共同的经历，都曾在地方人民出版社做过领导，又到地方出版集团做负责内容生产的总编辑；我不敢自吹自己既有出版社微观层面的经营经验，又有出版集团宏观层面的管理心得，但我相信她“既有”“又有”。我曾和她深入地交换过出版的世界观和方法论，以及哲学上的世界观，颇感心心相印。林总十分的友善、温暖、平和，说话不紧不慢、性格不激不随。在她的文章里，她细细地叙述了她与著名学者葛兆光、南帆先生长时间的交往，特别是在近十年来在福建省重点出版工程《八闽文库》推进过程中的难忘经历。她的经历，是作者与编辑建立长期友谊、知心交往的经历，是君子与君子淡如水而深如海的经历。我不知如何称谓“女君子”，我只是知道，仰慕君子者大都也是君子；林总称葛、南二先生为如玉君子，我则说，林总也是。

修荣是二度向我供稿，我很感动。感动的原因有二：一是他仍然信任我，二是他喜欢《文艺报》这个版面。这或许是他的原因，或许也是我和版面编辑的原因——我们正在将这一版面办得越来越有影响。修荣所写的钟叔河老先生既是名作家又是名编辑，其性格或异于林总所写葛、南二先生，但钟先生刚、义的一面，将“惟楚有才”蕴含的千古传统淋漓尽致地表现出来。

没有不好的行业，只有被放弃的行业；只要不放弃，只要社会在进步，人们就需要阅读；只要有阅读需求，就必须有赖于如君子般里外不二的作者和编辑。林彬、修荣的两篇文章，让我们看到了有希望的作者、有希望的编辑、有希望的出版。

2024 年 8 月

7—8 月的江南人民，天天生活在火炉边。我参加在苏州举办的江苏书展，在火炉边；参加上海书展，在火炉边；参加广州南国书香节，在火炉边；参加济南的全国书博会，以为会远离火炉却还是没有逃脱。

我搜肠刮肚地寻找有故事的编辑，同时尽量减少江苏省内的编辑作者数量，以免“编辑故事”专栏变成“江苏版”或“长三角版”。于是我请山西人民出版社总编辑梁晋华和河南文艺出版社编辑、作家党华写出他们的故事。

晋人社（山西人民出版社简称）是个神奇的存在。他们在一个分众领域取得了其他全国出版社难以取得的成绩。他们前社长姚军和现任总编辑梁晋华都是我的朋友，我每次去山西都得到他们的优待。特别是 2018 年国庆节期间，我个人去山西做极深度游，梁兄用他的私车送我去平遥古城，车辆追尾，我的皮毛发生了小伤倒在其次，他的爱车被冲撞变形，他于是另行安排车辆我们继续前往。这件事我当然终生难忘。连同整个山西游，我对山西人民产生了无与伦比的好感与兴趣，一如对她的遍地宝藏。在多次接触中，出版人难免谈谈彼此的情况，我一次又一次地听到他们谈围棋与围棋出版，深感山西人民出版社完全可以挂一副牌——围棋出版社。梁总此文揭开了谜底，当然首先是因为我多年着迷。

党华在河南文艺出版社是个活跃的编辑，我从她的微信群看到她的忧思与快乐。她不但编了很多好书，还写了很多好作品。这并不奇怪，中原大地名家、大家辈出，当地文艺出版社自然享有天时地利人和，编辑也被熏染。党华原与我八竿子也打不到一块，只是因为作为编辑的我们曾有共同的作者王晓华。2018 年，我在苏人社当社长时曾经出版过王晓华老师的《老杆子》，这书当年出版后很是畅销了一阵子，但这部书稿件作者最初是投给党华的，由于我极度偏爱，硬是从她手里夺了过来。我是满怀内疚，但党华境界高到“好稿去了好地方”的地步，不断地安慰我。我于是邀请她来南京参加好书分享会，也在深圳全国书展上与她见过面，我们从此也成了朋友。

党华将河南名剧作家李泓先生的剧本编辑出版，其编辑故事有点独特。戏剧出版从来都是一个独特门类，从古希腊戏剧到莎士比亚戏剧，从元曲到现代剧，在发达的视听载体和复制技术出现之前，都曾是出版的重要版块，毕竟有那么多剧作家曾获得诺贝尔文学奖。但从戏剧到图书，其转换过程非常复杂，特别是地方戏剧的出版。党华从出版的意义到出版的细节都做了生动的描述，或许可以为本版“编辑故事”提供一份独特样本。

2024 年 9 月

立秋过了一个月，江南却不见一丝丝秋天的影子：吹不到秋风，看不到秋雨，真是一场漫漫长夏。看到一个报道说，全球气温每上升 0.5 摄氏度，大地或海洋里便会有多少动物失去生命。在 20 世纪 70、80 年代的秋天，我常常要在周末步行两小时从丹徒县大港中学回家或从家回校，而在秋天我最喜欢坐在大片金色稻田边上的节制闸上，看不断南飞的成群的大雁。当时我没有听过马头琴演奏的《南飞的雁》。直到 2018 年秋，我在黑龙江宽阔的丛林里听到艺人用马头琴演奏《南飞的雁》，我立刻就回到了我的中学时代。我现在则担心紊乱的季节交接，会让大雁不知道何时南飞、何时北归。

强薇是江苏人民出版社迅速成长的一名优秀年轻编辑，也是我在苏人社当社长时招进来的，大概在前后，我也招聘了另一位记者曾偲。强薇原来在《大公报》，曾偲原来在《现代快报》；强薇毕业于外交学院，曾偲毕业于武汉大学，两个都是才女，曾偲应我约已经为专栏写了一篇，现在请强薇再写。

强薇在文中比较了报社记者与图书编辑的区别，很有意思，而我并不十分清楚，也没有体会。强薇以及凤凰新一代编辑的快速成长，是我最满意、也是最希望看到的事。我常常讲，做书不如育人，因为没有人就没有书，出版行业与其他文创行业相似，其产品来自编辑的创意和创新。成功不是轻松的，但十年已经足以证明。强薇在文中没有披露她的心酸事，而我知道，那非常多。

凤凰报刊公司是凤凰传媒一家专门从事教育类报刊和公司治理杂志的优质子公司，两个效益俱佳。陶振伟是公司副总。今年年初，我和袁楠总到他们公司调研，除了公司葛云总讲得透彻、清晰外，振伟偶尔讲述的一件事令我十分心动，也让我念念不忘。《全国优秀作文选》是享誉全国的作文杂志，办刊多年来赢得无数学生和家长的心。一位求学海外的学子，多年前在杂志发表一篇作文获奖而得到奖牌，却被不小心摔坏而长期萦怀遗憾。重做多年前奖牌的故事，缀连成读者、作者与编者的情感丝线——奖牌如藕，作者与编辑之情如丝。

我本不愿多用凤凰集团编辑的文章，只想在突然稿荒时救急，无奈他们的故事太感人，以至于我听完就有强烈的组稿冲动，加上沟通成本又低，天天催自己的同事也不怕他们烦，于是便有了两篇佳作。

2024 年 10 月

秋天终于来了，尽管节气已经过了寒露，套用一句人所共知的名言：夏天已经过了，秋天还会远吗？本期约了一南一北两位出版名家为“编辑故事”写文，他们分别是刚刚卸下中国出版股份有限公司总经理职务的李岩，以及广西出版集团的副总经理、总编辑卢培钊。

约李岩总的稿件很难，至少约了三次，大约三个多月，因为他现在还是全国政协委员，事务冗多。我和李总曾在若干次会议上相识，但并不是深交，直到现在仍不能说是很熟悉。从陌生人到相识，从相识到熟人，从熟人到朋友，从朋友到知己，都有很长的路要走，可是我和他单独相处的机会十分稀少，求教更少。2020 年 8 月，我陪我们集团的时任董事长梁勇到中华书局学习古籍数字化的经验。徐俊把李总一起请来，算是久谈一次。

后来国际儒联出版委员会成立，我忝列为成员，而主任就是李岩，我是他的部下。在这个机构里，我们一次相聚在大百科出版社，一次短暂地相聚在南京四方城。还有最近就是今年的上海书展，全国古联体紧密相连的出版界同仁相聚，阚宁辉把我和袁楠也拉去。我与李总比邻而坐，对饮畅谈甚欢。

培钊兄原是广西人民出版社的社长，后任广西科技出版社社长，如今与我有相似的岗位，自然与我有不少共同语言。从今天来稿看，他还在广西师大出版社干过。这么丰富的履历，我自叹不如。培钊兄不但出版能力强，书法也是一流。我曾看到他用行草书写的《与朱元思书》，那是我最喜欢的一篇清丽秀寒的散文，与郦道元《三峡》同为我所钟爱，便不知趣地向他讨要，培钊兄果然弃爱送我，我视为珍宝。

李总的文章叙述了中华书局编辑的优良传统，培钊则道出了他眼中优秀编辑的模样，足资天下出版人学习并效仿。

2024 年 11 月

“天气渐渐凉了。”这是女儿读小学时苏教版《语文》课本上的一句话，只要天气真正转凉，我们全家就一定会背诵这篇课文的全部：“天气渐渐凉了，冬生给奶奶送毛衣。奶奶看着漂漂亮亮的毛衣，问：‘毛衣是谁织的？’冬生说：‘毛衣是妈妈织的。’……奶奶把冬生紧紧地搂在怀里。”对女儿乃至我们全家而言，这篇课文里有两个梗。一是我家隔壁有个女儿的同学叫“梁乐”，与“凉了”谐音。女儿有发现谐音字间有趣点的特长。比如有次她问妈妈和奶奶在哪，我告诉她，她们在剥豆（事实上她俩正在剥蚕豆），女儿就会淘气地在小黑板上写上“她们在搏斗”；我有次买了一件新皮夹克，女儿在我皮夹克上摸了又摸，嘴上说“好滑”，马上又在小黑板上写上“爸爸皮夹克豪华”。我十分惊叹于她的文字想象力。第二个梗是，她不明白为什么奶奶听“毛衣是妈妈织的”后把冬生紧紧搂在怀里，问如果是姑妈织的或是爸爸买的，奶奶还会搂吗？

在我被催写这篇稿件的时候，我也不经意之间使用了文字的想象力。本月事务繁忙，本版“编辑故事”主持人语的交稿时间又似乎提前，于是我未动脑筋即回复执着催稿的编辑这是“2002的第一场雪”。如果说孩子长于语词的想象，那优秀编辑的选题策划同样需要想象，正如本期作者之一的朱胜龙先生所言策划“如同滚雪球，越滚越大”，当然也要基于“妈妈织毛衣、奶奶搂冬生”故事的内在逻辑。朱胜龙先生是我工作时即已敬仰的出版人，不但他的作品不断地见诸报章，见解常新，多为我辈所得，他在退休之后仍酷爱出版，像滚雪球般地不断策划出版几部大工程，像永动机似的生产出新的内容。况正兵是我的新识，源于赵波兄的介绍。他们俩是浙江出版界的新锐总编辑，文笔均精健，思想都活跃，从他们身上可以看到浙江出版的未来。夏天叶国斌老总、邹亮兄、正兵、赵波与我们在骄阳下的西湖相见，正兵兄与我互赠彼此新作，读后引为知己。正兵兄散文集《低头思故乡》不仅仅是真诚，而且是赤诚，文笔嬉笑不怒骂、忆旧不迂腐、酣畅不放纵，甚是好读，读后想见其为人。我去约稿，他谦虚后如约提前发我。本期他的作品果然异于常人，专讲他是如何遇到令人头疼的作者又如何与之斗智斗勇的，我读后噗嗤噗嗤地笑个不停。

2024年12月

大雪节气后，冷空气如约而至，冬天真的来了。《文艺报》“编辑故事”也到了年度最后一期的收官季。至此，这个版面也整整持续了两年。这着实让我这个主持人和版面编辑吃惊并自豪。

我曾在开版第一期写过这个版面创始的来历：它来得很突然，完全由李黎与李晓晨“二李”共谋，并不容商量地安排我负责，让还在“病躺”中的我又患上了精神上的焦虑症。当时我未敢完全答应，因为我深知人人都知道的那句话——做一件好事不难，难在长期做好事（我们暂且把这件事自认为是一件好事），所谓“人无千日好，花无百日红”。我当时估计承办五六个月没有问题，便决定硬着头皮上，等到实在干不动时便脱手，没人接手也没有关系。然而，我不但2023年干了一年，2024年又干了一年，并且2024年似乎比2023年干得还更轻松些。

之所以有这样的感觉，是因为这个版面在全国出版界逐步有了一些影响：新作者给面子，老作者不放弃，队伍便越来越壮大。本期作者党华曾为这个版面写过一篇文章，这次再投佳作，令我非常感动。当然，她因为责编的畅销书《献给阿尔吉侬的花束》以及后续发生的“事故”，与我这几年经历的好几件事十分相仿，让我感同身受。因此，她的文章不但写了如何做成一本畅销书，也是一份应急处置袖珍指南。

版面编辑曾提醒我不要密集地向凤凰同仁约稿，我只能同意，也恐将这个全国性的版面变成“凤凰编辑故事”专版，尽管凤凰有很多我认识的优秀编辑。我只是在非常繁忙的时候，或外单位被约稿的作者突生变故时才临时让我的凤凰同仁救急，但有时候会忍不住。11 月底，作为国家级重点工程“大国通史”系列之一的《法国通史》出版并在南京举办新书发布会，坐在我旁边的江苏人民出版社社长王保顶深情地回顾了这一重大选题自策划至今 18 年的历史，让我很是动心，因为在这 18 年中也有我的部分参与。因为怕他忙（也怕他拖拉），我便根据录音稿进行了初步整理并发他修改，于是他快速发定稿给我。我本来是准备在明年约他稿件的，现在提前得到，并且“全不费功夫”，很是开心，成了今年的“封底”之作。

两年来的合作成果比较丰硕，这个版面见证了凤凰集团与《文艺报》精诚合作的愉快历程（表面看起来很愉快，于我而言则是非常痛苦的，因为每期稿件和主持人语大部分都是在夜半时分写好并发给版面编辑，编辑是痛苦还是愉快不得而知，但我猜测她与我同苦）。江苏凤凰文艺出版社即将把我们两年的工作成果编辑出版，取名为《做书：编辑那些事》。当然，书中还包括一部分由于各种原因未能在本版上发表的优秀稿件。

如果顺利，这个版面似乎还能开设几年，直到我退休。祝愿这个版面花团锦簇，佳作竞放。